W0364564

Jetzt helfe ich mir selbst

Motor buch Verlag

Einbandgestaltung: Siegfried Horn, unter Verwendung dreier Dias von Hans G. Isenberg.
Illustrationen von Kurt Gall.

ISBN 3-613-01260-X

Copyright © by Motorbuch Verlag, Postfach 103743, 7000 Stuttgart 10.
Ein Unternehmen der Paul-Pietsch-Verlagsgruppe GmbH & Co.
Sämtliche Rechte der Verbreitung – in jeglicher Form und Technik – sind vorbehalten.
Die in diesem Buch enthaltenen Ratschläge werden nach bestem Wissen
und Gewissen erteilt, jedoch unter Ausschluß jeglicher Haftung.
Fotos: AEG 1, ABO Batvarf AB 1, BMW 3, Bosch 6, Breustedt 4, Bukh 1, CAV 2, Daimler-Benz 1, Hoeckle 2, Isenberg 84, Kendernai 5, Korp 13, Moll 1, Mörer 1, Nanni 2, Perkins 3, Racor 1, Schulze-Marine 1, Schwarting 2, Separ/Lösing 1, Siemens 1, Varta 1, Vetus 6, Volvo 10, Wizemann 2, Yanmar 1, YPS 2.
Zeichnungen: BMW 4, Bosch 4, Daimler-Benz 1, Gall 4, VDO 7.
Satz und Druck: Druckerei Maisch + Queck, 7016 Gerlingen.
Buchbinderische Verarbeitung: K. Dieringer, 7016 Gerlingen.
Printed in Germany.

Hans G. Isenberg
Dieter Korp

BOOTS MOTOREN

Innenbord-Diesel

Motorbuch Verlag
Stuttgart

Inhaltsverzeichnis

Fundgrube

Seite

6 **Vorwort – Wind aus der Kiste**

8 **Motorhilfe – Länge läuft**

14 **Diesel-Innenborder – Mit Seemannsbeinen**

Vorteile auf dem Wasser, Lebensdauer, Leistung, der klassiche Schiffsdiesel, marinisierte Diesel, Umbauten, Ersatzteile, Austauschmotoren, Motorwechsel

22 **Motor-Praxis – Schiffer patent**

Ansaugfilter, Ventilspiel, Wellenbremse, Motorreinigung, Schalldämmung, Austauschmotoren, Getriebe

35 **Der Antriebsstrang – Wellenbildung**

Getriebe, Schraubenwelle, Stopfbuchse, Bootstrimm, Propeller

47 **Vom Tank zur Pumpe – Strömungsverhältnisse**

Tank, Tankmaterial, Notbehelfe, Filter, Förderpumpen, Tank-Entlüftung, Bunkern, Verbrauch, Leitungsentlüften

62 **Die Einspritzanlage – Ein guter Tropfen**

Düsenstock, Reparaturen, Einspritzdüsen, Leitungen, Kaltstart-Einrichtung

68 **Die Kühlanlage – Fließendes Wasser an Bord**

Überhitzung, Lebensdauer, Notbehelfe, Ein- und Zweikreiskühlsystem, Schwachpunkte, Schläuche, Filter

79 **Die Auspuffanlage – Achterlicher Wind**

Verschleißteile, Notreparaturen, Gummirohre, Motorschaden, Zylinderkopf abnehmen, Wasserschäden

83 **Die Schmierung – Gleiten und Surfen**

Ein- und Mehrbereichsöle, beste Anwendung, Schmierfähigkeit, synthetische Öle, andere Schmiermittel, Ölwechsel

89 **Störungen – Klabautermanns Stunde**

Ungenügende Leistung, elektrostatische Aufladung, Sicherheitsprüfung, Gas-Unfälle, sonstige Unfallmöglichkeiten

97 **Motor-Konservierung – Trockendock**

Liegezeit-Schäden, Einwinterung und Motorkonservierung, Ölwechsel, Auspuffanlage, Elektro-Kontakte, Bilge, Motorspülung

104 **Strom an Bord – Laufendes Gut – elektrisch**

Alternativen für Batterie-Strom, Stromarten an Bord, Klemmenbezeichnungen, Bordnetz, Keilriemen, Kabelstärken

Seite

Die Batterie – Strom aus dem Schapp 110

Auswahl, Angebote, vorgeladene Batterie, Batterie-Arten, Laden, Ladegerät, Kennlinien, Ladekontrolle, Flüssigkeit, Trennschalter, Trennrelais, Diodenverteiler

Der Anlasser – Hafenromantik 120

Anlasserdefekte, Demontage, Vorsorge

Starten ohne Batterie – Zweite Hilfe 124

Federspeicheranlasser, andere Hilfsmittel, Handstart, defektes Zündschloß

Tips für den Notstart – Ein Tief im Anmarsch 128

Leistungsaufwand vermeiden, Starthilfe-Mittel, Batterie schwach oder ganz ohne Strom, Starthilfe-Kabel

Der zweite Generator – Stromversetzung 133

Vorteile, Nachteile, Getrennte Batterien, Marine-Lichtmaschinen, Explosionsschutz, Marine-Anlasser

Instrumente – Richtig verklickert 137

Drehzahlmesser, Kühlwasser-Temperatur, Öldruck, Öltemperatur, Ampèremeter, Voltmeter, Betriebsstundenzähler

Korrosion – Chemiestunde 143

Elektrolyse, Zinkanoden, Kritisches Zubehör, Unfälle, Durchlüftung, Schutzmaßnahmen, Luftfeuchte, Ventilator

Solar-Energie – Sonnenanbeter 152

Vorteile, Nachteile, Silizium- und Pyrit-Zellen, Solar-Matten, richtige Leistungsgrößen, Ladestrom-Regelung, passende Größe, Zubehör

Der Windgeneratoren – Seemannsmelodie 159

Vorteile, Nachteile, das passende Revier, Wasser-Generator

Andere Stromquellen – Galeerensträflinge 163

Wellengenerator, Stopfbüchse, Generator außenbords, Benzin-Stromerzeuger

Ersatzteile für die Langfahrt – Maschinenproviant 165

Teile-Listen, Verpackung, Behälter, Handbücher

Das Werkzeug – Richtiges Besteck 171

Adressenliste – Rettungsanker 175

Stichwortverzeichnis 180

Wind aus der Kiste

Auch der richtige Seelord und gestandene Praktiker kann nicht alles im Hinterkopf haben, wenn es um den Schiebewind geht, der da unter Deck erzeugt wird und Dieselmotor heißt.
Für diese meist sehr versteckte und deswegen gern vergessene Aushilfskraft entstand dieses Buch als Sonderband der millionenfach bewährten Buchreihe »Jetzt helfe ich mir selbst«. Es nützt Süß- und Salzwasser-Skippern, seien es Segler auf eigenem Kiel oder auf Charter- oder Motoryachten. Und es hilft auch den Leuten mit zwei linken Händen, sich selber zu helfen – es ist nie zu spät, um sich noch zwei rechte Hände wachsen zu lassen. Interessenten für ein neues Boot können dies mit dieser Lektüre sachkundiger und kritischer auswählen.
Auf dem Wasser winken zwar manche Freuden, aber hier gibt es keinen Pannendienst wie auf dem Land, und gerade hier wird der Motor oft dringend gebraucht – er kann Leben und Material retten. Rasch verdirbt ein defekter Motor alle Freizeit- und Urlaubsfreuden und leert die dafür vorgesehene Kasse.
Leider wird bei modernen Yachten dem Motor noch weniger Platz gegönnt, was die Zugänglichkeit weiter verschlechtert. Viele teure Reparaturen entstehen durch nicht sachgemäße Wartung oder durch mangelhaft vorbereitete Standzeiten im Wasser oder auf dem Land. Wir erinnern nur an verbrauchte Batterien, Schmutz und Luft im Kraftstoff-System oder an verstopfte Kühlwasserkanäle. Auch ein schlecht belüfteter Motorraum kann das Aus für den Motor bedeuten.
Um das dafür notwendige Wissen zu tanken, reichen die meist knapp abgefaßten Betriebsanleitungen nicht aus. Service-Handbücher oder Ersatzteilkataloge sind schwer zu beschaffen.
Bei der Konzeption dieses Buches gingen wir von selbst ausführbaren Arbeiten und Vorsorgemaßnahmen aus, auch was das Umfeld des Dieselmotors betrifft (Batteriestrom durch Sonnen- und Windenergie u. a.). Doch soll der fachkundige Bootsmechaniker nicht durch dieses Buch ersetzt werden.
Die Autoren fahren seit über 20 Jahren mit eigenen und Charterschiffen auf den verschiedensten Revieren. Viele und nicht immer billige Erfahrungen und aufschlußreiche Beobachtungen ließen den Plan zu diesem Buch reifen.
Wir danken allen hilfsbereiten Leuten und Firmen, die uns bei diesem Buch halfen, besonders aber der Bootsmotoren-Werkstatt von Gerhard Zeitvogel in Radolfzell am Bodensee, der zu allen Segelrevieren dieser Welt reist, um Bootsdiesel zu betreuen und wieder flott zu machen.

Die Verfasser

Wer die richtigen Seemannsbeine hat, der weiß, wo man Hand anlegen muß. Aber auch unter Deck wartet immer jemand auf die sorgende Hand, z. B. der Diesel. Auch von ihm hängt das Glück einer kurzen oder langen Reise ab. Dieses Buch kann es reichlich beweisen.

Länge läuft

Die Länge einer Wasserlinie hat schon manches Wettsegeln entschieden. Auch die Länge eines Buches hat manchen Menschen rechtzeitig über die Ziellinie gebracht, solche nämlich der notwendigen Informationen. Mit dieser tiefsinnigen, freilich wichtigen Betrachtung wollen wir dieses Buch eröffnen. Und da sei gleich die Frage gestellt (die sich für Motoryachten erübrigt): Wie sehr braucht der Segler den Motor?

Andere Verhältnisse

Da tuckern, böllern, nageln sie oder dieseln vornehm beruhigt über die Reviere im Binnenland oder in küstennahen und küstenfernen Gewässern. Sie klingen wie Popcornmaschinen, wie automatische Teppichklopfer, wie die Bordnähmaschine oder wie ganz erwachsene Diesel. Sie gehören heute zur Szene auf dem Wasser – den einzigen und wahren Wind haben sich nur die Kleinen oder die Puristen erhalten.

Lust auf Abenteuer. Der Diesel macht es möglich. Hier bietet er im schwierigen Revier der jugoslawischen Inselwelt Sicherheit gegen die überraschenden Fallwinde.

Nicht gerade eine Rennziege, aber diese Schaluppe hält was aus. Der typische Motorsegler lebt noch mehr als die reine Segelyacht von seinem Diesel. Hier der seinerzeit vielgebaute »Finnclipper«.

In der Tat, in den vergangenen Jahrzehnten hat sich der Sport auf dem Wasser verändert. Zu Zeiten der kaiserlichen Yachten mit ihren langen Klüverbäumen (»Havariespargel«) lagen noch vor jedem Hafen Festmacher-Tonnen, Lotsenboote schleppten die motorlosen Luxus-Schaluppen sicher in den Hafen. Heute ist aus dem einstigen Privileg bestimmter Gesellschaftsgruppen ein Volkssport geworden, der ganz oben auf der Liste der Freizeitgestaltung steht.

Aber die große Zahl von Booten auf dem Wasser und randvolle Häfen und Marinas verlangen andere Auffassungen vom einstigen, mehr oder weniger wohlgelittenen Hilfsmotor oder Flautenschieber. Der Wind aus der Kiste ist anerkannt, ist salonfähig, ist in den weitaus meisten Fällen unentbehrlich geworden.

Der Trend zur Motorunterstützung hat auch dem Motorsegler zu neuer Bedeutung verholfen. Diese meist wetterharten Fifty-Fifty-Schiffe (»halb Bier, halb Schnaps«) mit ihrem starken Diesel (»Perkins-Genua«) und ihrem festen Wetterdach (»Kuchenbude«) konnten die Segelsaison sogar erheblich verlängern.

Der Horizont lockt. Aber der Komfort auch. Die moderne Yacht braucht mehr als nur den Wind. Der Motor und die von ihm unter Spannung gehaltenen Batterien erweitern ihre Möglichkeiten für Sicherheit und Komfort erheblich.

Gleitzeit. Auch Motoryachten bevorzugen den Diesel. Die Sicherheit gegen Brandgefahr ist größer und auch die Zuverlässigkeit und der wirtschaftliche Betrieb sind entscheidende Faktoren.

Wichtige zweite Kraft

Die meisten Häfen, ob auf Binnenrevieren oder irgendwo auf der Weltkarte, lassen sich unter Segeln nur noch mit erheblichem Risiko anlaufen. Als zweite Kraft hat sich ab einer bestimmten Leistungsklasse der Dieselmotor durchgesetzt, warum gerade er, werden wir noch erfahren. Bei vielen Langstreckentörns, zumal bei Charter-Yachten, läuft der Motor fast ständig mit. Das kann sich nicht nur bei schwerem Wetter und bei bestimmten Kursen zum Wind empfehlen, auch bei der Gefahr von Fallböen wie in jugoslawischen Inselrevieren ist die Motorhilfe eine gern in Anspruch genommene Sicherheit.
In der Karibik ist es bei den Amerikanern ohnehin der Brauch, den Motor mit arbeiten zu lassen, nicht zuletzt, um die Tiefkühlbox in guter Kondition zu halten. Aber auch bei uns ist der Motor ja schon längst als wichtige Energiequelle für die Batterie und damit für viele elektrische Verbraucher entdeckt worden.
Der Motor bügelt die Wellen glatt und erlaubt es oft, mehr Höhe zu segeln. Ein ausreichend starker Innenborder erleichtert die meistens zeitbegrenzte Segelei erheblich, ganz abgesehen von Überführungsfahrten, so auch vom oder zum Winterlager oder zu einer Werft. Bei einer so motorfreundlichen Einstellung muß der Spaß und der Sinn des Segelsports keineswegs auf der Strecke bleiben, denn der Motor ist auch zu einem lebenswichtigen Faktor für die Sicherheit geworden. Und eng damit zusammen hängt die Funktionstüchtigkeit des Motors, der vor allem wir dieses Buch gewidmet haben. Mit guter, schon klassischer Seemannschaft läßt sich eine gut segelnde Yacht auch ohne Motor sicher über die Weltmeere steuern, dennoch verzichten nur ganz wenige Blauwasser-Segler auf den Diesel.

Wichtige Energiequelle an Bord

Der Einbaumotor ist heute der wichtigste Energielieferant für den ganzen »Haushalt« einer Yacht. Der Motor lädt Batterien, die ihrerseits viele wichtige Verbraucher speisen, er sorgt über einen Wärmetauscher für heißes Wasser und ermöglicht autarkes Leben für viele Wochen. Ein gerissenes Segel ist für ein Charter-Unternehmen eine Bagatelle. Ein funktionsgestörter Motor ein wirtschaftlicher Schaden von beträchtlichem Ausmaß.

Ballett-Nummer. Hier ein Benzin-Außenborder an der Arbeit. Doch auch bei den Außenbordern dringt der Diesel vor.

Man sollte nicht alles selber falsch machen. Auch anderen muß man die Chance geben, das Vertrauen auf die sprichwörtliche Zuverlässigkeit des Diesels zu übertreiben. Hier hatte er gemeutert.

Traumstunde. Träumt der Commodore von den schönen, beständigen Passat-Winden in der Karibik? Hoffentlich vergißt der Entspannungskünstler nicht den Wind aus der Kiste. Dieser ist noch beständiger und hilfreicher – wenn man ihn pflegt.

Besseres Manövrieren

Ohne Motor sind enge Ankerbuchten und flache Kanalsysteme nur unter erheblichen Mühen befahrbar. Die feinsten Ankerplätze sind immer jene mit schwieriger Ansteuerung. Mit dem zuverlässigen Dieselmotor wird Segeln abwechslungsreicher und sicherer. Größere Hafenanlagen können durchaus unter Segeln angelaufen werden, der Innenborder dreht dann im Leerlauf mit. So bleibt der Spaß am gekonnten Segelmanöver und die »eingebaute Sicherheit« fährt mit.
Bei Schwerwetter läßt sich sicherer die Besegelung ändern, und der gleichmäßige sonore Ton des Schiffsmotors sorgt für eine nicht zu unterschätzende psychologische Stabilisierung der Gemüter, zumal bei Landmenschen an Bord.
Mit einer starken Maschine kann schweres Wetter auch »ausgesegelt« werden, und ein schützender Hafen rückt in erreichbare Nähe. Die gefährliche Leeküste wird mit Motorkraft etwas weniger gefährlich, denn 10 Grad höher am Wind kann den kleinen Unterschied zwischen Freisegeln oder Strandung bedeuten.
Der Motor wird aber seiner Rolle als Mädchen für alles und für gute und schlechte Zeiten nur dann gerecht, wenn für ihn mit praxisgerechter Wartung und Sinn für ordentliche Seemannschaft gesorgt wird. Aus dieser Perspektive ist dieses Buch für Sie entstanden.

Mit Seemannsbeinen

Vorteile des Diesels

Der Diesel erfreut sich großer Beliebtheit auf dem Wasser. Daher hat schon mancher »Selbstzünder«, den wir vom Betrieb auf der Straße kennen, sozusagen Seemannsbeine bekommen. Er wurde, wie der Kenner weiß, »marinisiert«.
Mitte der 60er Jahre waren die Benziner auf dem Wasser noch mit einem Drittel vertreten. Heute werden ab einer bestimmten Leistungsklasse und bei seegängigen Yachten fast ausschließlich Dieselmotoren eingebaut. Nach wie vor sind freilich die bis zu 170 km/h schnellen Offshore-Rennboote mit leistungsstarken 8- oder 12-Zylinder-Benzinmotoren aus der Rennwagenbranche ausgerüstet. Aber großvolumige Turbo-Diesel sind auch dort im Vormarsch.

Unempfindlich gegen Feuchtigkeit

Es gibt viele Gründe für die Dominanz des Diesels auf dem Wasser. Aber zu den wichtigsten gehört seine größere Zuverlässigkeit wegen des Fehlens einer elektrischen Zündanlage. Ohne die feuchtigkeitsempfindliche Zündanlage kann ein Diesel sogar noch in Waser getaucht laufen, sofern der Lufteinlaß freiliegt. Kleinere Yachtdiesel lassen sich ohne Batteriestrom und elektrischen Anlasser mit der Handkurbel starten.

Kraftstoff weniger gefährlich

Der zweite wichtige Vorteil gegenüber dem Benzinmotor ist der Kraftstoff. Benzindämpfe sind hochexplosiv und lassen sich nur mit konstruktiv teuren Maßnahmen zuverlässig verhindern. Die Offshore-Rennboote fahren mit zwei bis vier Benzinmotoren und jeweils 750 PS. Würde solch ein Boot explodieren, flögen 2000 Liter Sprit in die Luft. Mit dieser Sprengladung könnten auch Dickschiffe in Stücke gesprengt werden.
Dieselkraftstoff entwickelt bei hohen Temperaturen gleichfalls Gas, wie noch zu lesen sein wird, aber die Explosionsgefahr ist gering, so daß jeder einigermaßen technisch begabte Skipper Schäden am Kraftstoffsystem reparieren kann.

Berufsseefahrer. Der ausschließlich für Wasserfahrzeuge entwickelte, niedrig drehende und besonders robuste Schiffsdiesel ist fast nur noch in der gewerblichen Motor-Schiffahrt zu finden. Oft entstehen aber daraus modernisierte Motor-Umbauten.

Marinisierte Großserien Pkw-Motoren wie dieser Schwarting S-616 auf Mercedes-Basis, eignen sich gut für Fahrtenyachten. Ersatzteilversorgung wird durch die Daimler-Benz-Werksvertretungen weltweit gesichert. Das nachträglich angebaute Zweikreiskühlsystem ist schwarz lackiert.

Langlebig und ökonomisch

Der dritte große Pluspunkt des Diesels ist die hohe Lebenserwartung im Yachtbetrieb. Es basiert auf dem niedrigen Drehzahlniveau, das ja systembedingt ist. Würde ein Benziner eben so niedrig drehen und – bezogen auf den Hubraum – so wenig leisten, würde er in der Regel auch länger leben. Doch hat der Diesel noch den Vorteil, daß er nur Luft ansaugt, was den schützenden Schmierfilm an den Zylinderwänden besser erhält. Auch fehlen Aggregate wie Vergaser oder Benzin-Einspritzung und eben die Zündanlage, die nach einigen Jahren schon nach Reparaturen verlangen können.
Dieselmotoren sind ja ihrem Wesen nach – ökonomisch, zuverlässig, guter Durchzug bei niedrigen Drehzahlen – für Nutzfahrzeuge oder Baumaschinen gedacht. Der günstige Verbrauch (bei geringer Leistung!) verlockte dazu, ihn auch im Personenwagen anzuwenden. Das war freilich ein großes Mißverständnis, mußten doch dafür erhebliche Nachteile in Kauf genommen werden. Wird er nicht wesensfremd überzüchtet (z. B. mit Turbo-Aufladung), kommt er bei den im Yachtbetrieb typischen, gleichmäßigen Drehzahlen und bei ordentlicher Wartung gut auf 10 Jahre Laufdauer, ja oft sogar auf das doppelte und dreifache.

Hier läuft nicht Länge, sondern Leistung. Offshore-Rennboote erreichen über 180 km/h Spitzengeschwindigkeit. Die häufigste Ausfallursache sind gerissene Motorfundamente oder überdrehte Motoren. Bei den 20 m weiten Sprüngen sind die mechanischen Belastungen enorm.

Die Nachteile

Auch diese seien hier aufgezählt, obwohl die unerfreulichen Eigenschaften beim Bootsdiesel weniger als beim Straßendiesel in Erscheinung treten. Da der Diesel auf dem Schiff meistens gut verpackt ist – oft zu gut, wie noch zu lesen ist – wird sein Nagelgeräusch besser gedämpft. Die Abgase – mit Geruch, Qualm und Ruß (bei Vollast vor allem) – fallen weniger unangenehm auf. Der höhere Preis des Diesels, der schwerer gebaut sein muß und Anlasser und Batterie in stärkerer Ausführung braucht, »verschwindet« oft im hohen Preis des Schiffes. Auch die spärliche Leistungsausbeute je Liter Hubraum spielen für das Wasserfahrzeug keine Rolle, desgleichen nicht die Kälteempfindlichkeit des Kraftstoffes (Versulzen).

Dagegen muß man beim Schiffsdiesel auf diese Nachteile achten: Das hin und wieder erforderliche Entlüften des Kraftstoffsystems (siehe Kapitel »Vom Tank zur Pumpe«); die Empfindlichkeit der Einspritzpumpe gegenüber Verschmutzung im Kraftstoff; das Schütteln im Leerlauf, wobei sich Schraub- und Steckverbindungen lockern können (Kabelanschlüsse), und schließlich der penetrante Geruch des Kraftstoffes, wenn sich dieser an Hände oder Füße oder sonstwohin verirrt.

Maximalleistung

Die Grenze der Belastbarkeit unserer Bootsmotoren wird vom Englischen Lloyd klar definiert. Für den Einsatz in einem Fischkutter muß der Diesel 24 Stunden lang ohne Unterbrechung mit Maximalleistung arbeiten. In diesem Zeitraum dürfen keine Servicearbeiten nötig sein. Nur wenige Yacht-Dieselmotoren erfüllen diese Forderung.

Yachtmotoren werden in der Leistungsstärke höher ausgelegt als Commercial-Bootsmotoren vom gleichen Motortyp. Noch mehr Leistungskraft wird diesem Motor im Auto zugemutet. Ein Beispiel: Im Fischkutter setzt der Motorenhersteller 60 PS Leistung an. Die Yacht wird mit 80 PS und der Personenwagen mit 100 PS motorisiert – alles mit dem gleichen Motorblock aber mit unterschiedlich ausgelegtem Einspritzsystem.

Yachtmotoren dürfen deshalb nur kurzfristig mit Maximalleistung gefahren werden, während der Fischkutter-Kapitän die volle Leistung einsetzen kann.

Charter-Yachten

Charter-Yachten werden daher mit größeren Maschinen gefahren, die nur zu etwa 60 Prozent genutzt werden. Dann hält der Motor länger. 700 Betriebsstunden setzen Charterboot-Agenturen jährlich an Betriebsstunden an, eine Bodensee-Yacht kommt in einer Saison selten über 70 bis 100 Betriebsstunden. Eine Charter-Yacht gilt beim Englischen Lloyd als Commerical-Yacht. Nicht wegen der Finanzen, sondern wegen der ungewöhnlich hohen Belastung des Materials. Erfahrene Charter-Unternehmen installieren eine Gashebel-Begrenzung, damit der Charterkunde nur mit dreiviertel Gas fahren kann. Dann lebt der Motor länger. Am Drehzahlmesser kann die Leistungsbegrenzung erkannt werden. Neuere Dieselmotoren drehen mindestens auf 3000 Umdrehungen. Erreicht der Motor diese Drehzahl mit eingelegtem Getriebe nicht, können Sie als Charterkunde davon ausgehen, daß Ihr Dieselmotor mit Leistungsbegrenzung fährt. Dieser Motor kann unbedenklich mit 2500 bis 2800 Umdrehungen gefahren werden.

Geschwindigkeit und Leistung

Die höchste Geschwindigkeit für Verdränger-Rümpfe ist gleich der Rumpfgeschwindigkeit. In besonderen Fällen kann sie auch höher sein. Die Rumpfgeschwindigkeit (in km/

Der holländische Vetus M 4.14-Vierzylinder-33-PS-Dieselmotor basiert auf einem Mitsubishi-Industriemotor. Links die serienmäßige Ölabsaugpumpe. Alle wichtigen Serviceteile sind von vorne erreichbar, das erleichtert die Wartung bei den meist viel zu engen Motorräumen.

Der 49 PS starke Vierzylinder-Perkins 4-108 ist der populärste Bootsdiesel für Yachten zwischen 10 und 14 m Länge. Seine Robustheit ist legendär, aber die unterschiedliche Ausstattung mit landeseigenen Teilen wie Lichtmaschine und Anlasser erfordern eine exakte Routenplanung mit Ersatzteil-Depots auf Langfahrten.

Maschinenraum. Die beiden V8-Benzinmotoren sind das Herz der Offshore-Rennboote. Leistung über 1800 PS. Diesel-Rennmotoren werden trotz höherem Gewicht konkurrenzfähig, nicht zuletzt, weil die Abhängigkeit von der Zündanlage wegfällt.

h) berechnet sich nach der Formel 4,5 × (m) Länge Wasserlinie. Um diese Geschwindigkeit zu erreichen, ist vor allem das Gewicht des Schiffes entscheidend.
Nach Erfahrungen des Motor-Herstellers Vetus beträgt nach einer Faustregel die erforderliche Leistung bei guter Formgebung des Schiffes, bei richtiger Propellerwahl und Einbeziehung der Verluste durch Getriebe und Wellenlagerung etwa 3,5–5 PS je Tonne Schiffsgewicht (der erste Wert trifft eher auf Segel-Yachten zu).
Diese Leistung sollte um 20–30% erhöht werden, damit sie unterhalb der zulässigen Höchstdrehzahl bei bewachsenem Unterwasserschiff und warmem Motorraum erreicht wird. Bei maximaler Drehzahl wird dabei mit ca. 1 Liter Verbrauch je 4–5 PS der Motorleistung gerechnet (siehe auch die Verbrauchsangaben im Kapitel »Vom Tank zur Pumpe«). Oft werden, so die Firma, zu große Motoren eingebaut, deren Überschuß-Energie sich nur in Wellen umsetzt.

Klassischer Schiffsdiesel

In den vergangenen Jahren sind die echten Schiffdieselmotoren fast vom Markt verschwunden. Dieser klassische Bootsdiesel hat einzelstehende Zylinder. Seitliche Deckel am Kurbelwellengehäuse ermöglichen einen Austausch der Kurbelwellenlager ohne Ausbau der Maschine. Die Zylinderlaufbuchsen sind von einem geschickten Mechaniker auf hoher See auswechselbar. Der klassische Bootsdiesel ist ein schwerer Motor mit übergroßer Schwungscheibe und relativ kleiner Zylinderzahl im Vergleich zum leichteren, mehrzylindrigen Industriemotor der gleichen PS-Leistung. Aus der Familie der klassischen Bootsdieselmotoren stammen einige Ein- und Zweizylindermotoren von Volvo sowie die norwegischen Sabb, nicht zu verwechseln mit den schwedischen Saab-Motoren, sowie MAN-Diesel, MWM, Deutz, sowie einige Ruggerini-Motoren.

Marinisierung

In der heutigen Epoche der rationellen industriellen Fertigung werden Bootsmotoren fast nur noch von Motoren aus dem Industrie- und Kfz-Bereich abgeleitet. Sie werden »marinisiert«:
Der japanische Mitsubishi-Industriemotor wird von Vetus und Solé mit Erfolg zum Bootsdiesel umgebaut. Die holländische Firma Nanni setzt bei den kleinen Motoren auf Kuboto-Industriemotoren. Über 45 PS werden Daimler-Benz-Fahrzeug-Motoren von MTU, Nanni, Wizemann, Solé und Schwarting marinisiert. Volvo baut neben den bekannten eigenen Kleindieselmotoren auch größere Aggregate aus dem Peugeot- und General-Motors-Programm zu Marinemotoren um. Die BMW-Kleindiesel sind marinisierte Hatz-Diesel-Motoren die als Baumaschinen bekannt sind. Nach der Stillegung der Bootsmotoren-Produktion vom BMW werden die BMW-Kleindiesel von der Firma Fischer (siehe Adressen-Liste) und von Wizemann vertrieben und mit Ersatzteilen versorgt.
Für den Ersatzteilbedarf in exotischen Ländern ist die ursprüngliche Herkunft des marinisierten Industrie- oder Pkw-Motors von Bedeutung. Die Qualität ist ein ganz anderes Thema.
Die Engländer unterscheiden zwischen Commercial-(Berufs-) und Pleasure (Freizeit-) Motoren und meinen damit echte, klassische Bootsdiesel oder marinisierte Kfz- oder Industriemotoren.

Wie ist der Stammbaum?

Auf die Qualität kommt es an. Der Stammbaum kann für zahlungskräftige Kundschaft allerdings von Bedeutung sein. Deshalb baut die berühmte finnische Swan-Werft marinisierte Mercedes-Dieselmotoren ein. Die Firma Wizemann in Remseck bei Stuttgart führt im Auftrag von Daimler-Benz den Umbau durch. Dessen Tochterfirma MTU in Friedrichshafen wird mit den weit über 2000 PS starken Großdieselmotoren beauftragt. Nanni in Holland darf sich als offizieller Marinisierungs-Betrieb von Mercedes-Motoren im Ausland betätigen. Kleinere Marinisierer wie Schwarting in Oldenburg sind durch ihre solide Umrüstung von Daimler-Benz-Motoren bekannt geworden. Die unverwüstlichen Faryman-Kleindiesel werden jetzt bei Nanni in Holland weiterproduziert. Die dänischen Bukkh-Diesel werden jetzt mit italienischen Ruggerini-Teilen komplettiert.

Sonderfall Perkins

Ein Sonderfall sind die bekannten Perkins-Motoren. Sowohl in England, Deutschland, Spanien, den USA und noch anderen Ländern werden Perkins-Motorblöcke mit heimischen Teilen ergänzt. Ein amerikanischer Perkins unterscheidet sich ganz erheblich vom spanischen Pendant. Das Anlasserritzel hat beim spanischen Motor 13 Ritzel, beim amerikanischen Modell 12. Der Anlasser paßt nicht zur Schwungscheibe. Lichtmaschine, Einspritzpumpe, Wasserkühler sind unterschiedlicher Bauart. Das ist kein Einzelfall. Wer über den Atlantik in die gelobten karibischen Gewässer segelt, hat mit einem deutschen Perkins erhebliche Ersatzteilprobleme, die amerikanischen Perkins sind dafür gut versorgt. Volvo und die japanischen Yanmar-Diesel sind da fein raus. Hier paßt jedes Teil, sofern die Ersatzteilversorgung sichergestellt ist. Nur Volvo- und Yanmar-Motoren werden ausschließlich ab Werk marinisiert. Alle anderen Motorenhersteller liefern Rumpfmotoren an jede zahlungsbereite Adresse.

Ersatzteile

Markengebundene Ersatzteile haben ihren Preis. Bei Volvo-Motoren paßt nur ein Volvo-Getriebe. Mercedes- oder Perkins-Motoren können wahlweise mit Hurth, Borg & Warner und anderen Getriebetypen kombiniert werden.
Geradezu frappierende Preisunterschiede entstehen zwischen dem Teillieferanten und der Motorenfirma. Bosch-Einspritzdüsen werden in den meisten Motoren verwendet.

Die neuen Perkins-Perama M30-Motoren mit 29 PS bei 3600 U/min sind leichter als die Vorgängermodelle und wesentlich kompakter in den Abmessungen. Der kombinierte Wärmetauscher-Abgassammler erleichtert die Wartung und sorgt für lange, störungsfreie Lebensdauer.

Die italienischen Nanni-Dieselmotoren gelten als sorgfältig marinisierte Industriemotoren auf der Basis Kuboto und Mercedes. Hier der Nanni-Kuboto 3.90 SD mit Saildrive-Antrieb. Kuboto ist der weltgrößte Kleindiesel-Hersteller.

Die Original-Bosch-Düse ist um 40 Prozent preiswerter beim Bosch-Dienst als beim Motoren-Vertragshändler. Für den gleichen Ölfilter bezahlt man beim Kfz-Handel 14 Mark, beim Perkins-Vertragshändler 18 DM und in Italien 44(!) Mark. Da hört der Spaß natürlich auf.
Über die Qualität der Marinisierung und allgemeinen Lebensdauer dieser Industriemotoren kann niemand ein stichhaltiges Urteil abgeben. Dafür sind die »Betriebsbedingungen« zu verschieden.

Teile-Versorgung

Durch den Erfolg der japanischen Mitsubishi- und Yanmar-Motoren haben sich die oft ziemlich arroganten Ansichten einiger ehemaliger Vertriebsleute europäischer Motorenhersteller erledigt. Qualität ist nicht eine Frage der jahrzehntelangen Erfahrung allein, sondern eine Frage des Managements, ob also z. B. die Ersatzteilversorgung wirklich funktioniert.
Die BMW-Bootsdiesel-Abteilung muß zum Beispiel im August Betriebsferien einlegen, weil da auch die Automobil-Fließbänder umgestellt werden. Aber Mitte August verschleißen die meisten Teile am Bootsdiesel, und da gab es oft nur über einen BMW-Notdienst Ersatzteile zu kaufen. Fazit: Die Kundschaft mußte bis zu sieben Tage auf einen Kühlwasser-Impeller warten. Solche Management-Fehler schädigen den Ruf der an sich ausgezeichneten BMW-Dieselmotoren ganz enorm. Kein Wunder, daß die Produktion nach wenigen Jahren eingestellt werden mußte.
Das ist kein Einzelfall. In Griechenland und der Türkei sind Volvo-Ersatzteile häufig Mangelware. Volvo fertigt derart verschiedene Motorentypen, daß nur sehr finanzkräftige Service-Werkstätten über ausreichend Ersatzteile verfügen. Ein in Amerika marinisierter Perkins 4–108 Motor hatte nach eigener Erfahrung in der Karibik auf den Bermudas und selbst auf den Azoren keine Probleme mit Ersatzteilen, dafür gab es ganz erhebliche Engpässe in Spanien und Jugoslawien.
Bleibt Daimler-Benz als strahlender Stern? Mitnichten. Die populären 636-Vierzylinder von Daimler-Benz mit 45 PS sind aus der spanischen Lizenzfertigung. Früher war dieser Motor in den Personenwagen Mercedes 170 und 180 D eingebaut. In Deutschland wird

Im Gegensatz zu den marinisierten europäischen Kleindieseln liefert die japanische Firma Yanmar weltweit identisch aufgebaute Motoren an die Werften. Dadurch erleichtert sich die Ersatzteilversorgung. In der Zuverlässigkeit und im Preis sind die Yanmar-Motoren fast gleich wie die europäischen Motoren. Deutscher Importeur ist Marx Marine.

dieser Motor seit zwanzig Jahren nicht mehr hergestellt, Ersatzteile gibt es aber noch. Der spanische 636-Mercedes-Motor besitzt den gleichen Motorblock wie das Original, aber die Nebenaggregate sind teils spanischer, deutscher und holländischer Fertigung. Ein türkischer Mechaniker weiß definitiv nicht darüber Bescheid, wo er die Ersatzteile bestellen soll.
Langstreckensegler werden ihr ganzes Seglerleben lang mit Ersatzteilproblemen konfrontiert sein. Es gibt keine Ideallösung wie bei den amerikanischen oder japanischen Außenborder-Modellen, wo überall auf der Welt die Ersatzteilversorgung gesichert ist. Diesem Ideal laufen alle Dieselmotoren-Hersteller noch um viele Jahre hinterher.

Hilfsmittel

Nach unseren Langstreckenerfahrungen ist ein zuverlässiger heimischer Mechaniker die vernünftige Kontaktperson für Ersatzteilprobleme im Ausland. Er schickte z. B. eine neue Lichtmaschine nach Grenada. Mit einem Deposit-Verrechnungsscheck lassen sich Überweisungsprobleme leicht umgehen. Er bekommt sein Geld und der Skipper das Ersatzteil. Einbau-Schwierigkeiten gibt es nicht, sofern ein ausführliches Werkstatthandbuch in deutsch oder englisch an Bord ist. Damit kommt jeder ausländische Mechaniker zurecht. Ohne die Einstelldaten, Ersatzteillisten und die graphische Darstellung der Arbeitsvorgänge wird die Motorreparatur schwieriger und damit teurer ausfallen. Wer sich in die Rolle eines Mechaniker einfühlen kann, spart nach unserer Erfahrung viel Geld.

Schiffer patent

Das Talent zur Improvisation ist an Bord wichtiger als eine gut gefüllte Kasse, besonders dann, wenn der Bug auf ferne Küsten gerichtet wird. Und fern von allen schönen Marinas mit ihrem guten Service für malade Motoren und verrottete Seelen, helfen dem Segler nur noch gute Ideen.
An entsprechenden Erfahrungen herrscht in diesem Buch kein Mangel. Greifen wir, bevor wir zu den angestammten, aber notwendigen Ratschlägen übergehen, in das Erfahrungsschapp von Hans G. Isenberg.

Ersatz: Gartenschlauch!

Nach einem Karibik-Törn fiel der Pegelstand in der Bordkasse fast auf Null. Schlecht bezahlte Arbeit liegt mir nicht, deshalb kam für mich der Hilferuf von einer großen, deutschen Charteryacht gerade recht. Der Vierzylinder für den Bordgenerator hatte den Dienst mit Wasserpumpenschaden quittiert. Innerhalb von wenigen Stunden würden die saftigen argentinischen Rindersteaks in der Tiefkühltruhe verdorben sein. Wert des Inhalts: 450 Dollar. 18 Chartergäste und die vierköpfige Besatzung waren ratlos. Für 100 Dollar Arbeitshonorar und mit einem 5 m langen Gartenschlauch wurde das Problem gelöst. Der innere Kühlwasser-Kreislauf des 250 PS starken Hauptdiesels wurde einfach an den Kühlwasserkreislauf des 42 PS-Diesel-Stromaggregats angeschlossen. Der Skipper mußte die Hauptmaschine jeden Tag ein paar Stunden laufen lassen, aber die Tiefkühlladung war damit gerettet.

Ersatz: Pkw-Auspufftopf!

Auf einer schwedischen Yacht blies der undichte Wassersammler der Auspuffanlage dicke Rußwolken in den Motorraum. Eine verheerende Lage. Passenden Ersatz gab es nicht, dafür aber eine japanische Mazda-Vertretung. Hier wurde ein normaler Pkw-Auspufftopf besorgt und als kombinierter Wassersammler/Auspufftopf in die Yacht eingebaut. Der Ersatz war auch nach drei Jahren noch o.k. Verdienst: 75 Dollar.
Auf einer amerikanischen Yacht war durch ein defektes Trennrelais die Starterbatterie entladen worden. Mein kleiner Yamaha-Stromgenerator pumpte die Batterie wieder voll. Die texanischen Chartergäste – technisch wenig beschlagen – wollten mit dem Inselflugzeug abreisen. Aber der praktische Stromgenerator hatte ihren Urlaub gerettet. Der offensichtlich wohlhabende Skipper steckte mir 50 Dollar in die Hosentasche.

Gute Arbeit – gutes Geld

Hier soll nicht der Eindruck entstehen, daß ich meinen Lebensunterhalt mit Bootsreparaturen verdiene. Andererseits ist angemessene Bezahlung für die oft schmuddelige Arbeit auf einem fremden Schiff angemessen. Kein Erfolg – kein Geld. Mit Gutmütigkeit verliert man schnell die Lust am Hochseesegeln.
Einmal reparierte ich einem deutschen Segler eine undichte Ölwanne. Voll mit Öl beschmiert, sah ich die Mannschaft ins nahegelegene Luxusrestaurant gehen. Nach drei Stunden Arbeit schenkte mir der Bootseigner eine Flasche Rum. Kostet in der Karibik weniger als eine Flasche Orangensaft. Die Lehre daraus: Als Segler sei jedem anderen Segler geholfen, aber schwere oder schmutzige Arbeit muß anständig bezahlt werden.

Kajütenzauber: Motor-Instandsetzung neben dem Sofa. Aber das war die Initialzündung für dieses Buch! Motorschaden – blokkierte Kolben – im eigenen Schiff durch rückfließendes Auspuff-Kühlwasser in die Zylinder. Geschehen nach dem Bruch eines Flügels der Impeller-Seewasserpumpe. Mechaniker Mario aus Porto Christo, Mallorca, oben (links neben Autor Isenberg) und rechts. Die 4 Kolben, Pleuel und die neueingeschliffene Kurbelwelle des Perkins-Diesels wurden in 5tägiger Arbeit in der Kajüte ausgewechselt.

Speedboats

Hier noch eine interessante Beobachtung. Auf den Kanälen von Bangkok und Malaysia verkehren die schnellen Speedboats, lange Passagierboote, schmal wie Kanus. Der Motor ist ein in der Höhe und seitlich direkt schwenkbarer Auto-Motor, von dem eine lange Welle zum Propeller führt. Dieser wird zur Fahrt ins Wasser abgesenkt und oder zum Steuern nach beiden Seiten bewegt. Das Kühlwasser wird mit einem Schlauch angesaugt und durch den Motor gepumpt. Einen solchen Antrieb baute sich Günther Schill für seine 11-m-Yacht in Indonesien. Damit segelte und fuhr er wohlbehalten durch das Chinesische Meer und zurück über den Indischen Ozean bis zum Mittelmeer. Nach soviel praktischen Beispielen ein paar Takte Theorie über den Diesel.

Das Dieselprinzip

Der Diesel saugt bekanntlich nur Luft an. Der Kraftstoff wird getrennt durch die Einspritzpumpe und die Einspritzdüsen zugeführt. Er wird eingespritzt, wenn die durch den Kolben verdichtete Luft ihre Spitzenwerte von Temperatur und Druck erreicht hat. In der heißen Luft (ca. 700°C) entzündet sich der fein zerstäubte Kraftstoff von selbst, daher der Name „Selbstzünder“ für den Diesel. Er kann zum Vorteil der Wassersportler auf die Zündanlage verzichten.

Durch das mögliche, wesentlich höhere Verdichtungsverhältnis wird der Kraftstoff besser verwertet, der Diesel ist also sparsamer. Da er jedoch keine hohen Drehzahlen erreichen kann (wegen der länger dauernden Gemisch-Bildung im Brennraum), erzielt er nicht die Leistung wie ein Benzinmotor, bezogen auf gleichen Hubraum.

Wo wird eingespritzt?

Auf diese Frage sollte ein schiffiger Dieseleigner die Antwort wissen. Es ist für einige Eigenschaften des Diesels von Bedeutung, wo die Einspritzdüse sitzt. Gebräuchlich ist

Was macht die Gesundheit? Vor allem drei Anzeigen verraten es: 1. Ist Öldruck gleich nach dem Anlassen da? Bleibt er immer hoch genug? 2. Zeigt eine Batterie-Ladekontrolle das Laden an? 3. (später): Kühlwasser-Temperatur? Nicht zu tief, vor allem nicht zu hoch?

es, zumal bei kleineren Diesel, daß sie in einer vom Brennraum abgeteilten Kammer zu finden ist („Kammerdiesel").
Von hier aus wird die Verbrennung eingeleitet und sie erfolgt etwas weniger geräuschvoll. Bei einem so abgeteilten Brennraum spricht man auch von indirekter Einspritzung. Typisch: Dieser Diesel ist nicht kaltstartfreudig, er braucht daher Glühkerzen, von denen je eine in jeder Kammer sitzt.
Bei ungeteiltem Brennraum sitzt die Einspritzdüse direkt in diesem: Direkte Einspritzung. Diese Motoren laufen etwas härter, sind aber noch ökonomischer im Verbrauch und gute Kaltstarter. Bei Startschwierigkeiten kann es also nicht an der Vorglüh-Einrichtung liegen, da sie in der Regel keine besitzen.
Wer es noch genauer wissen möchte: Bei der indirekten Einspritzung gibt es noch feine Unterschiede, nämlich Wirbelkammer und Vorkammer (diese bei den kleineren Mercedes-Bootsmotoren).
Die folgende Tabelle bietet eine Übersicht der Einspritz-Verfahren bei einigen Diesel-Innenbordern (siehe auch die Schnittzeichnungen im Kapitel »Die Einspritzanlage«).

Indirekt oder direkt?

	Einspritzung	
	indirekt	direkt
BMW, D7 1-Zyl., 6 PS		■
BMW, D12 1-Zyl., 10 PS	■	
BMW, D35/D50, 2- und 3-Zyl.		■
Bukh, DV 10 Me, 10 PS	■	
Mercedes-Benz Basismotor, 4/5 Zyl.	■	
Mercedes-Benz Basismotor, 6-Zyl.		■
Mitsubishi, Basismotor bis 40 PS	■	
Kuboto, Basismotor, 6–45 PS	■	
Perkins, Bauj. 70–86, bis 72 PS		■
Perkins, neue Reihe M25/M30, Parama, 3-Zyl. 25.5 und 29.5	■	
Perkins, neue 4-Zyl. M50, Prima		■
Volvo, Baureihe 2001/2/3, 9–28 PS		■
Volvo, Baureihe MD 31A, 4-Zyl.		■
Yanmar, 9–27 PS, 1–3-Zyl.	■	
Yanmar, 4-Zyl. 4 JHE, 44 PS		■

Betriebsanleitungen

Nach aller Erfahrung werden diese schnell vergessen und verlegt. Die vom Motor-Hersteller verfaßten Betriebsanleitungen verdienen allerdings auch kein anderes Schicksal – sie sind selten in der Praxis entstanden, sind wenig informativ und manchmal schlecht übersetzt. Dennoch – wieder hervorgeholt, bringen sie oft doch noch einen Aha-Effekt zustande.
Wir empfehlen daher, sie in jedem Fall als Ergänzung zu diesem Buch zu betrachten. Denn jeder Motor ist anders und hat seine ganz individuelle Note, z. B. beim Ventilspiel (Messen und Einstellen bei warmem oder kalten Motor?) oder bei den Empfehlungen für die Neu-Inbetriebnahme, für den Dauerbetrieb oder die Motor-Konservierung.

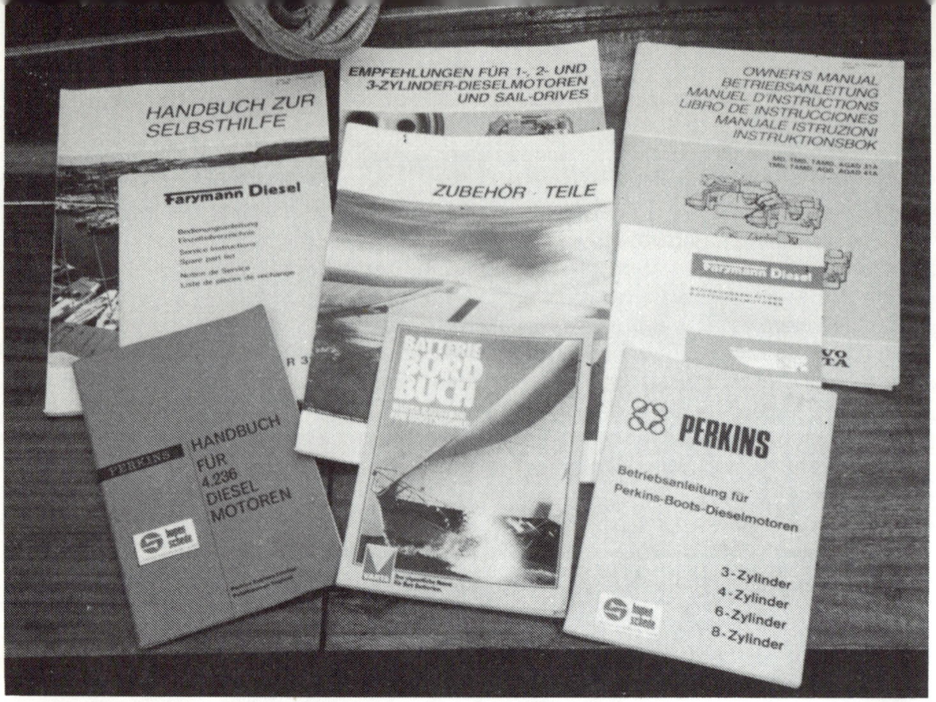

Das macht uns nicht glücklich: Betriebsanleitungen werden am Schreibtisch gemacht, erklären umständlich, sind praxisfern oder schlecht übersetzt. Ergänzende Literatur ist notwendig. Eine der Ausnahmen: Volvo mit guten Wartungsunterlagen.

Ansaugfilter

Der Ansaugstutzen für die nötige Verbrennungsluft des Motors wird beim Auto durch einen großen Luftfilter verdeckt. Er soll auch das Ansauggeräusch dämpfen. Ein Filter dieser Größe ist beim Bootsdiesel nicht gebräuchlich. Auch der Filtereinsatz – ein Papierfilter – ist in der Regel nicht vorhanden. Meistens sitzt im Lufteinlaß ein Drahtgebilde, das ölig-schwarz ist und gelegentlich unserer Hilfe bedarf. Das Drahtnetz soll als simpler Filter die Ansaugluft vor Schmutz bewahren.
Im Vergleich zum Straßenverkehr bekommt der Bootsdiesel verhältnismäßig reine Seeluft zugeführt. Deshalb verzichten viele Hersteller auf eine große Filteranlage mit Wegwerffilter. Allerdings rüstet z. B. Volvo seine Dieselmotoren mit Papier-Austauschfiltern aus. Ein Beispiel, das andere Motorenhersteller übernehmen sollten. Der Papierfilter wird nach Angaben der Betriebsanleitung routinemäßig ausgetauscht. Eine Reinigung ist nicht möglich.

Luftgeschäft. Im Ansaugstutzen dieses Perkins-Diesel sitzt ein wiederverwendbarer Metall-Luftfilter. Die Luft auf dem Wasser ist zwar sauberer als auf der Straße, doch empfiehlt sich mindestens einmal pro Saison die Säuberung mit Pinsel, Petroleum oder Diesel. Dann leicht mit Öl benetzen.

Handarbeit. Hier Luftfilter-Einsatz (rechts) und Kurbelgehäuse-Entlüftungsfilter (Volvo). Es ist einfach, diese Filtereinsätze nach Angabe in der Betriebsanleitung zu wechseln. Verschmutzter Luftfilter führt zu höherem Kraftstoffverbrauch.

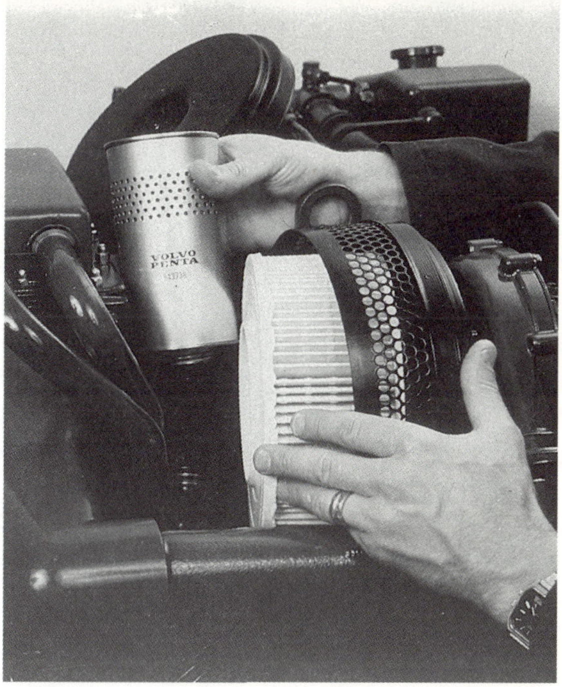

Drahtfilter reinigen

Drahtfilter-Einsätze müssen im allgemeinen alle 50 Betriebsstunden mit Dieselkraftstoff, Petroleum oder auch Benzin gereinigt werden. Eine ausgediente, nicht zu weiche Zahnbürste ist ideal für die Reinigung. Ist der Filter sauber, muß er mit Motoröl leicht bestrichen werden. Der leichte Ölfilm bindet besser die Staubpartikel in der Ansaugluft. Ein stark verschmutzter Ansaugfilter schnürt natürlich dem Motor die Ansaugluft ab. Die Leistung sinkt, der Verbrauch steigt überproportional an. Manche Motoren neigen schon zu Überhitzungserscheinungen, wenn der Luftfilter nur halb verschmutzt ist. Daher ist es kein Wunder, wenn ein Motor mit frisch gereinigtem Ansaugfilter auch kühler läuft. Die Filterreinigung sollte deswegen auf der Checkliste stehen, zweimal möglichst in einer ausgedehnten Saison.

Das Ventilspiel

Durch die Erwärmung des Motors dehnen und längen sich die einzelnen Teile des Ventiltriebs. Deshalb muß – damit auch bei warmem Motor die Ventile trotz ihrer etwas länger gewordenen Schäfte richtig abdichten – etwas »Luft« oder »Spiel« zwischen Ventilen und Kipphebeln vorhanden sein. Das Prüfen dieses Spiels gehört zu den wichtigsten Wartungsarbeiten am Motor.
Was sind die Folgen von falschem Ventilspiel?

Zu kleines Ventilspiel: Die Ventile liegen nicht satt auf den Ventilsitzringen, und vor allem die sehr heiß werdenden Auslaßventile können dadurch ihre Wärme nicht mehr an die Sitzringe abgeben. Dann verbrennen die Ventile und ihre Sitze, weil an den Ventilsitzen laufend heiße Verbrennungsgase vorbeistreichen. In leichteren Fällen verziehen sich die Ventile, darunter leidet die Abdichtung, und in der Folge brennt auch bald der Sitz ab. Die Kompression sinkt, der Motor verliert an Leistung, springt schlechter an und verbraucht mehr Kraftstoff. Üblicherweise wird das Ventilspiel im Lauf der Zeit kleiner, weil sich die Ventile auf ihren Sitzen einschlagen.

Zu großes Ventilspiel: Die Ventile öffnen etwas später als normal, die Zylinder werden schlechter gefüllt, und der Motor kommt nicht auf volle Leistung. Der Verschleiß an der Nockenwelle und an den Kipphebeln wird größer. Das wird durch lautes Ventilgeräusch hörbar.

Gefühl ist alles. Das Spiel (Distanz) zwischen Ventilschaft und Kipphebel entscheidet über die zuverlässige Funktion der Ventile, zumal der heißen Auslaßventile. Mit der Fühlerblatt-Lehre wird das Spiel gemessen und danach die Schrauben an den Kipphebeln verstellt (Sicherung durch Kontermuttern). Jeder etwas praktisch veranlagte Mensch kann sich diese Wartungsarbeit zutrauen.

Ventilspiel prüfen

Der Betriebsanleitung ist zu entnehmen, nach welcher Dauer (z. B. 50 Betriebsstunden) und ob die Prüfung bei kaltem oder bei betriebswarmem Motor erfolgen soll. Zur Prüfung muß vorher der Ventilkammer-Deckel abgeschraubt werden (oben auf dem Motor). Vorsicht mit der Dichtung! Sie ist empfindlich, oft mehrteilig. Evtl. auswechseln. Eine Fühlerblatt-Lehre mit den betreffenden Stahlblättern je nach Ventilspiel-Maß zwischen Ventilschaft und Kipphebel schieben. Die Fühlerblätter müssen sich frei bewegen lassen. Wenn das »Spiel« nicht stimmt: Je nach Motor-Typ mit Schraubenzieher die Einstellschraube am Kipphebel (nach Lösen der Kontermuttern) verdrehen. Die Kurbelwellenriemenscheibe oder mit einem passenden Werkzeug die Kurbelwelle direkt so drehen, daß das zu prüfende Ventil geschlossen, also entlastet ist, und »Spiel« hat.
Beim Wiederaufsetzen des Ventilkammerdeckels ist Sorgfalt angebracht: Sitzt die Dichtung richtig? Wurden die Schrauben gleichmäßig angezogen? Bleibt der Motor im Betrieb hier öldicht?

Motorreinigung

Der Anblick eines sauberen Motors erfreut wohl jedes kritische Auge, aber der Idealzustand wird sich im Laufe der Jahre trotz wohlmeinender Pflege nicht mehr erreichen lassen. Dennoch, die Mühe der Reinigung lohnt sich schon deswegen, weil kleine Schäden leichter entdeckt werden. Losgerüttelte oder angerostete Befestigungsschellen und angescheuerte Kabel sind auch bei einem sonst gut versorgten Dieselmotor keine Seltenheit. Die millionenfachen Vibrationen setzen Steckverbindungen und Lötstellen kräftig zu. Ein minimaler Ölverlust durch eine poröse Dichtung oder lose Mutter kann auf die Dauer zum massiven Ölverlust mit nachfolgendem Schaden an Kurbelwellenlagern führen.

Gruben-Schicksal. Ein Motor, der wie auf Booten im Dunklen liegt, sollte auf jeden Fall helle Farben aufweisen. Das verbessert die Übersicht und läßt Leckstellen eher erkennen. Die Motorraumklappe (rechts) ist mit einem schallschluckenden Material belegt – sehr zu empfehlen, um das nagelnde Geräusch des Diesels zu reduzieren.

Helle Farbe

Deshalb sollten Dieselmotoren mit einer hellen Farbe lackiert sein. Motoren von Faryman, Vetus oder Caterpillar sind durch ihr helles Gelb leichter zu überwachen als das dunklere Blau der Perkins- oder das Grün der Volvo-Motoren. Ölverluste stechen bei hellen Farbe sofort ins Auge. Eine Undichtheit am Auspuffsystem kann durch einen schwarzen »Schatten« besser lokalisiert werden.
Bootsmotoren reinigt der Skipper mit Kaltreiniger. Spraydosen sind praktisch, aber gründlicher reinigt der Pinsel. Der gesäuberte Motor wird mit Süßwasser vorsichtig abgespült oder abgespritzt. Lichtmaschien und Anlasser sollten gut abgedeckt sein, bevor Sie diese Prozedur vornehmen.

Versiegelungs-Spray

Der trockene Motor erhält anschließend einen Lacküberzug mit Konservierungs-Spray. Die elektrischen Teile von Lichtmaschine oder Anlasser eignen sich natürlich nicht für ein Konservierungs-Spray, andernfalls kann es zu Kontaktproblemen kommen. Gummiteile werden von den guten Sprays nicht mehr angegriffen, aber Vorsicht ist bei unbekannten Produkten nötig.

Nachlackierung

Die Motorenhersteller liefern die Originalfarben in der Spraydose oder als Dosenware. Vor einer Nachlackierung müssen die Metallteile mit Kaltreiniger gründlich entfettet werden. Lichtmaschine und Anlasser sollten nur mit dem Pinsel nachlackiert werden. Der Wiederverkaufswert einer Yacht erhöht sich merklich durch einen gut sauberen Motor.

Schalldämmung

Schallschluckmatten aus feuerhemmendem Gummimaterial gelten als bestes Mittel gegen unnötigen Lärm aus dem Motorraum. Ideal ist ein mehrschichtiges System aus Kunststoffmatten und Gummiflocken-Beschichtung. Gumminoppen-Material ist preiswerter, aber Resonanzschwingungen werden nur durch ein mehrschichtiges Schallschlucksystem kompensiert.
Der Laie kann zwischen funktionstüchtigen Schallschluckmatten und billigem Gummimaterial aus dem Polsterbedarf nur schwer unterscheiden. Schallschluckmatten müssen nach den Vorschriften des Germanischen Lloyd aus feuerhemmendem Material bestehen. Feuerhemmend bedeutet allerdings nicht feuerfest. Eine kleine Flamme aus

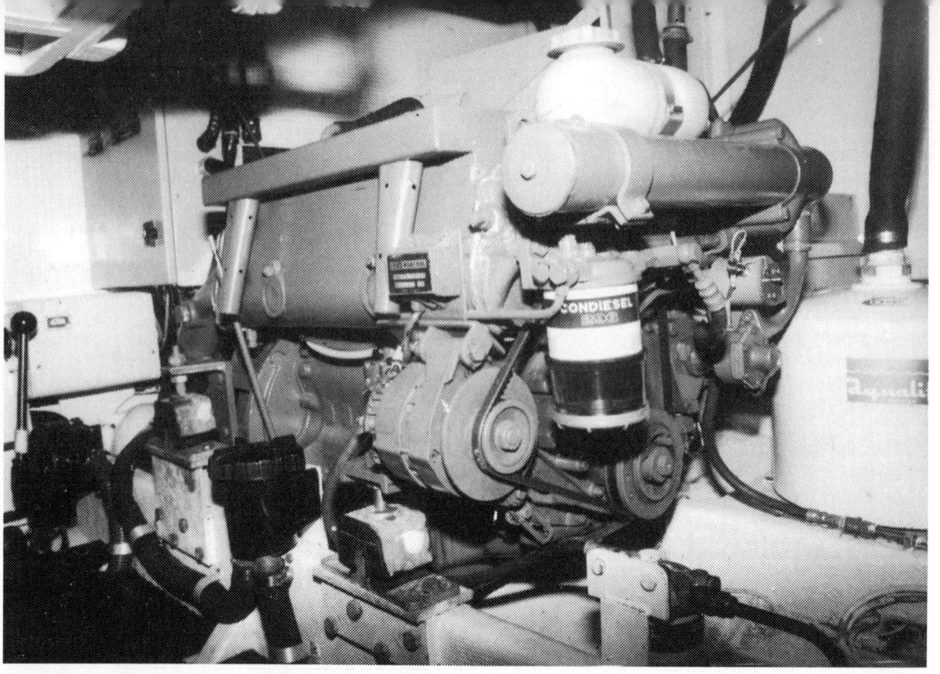

Luxusklasse. Ein gut belüfteter und gut zugänglicher Motorraum, freilich auf einer entsprechend großen Yacht. Hier läßt sich natürlich besser arbeiten. Auch ein Tagestank ist vorgesehen (siehe Kapitel »Vom Tank zur Pumpe«).

dem Benzinfeuerzeug kann feuerhemmendes Gummi zum Schmelzen bringen. Eine mehrschichtige Schallschluckmatte kostet über 100 Mark pro Quadratmeter und ist damit etwa vier Mal so teuer wie ungeeignetes einschichtiges Noppenmaterial. Der seriöse Verkäufer wird die Prüfbescheinigung des GL Germanischen Lloyd vorlegen. Fragen Sie danach.

Belüftung nicht »zukleben«

Schallschluckmatten sind ideal für gut belüftete Motorräume. Allerdings werden manchmal die Zu- und Abluftkanäle mit Schallschluckmatten zugeklebt. Dadurch bekommt der Motor akute Atemprobleme. Die Folge: Überhitzung des Motorraums mit sinkender Motorleistung bei höherem Verbrauch. Ein zu schwach durchlüfteter Motorraum kann, langfristig gesehen, zu einem Problemfall werden. Schallschluckmaßnahmen müssen deshalb immer im Zusammenhang mit der Be- und Entlüftung des Motorraums gesehen werden (siehe auch Kapitel »Korrosion«).

Belüftungskontrolle

Als Kontrolle für eine ungenügende Belüftung empfehlen wir folgenden Versuch: Fahren Sie mit etwa 80% Leistung und konstanter Drehzahl ca. 15 Minuten mit normal geschlossenem Motorraum. Kontrollieren Sie die Kühlwasser- und Öltemperatur dabei. Öffnen Sie jetzt bei weiterhin konstanter Drehzahl den Motorraum. Wenn jetzt die Kühlwasser- und Öltemperatur um etwa zehn Grad absinkt, ist die Motorraumdurchlüftung ungenügend. Schallschluckmatten können das Problem noch vergrößern, zumal, wenn sie den Raum stark verkleinern. Deshalb vorher den Motorraum, wie erwähnt, austesten.

Zu schwache Leistung

Schon auf einer 10 m großen Segelyacht kann ein zweiter Motor eingebaut werden, sofern die Hauptmaschine zu knapp dimensioniert ist. Das Weltumsegler-Ehepaar Campe ließ von der Werft zwei 35 PS Dreizylinder-Dieselmotoren einbauen. Nur eine Maschine wird für normale Seebedingungen gebraucht. Zwei Tanks, zwei Wellenanlagen und doppelter Serviceaufwand – die Weltumsegler würden wieder ihre 14 m-Yacht mit dem gleichen Antriebssystem ausrüsten.
Eine 50 PS-Hauptmaschine und eine 18 -PS-Nebenmaschine als großer Stromgenerator und als zuschaltbarer Hilfsantrieb ist auf der Linya 5 eingebaut: 13 m lang und ein erfolgreiches Charterschiff.

Länge läuft. Die verlängerte Wasserlinie bringt mehr Speed, weil sich das Heck weniger an der Heckwelle »festsaugt«. Dafür erschreckt die nachträglich angebrachte Außenborderhalterung wohl jeden Segelfan.

Falsch gespart. Bei diesem französischen Halbtonner war der Eigner an der falschen Stelle knausrig. Der Einbaumotor erwies sich als zu schwach für die starken Tidengewässer um La Rochelle an der Atlantikküste. Der Außenborder bringt den nötigen Extraschub.

Innen- und Außenborder

Auf vielen englischen Yachten wird neben der relativ schwachen Einbaumaschine ein zusätzlicher 10 PS-Außenborder am Heck gefahren. Beide Maschinen werden bei starkem Tidenstrom eingesetzt. Bei normalen Seebedingungen reicht der Innenborder aus. Keine schlechte Lösung für Blauwassersegler, die Zweifel an der Zuverlässigkeit ihrer Hauptmaschine haben. Bei Riffdurchfahrten steht oft ein 5 Knoten starker Gegenstrom aus der anvisierten Ankerbucht. Dann sind viele Einbaumotoren überfordert.
Als preiswerte Variante zum Schiffsdiesel sind Diesel-Außenborder von Yanmar und Selva eine interessante Alternative, die in Deutschland noch wenig bekannt ist. In Japan werden viele Yachten und Arbeitsboote mit den servicefreundlichen Diesel-Außenbordern betrieben. Auf fast jeder Yacht kann ein Motorschacht am Cockpitende installiert werden. Er verhindert die übliche Empfindlichkeit gegen Schlagwasser von außen angehängten Motoren.

Austauschmotoren

Irgendwann schlägt für jeden Motor die letzte Stunde. Jetzt ist ein Austausch-Motor fällig. Für manchen Segler ein schwerer Schlag in die Bordkasse. Nicht wenige Wassersportler geben ihren geliebten Freizeitsport deshalb auf. Der Schlag fällt leichter aus, wenn man sich beizeiten über einen passenden Austausch-Motor Gedanken macht. Am Beispiel des millionenfach verkauften Mercedes-636-Vierzylinder-Diesels mit 42 PS sollen die Alternativen gezeigt werden.

Daimler-Benz-Motoren

Der Daimler-Benz 636 ist eine 55 Jahre alte Konstruktionn und immer noch ein vielgefragter Motor. 1932/33 als Panzer-Anlaßmotor mit 23 PS und 1800/min entwikkelt, mußte er sich im Laufe der Jahre einer Leistungskur unterziehen. Der letzte Mercedes-Personenwagen mit diesem Motor war der berühmte 170 D. Als Industriemotor wurde dieser Motor noch lange Jahre in Deutschland weitergebaut. Dann übernahm der seinerzeitige spanische Fiat-Lizenzbetrieb Seat die Produktion. Für Kleintransporter bis hin zum Chrysler-Straßenkreuzer und einigen hunderttausend Fiat/ Seat-Taxis wurde mit diesem alten Daimler-Motor eine extrem robuste Antriebsmaschine gefunden. Seat gehört heute zum VW-Konzern. Der 636-Daimler-Benz-Motor wird aber weiter gebaut.

Der Motorblock kostet in Spanien regulär rund 3200 Mark. Die Marinisierungsteile mit Arbeitszeit werden von einem deutschen Marinisierer mit noch einmal 3000 Mark angegeben. Für runde 6200 Mark wird ein fabrikneuer Motor geliefert.

Die bekannten europäischen Marinisierer wie Nanni, Solé, Wizemann, Schwarting und jetzt auch die Daimler-Benz Tochter MTU verlangen dafür etwa 10 000 Mark. Werbung, Vertrieb und die Ersatzteilversorgung müssen eben mit bezahlt werden.

Richtige Vermessung. Beim Motorausbau oder beim kompletten Austausch der Motoranlage samt Getriebe ist das sogenannte Kastenmaß wichtig. Erst damit kann der Kranführer beurteilen, ob der Motor durchs Luk paßt oder ob der Cockpitboden herausgetrennt werden muß. Manche Werften bauen die Motoranlage nämlich vor dem Zusammenlaminieren von Rumpf und Deckschale ein. (Zeichnung Schwarting-Mercedes S-616).

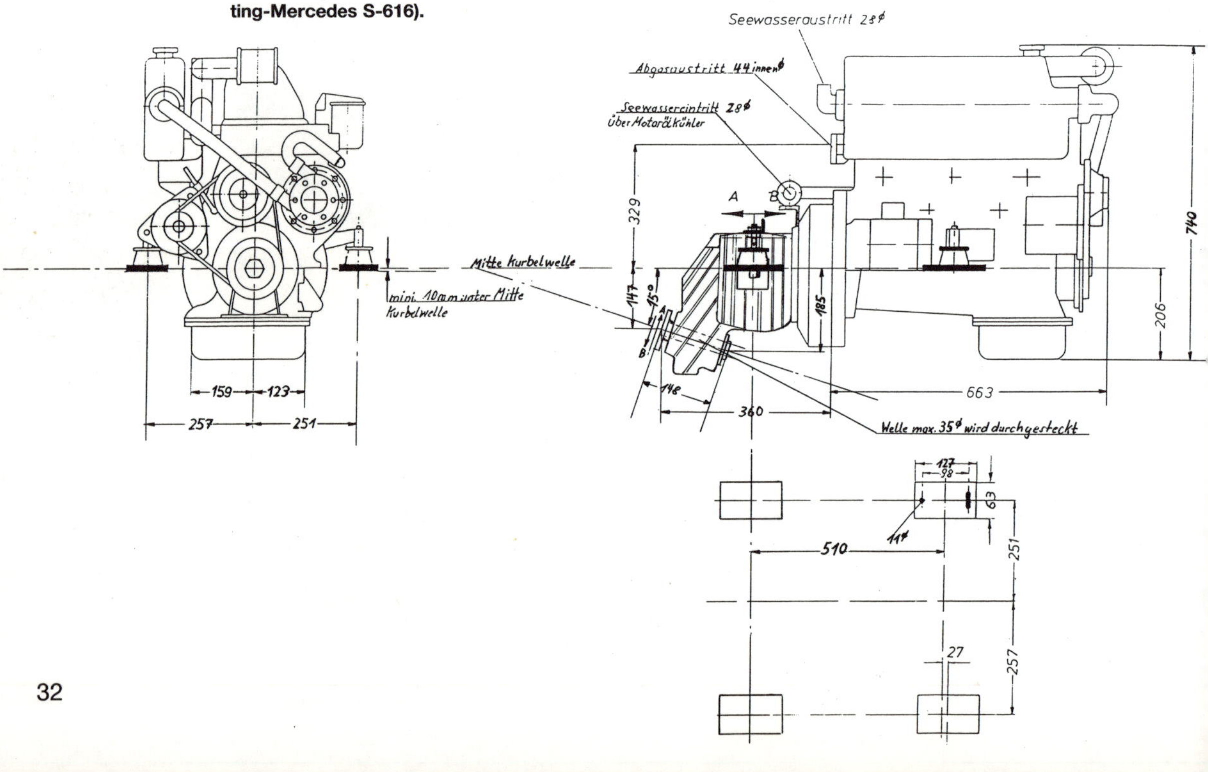

Motoren vom Schrottplatz

Preislich interessant sind deshalb Austauschmotoren. Ein funktionsuntüchtiger Motor vom Schrottplatz kostet etwa 300 bis 500 Mark. Dieser Motor wird einer Daimler-Benz-Vertretung angeliefert. Dort erhält der Kunde für 4300 Mark einen generalüberholten Austauschmotor mit voller Werksgarantie. Dieser Austauschmotor läßt sich für 3000 Mark optimal marinisieren.
Der preisliche Unterschied zwischen einem 636-Austauschmotor oder dem bekannten 200/240 D-Motor ist minimal. Je größer und stärker der Motor ist, desto mehr Geld läßt sich mit der Austauschmaschine vom Schrottplatz einsparen. Ein fabrikneuer 5-Zylinder-Daimler-Turbodiesel, marinisiert von Nanni, kostet runde 24000 Mark! Als Austauschmaschine mit Werksgarantie und den gleichen Marinisierungsteilen von der englischen Firma Bowman kostet er knapp 14000 Mark. 10000 Mark Ersparnis durch den Verzicht auf die hohen Nebenkosten, die in jedem großen Marinisierungsbetrieb anfallen. Der Volvo MD 21A-Vierzylinder kostet als Industriemotor etwa 5800 Mark. In der marinisierten Volvo-Werksausführung müssen gut 20000 Mark auf den Tisch gelegt werden.

Interessanter Ersatz

Gabelstaplermotoren und Baumaschinenmotoren sind als Schiffsdiesel-Ersatz besonders geeignet. Diese Motoren sind extrem langlebig, vibrationsfest und mit wasserdichten Elektroteilen komplettiert, z. B. Anlasser und Lichtmaschine. Baumaschinen gibt es überall, und Bootsmotoren sind oft Mangelware auf exotischen Ankerplätzen.

Motorwechsel

Ein guter Bootsmechaniker wechselt den Dieselmotor innerhalb 6 bis 10 Stunden Arbeit aus. Auf längere Sicht gesehen lohnt die Austauschmaschine immer, sofern die Yacht über sieben Jahre im salzreichen Mittelmeer gefahren wurde. Die großen Charterfirmen wechseln ihre Motoren alle drei bis vier Jahre aus, das kommt billiger als ständige Nachbesserungen und der Austausch von den Nebenaggregaten, wie eine 800 Mark teure Lichtmaschine, ein 1500 Mark-Anlasser, ein 600 Mark teurer Wassersammler oder ein 300 Mark teures Auspuff- und Zweikreiskühlsystem.

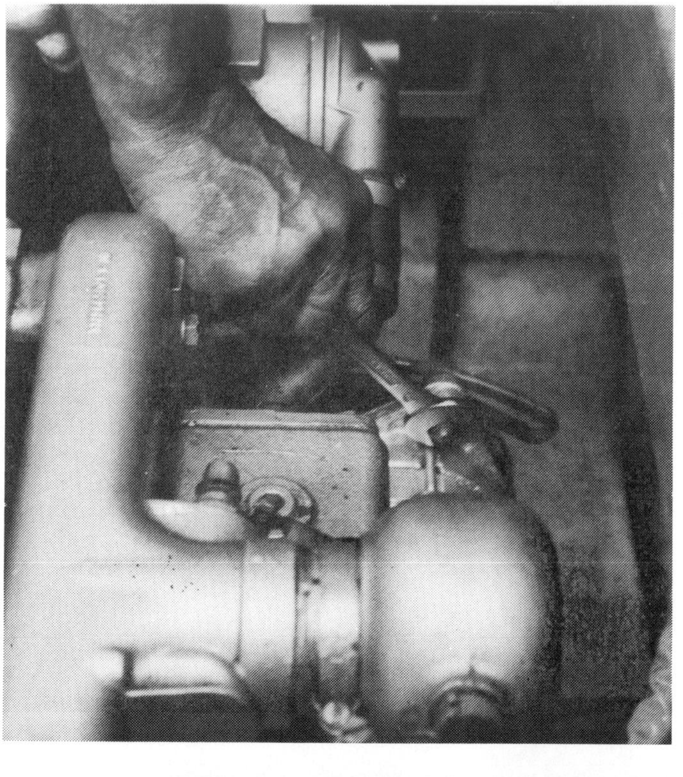

Hier sieht man des Maschinisten Hand an der Halterung der Lichtmaschine, um sie auf festen Sitz zu kontrollieren. Lockert sie sich, gleitet der Keilriemen durch, wird heiß und kann brechen. Auch die Batterie wird ungenügend geladen.

Check-Liste

Wer sicher sein möchte, daß nichts für die Gesundheit des Motors vergessen wird, macht sich am besten eine Check-Liste. Sie muß alle für den Motor wichtigen Maßnahmen enthalten – für den täglichen Gebrauch oder wenn man das Schiff verläßt (Batterie-Hauptschalter aus?), sei es für kurz oder lang.
Diese Tabelle kommt in eine durchsichtige Hülle, wird fest zugeheftet und informiert dann mit einem Blick und zwar auch über die Motor-Konservierung und Wieder-Inbetriebnahme. Sie kommt den Menschen entgegen, die bereits den Kopf voll mit Dingen haben, die das sonstige Schiff oder den Beruf oder sonst etwas betreffen.

Motor-Logbuch

Gute Erfahrungen haben viele Skipper auch mit einer Art Logbuch für den Motor und seine Wartung gemacht. Hier werden alle durchgeführten Pflege- und Wartungsmaßnahmen festgehalten (Ölwechsel, Filterwechsel), ferner natürlich Schäden und Reparaturen. Auch Angaben über die Batterie (wann geladen, wann angeschafft?) oder das Auswechseln von Zinkanoden kommen in dieses Motor-Logbuch ebenso wie Angaben über den Kraftstoff (Bunkern, Verbrauch). Alles wird mit Datum und gegebenenfalls mit der Zahl der Betriebsstunden eingetragen.
Ein solches, vom üblichen Logbuch getrenntes Motor-Logbuch bietet in Notfällen schnellere Übersicht. Es ist auch ein guter Beweis der Werterhaltung beim Verkauf des Schiffes – so etwas beeindruckt jeden Käufer!

Wellenbildung

Ein Getriebeschaden kommt bei Yachten – obwohl es nur einen einzigen Vorwärtsgang gibt – häufiger vor als beim Auto. Meistens resultiert der Defekt aus fehlerhafter Bedienung oder ungenügender Wartung. Zwei elementare Fehlerquellen gibt es bei mechanischen Getriebetypen:

- Gefühllose Umschaltung von Vor- auf Rückwärtsfahrt.
- Falsche Einstellung der Kabelzüge.

Das Getriebe

Im Gegensatz zum Autogetriebe kommt das Schiffsgetriebe ohne Lamellenkupplung aus. Beim Schaltvorgang dreht die Schraube nur ganz schwach mit. Es steckt also keine Kraft mehr auf der Wellenanlage bei Leerlaufstellung. Ein geübter Skipper wird deshalb bei jedem Schaltvorgang bei der Leerlaufstellung einen kurzen Atemzug Pause einlegen und dann erst den Getriebehebel auf Rückwärtsfahrt schieben. Rasante Anlegemanöver mit Voll-Voraus, dann Voll-Zurück sind Gift für jedes Getriebe. Bei Segelschulen und den vielen Anlegemanövern werden reihenweise Getriebe verheizt. Ein Scherstift reißt im mechanischen Getriebetyp ab, damit es nicht zum Zahnradsalat kommt.

Bei Einhebelschaltungen sind Getriebeschäden durch die eingebaute Leerlaufstellungen etwas seltener als bei Zweihebelschaltungen. Dafür muß die Einhebelschaltung absolut exakt justiert sein. Bei einer falschen Leerlaufstellung der Einspritzpumpe z. B. bleibt der Motor unter Umständen im ungeeignetsten Augenblick stehen – gerade dann, wenn die Vorausfahrt am Kai abgestoppt werden soll. Dazu gleich mehr.

Hydraulisches Getriebe

Diese sind wie die bekannten Borg & Warner oder Valvet-Getriebe gegen die zu rasche Umschaltung durch eine Mehrlamellenkupplung geschützt. Die Lamellen werden durch eine Ölhydraulik zusammengehalten. Deshalb werden diese Getriebe auch als hydraulische Getriebe bezeichnet. Zwar mögen auch diese Getriebe nicht das zu schnelle Umschalten von Voraus auf Zurück, aber sie sind in der Handhabung etwas »idiotensicherer« als mechanische Getriebe.

Falsch eingestellte Übertragungszüge lassen die Getriebestellung nicht ganz einrasten, dadurch verschleißen die Kupplungslamellen oft innerhalb einer Saison. Das gilt auch für mechanische Getriebe. Hier zeigt sich der Verschleiß vor allem bei den Zahnrädern.

Das geeignete Öl

Problematisch ist eine falsche Ölqualität bei jedem Getriebetyp. Das mechanische Getriebe verlangt meistens einfaches SAE 30 Motoröl. Manche Getriebetypen brauchen SAE 80 Öl. Einige Getriebe vertragen synthetisches Motoröl nicht, andere sind dagegen immun. Deshalb unbedingt die Betriebsanleitung lesen.

Hydraulische Getriebe nehmen durch eine falsche Ölsorte schweren Schaden. Statt der SAE 30- oder SAE 80-Motoröle wird meistens Hypoid- oder AFT-Öl verlangt.

Ölwechsel

Mechanische und hydraulische Getriebe verlangen nach einem Ölwechsel, der in einem weiten Bereich zwischen 50 und 400 Betriebsstunden liegen kann. Reserve-Getriebeöl sollten Blauwassersegler deshalb mitführen. Das richtige Öl zu bekommen ist in manchen Ländern ein Problem.

Volvo fertigt eigene Getriebe mit integriertem Kühlwassermantel. Der Anschlußstutzen dafür ist am Getriebeausgang zu erkennen. Hurth- und Borg & Warner-Getriebe können mit Volvo-Motoren komplettiert werden.

Die Ölablaßschraube unterhalb des Getriebegehäuses wird nur ein Schlangenmensch öffnen können. Saugen Sie das Öl durch die Ölkontrollöffnung mit einer geeigneten Handpumpe ab. Denn Altöl, mit dem Mund angesaugt, ist äußerst schädlich.
Die Einstellarbeit an den Schwingungsdämpfern oder Federscheiben ist Mechanikerjob. Dafür sollten die Übertragungszüge und der Einrückhebel am Getriebe regelmäßig mit seewasserfestem Außenborder-Schmierfett eingefettet werden. Zu hoher Druck auf den Teleflexzügen ist ein sicheres Zeichen für abgeknickte Kabelzüge oder einen festgerosteten Hebel am Getriebe. Das Getriebe läßt sich auch ohne Übertragungszüge direkt am Getriebegehäuse schalten. Dazu muß ein Mann den Getriebehebel einrücken und mit einem Gummistropp arretieren, damit der Gang nicht herausspringt.

Getriebeschaden

Getriebeschäden sind ein viel größeres Problem als ein kleiner Motorschaden, wie eine defekte Zylinderkopfdichtung, die jeder Automechaniker auswechseln kann. Getriebe-Ersatzteile sind Raritäten, aber Perkins-Motoren werden z. B. auch bei Ford-, Volvo- oder VW-Kleintransportern eingebaut. Das Autogetriebe kann mit dem Perkins-Schiffsdiesel kombiniert werden, sofern der Einbauraum ausreicht. Eine ähnliche Situation besteht bei Mercedes-, Peugeot- oder Mitsubishi-Bootsmotoren.
Ohne Getriebe kann mit einer entsprechenden Anpassung mittels Gummischeiben oder auch eines zurechtgefeilten Alublocks der Bootsdiesel im Direktantrieb laufen. Trotz des üblicherweise vorgesehenen Übersetzungsverhältnisses von 2:1 ist ein Betrieb mit allerdings reduzierter Motordrehzahl möglich.
Eine weitere Improvisation: Ein Motorrad-Zahnkranz wird am Kurbelwellenausgang befestigt. Ein zweiter Zahnkranz wird an der Hardyscheibe der Wellenanlage montiert. Mit einer starken Motorradkette werden die beiden übereinander stehenden Zahnkränze verbunden. Mit den Zahnkränzen und der Kette lassen sich passende Untersetzungsverhältnisse schaffen.

Mitdrehende Schraubenwelle

Beim Segeln wird die Schiffsschraube in Drehung versetzt und damit dreht auch die Schraubenwelle und mit dieser das Getriebe. Das freie Mitdrehen der Welle schadet nichts, sofern alle drei bis vier Stunden der Motor und somit das Getriebe für ein paar »Schmierungs-Minuten« laufen. Die meisten Segler nehmen es mit dieser Intervallschmierung nicht so ernst. Ein paar Jahre mag das ohne Getriebeschaden funktionieren. Spätestens nach einer Atlantik-Überquerung von etwa drei Wochen Dauer ist der Getriebeschaden fällig. Bei unserer letzten Atlantikfahrt lagen 12 Yachten mit Getriebeschaden in der Bucht von Martinique in der Karibik.

Wellenbremse

Die Welle muß vor dem Freidrehen geschützt bzw. blockiert werden. Dafür gibt es die etwa 800 Mark teuren Wellenbremsen. Das sind eine Art kleiner Scheibenbremsen mit einer Feststellschraube. Oft reichen aber die Einbaumaße für die Montage einer Wellenbremse nicht aus. Mit ein oder zwei kräftigen Gripzangen (Feststellzangen) wird auf unserem Schiff die Wellenanlage bei mehrtägigen Reisen blockiert. Da bei niedrigen Geschwindigkeiten die Schraube eher bremsend wirkt, blockieren Regattasegler die Hardyscheibe zwischen Getriebe und Welle mit einem kräftigen Trampen, der am Motorfundament verankert wird. Auch ein Stück Flacheisen und eine passende Schraubzwinge sind erprobte Mittel, um die Hardyscheibe festzustellen.

»Abgang« der Welle mit Schraube

Die praktischen Gripzangen verhindern, daß beim selbsttätigen Lösen der Hardyscheiben-Feststellschrauben die ganze Wellenanlage »abgeht« mit anschließendem Wassereinbruch. Bei der ersten Abnahmefahrt für eine neue Yacht rutschte uns ohne jede Vorwarnung die komplette Wellenanlage zur Stopfbuchsse so weit achtern hinaus, daß die Schraube die Ruderanlage vollständig blockierte. Die Hardy-Feststellschrauben waren von der Werft nur ungenügend fixiert worden. Da bei dem Langkieler die Ruderanlage dicht hinter der Schraube sitzt, ging die Wellenanlage nicht ganz »über Bord«.
Zwei Gripzangen erwiesen sich als Retter in der Not. Damit wurde die Wellenanlage wieder ins Schiff zurückgezogen und arretiert. So hielt sich der Wassereinbruch in Grenzen. Ein Kurzkieler mit freistehendem Ruderblatt hat Glück, wenn die Welle mit Schraube noch im Stevenrohr steckenbleibt.
Notwendig also bei diesem keineswegs seltenen Schaden: 2 Gripzangen und einen Holzpfropfen zur Stevenrohrabdichtung mitführen.

Fingerzeig: *Nicht vergessen, vor dem Motorstart die Wellenbremse zu lösen. Der anlaufende Motor ist immer stärker als die Bremse, wie sie auch aussehen mag, und sie quittiert die Vergeßlichkeit – wenn es noch glimpflich abgeht – mit erschreckendem Geräusch.*

Mehr Kühlung

Bei kleineren Motoren bis etwa 30 PS Leistung verzichten die meisten Hersteller auf eine Getriebeölkühlung. Perkins schreibt z. B. ab 3000/min für den Motor-Typ 50 PS 4-108 einen zusätzlichen Getriebeölkühler vor. Weil die meisten Yachten mit langsam drehenden Propellern ausgerüstet sind, wird die Marschfahrt-Drehzahl unter 3000/min für diesen Motor liegen. Nach eigenen Erfahrungen liegt die Nenndrehzahl für den Perkins 4-108 bei 2800 Umdrehungen in Verbindung mit dem hydraulischen Borg & Warner-Getriebe. Der angebaute Getriebeölkühler wäre damit an sich nicht nötig, sofern der Motor nur für leichte Fahrbedingungen eingesetzt wird. Deshalb sind die preiswerten Charter-Yachten meist ohne zusätzlichen Getriebeölkühler ausgerüstet. Ganz anders die Situation bei Flußfahrten mit starker Strömung oder auf den Tidengewässern von Nordsee und Atlantik. Hier wird das Getriebe ungleich stärker belastet. Alle Fischerboote sind deshalb mit einem zusätzlichen Getriebeölkühler ausgerüstet.

Flexible Wellenkupplung auf einer Motoryacht. Die beiden Stellschrauben sind für das Nachstellen der Stopfbuchsendichtung. Immer gleichmäßig nachstellen.

Wellenansicht. (Bild mitte): Schraubenwellenanlage von Vetus. Es bedeuten: 1. Rostfreie Welle mit Konus, Keilnut, Keil, Gewinde und Hutmutter, 2. Außenlager mit Gummilager mit fest verschweißtem Stevenrohr, 3. Montageflansch für Außenlager, 4. Montageflansch einstellbar für Stevenrohr, 5. Freihängendes Innenlager mit Schlauchmuffe.

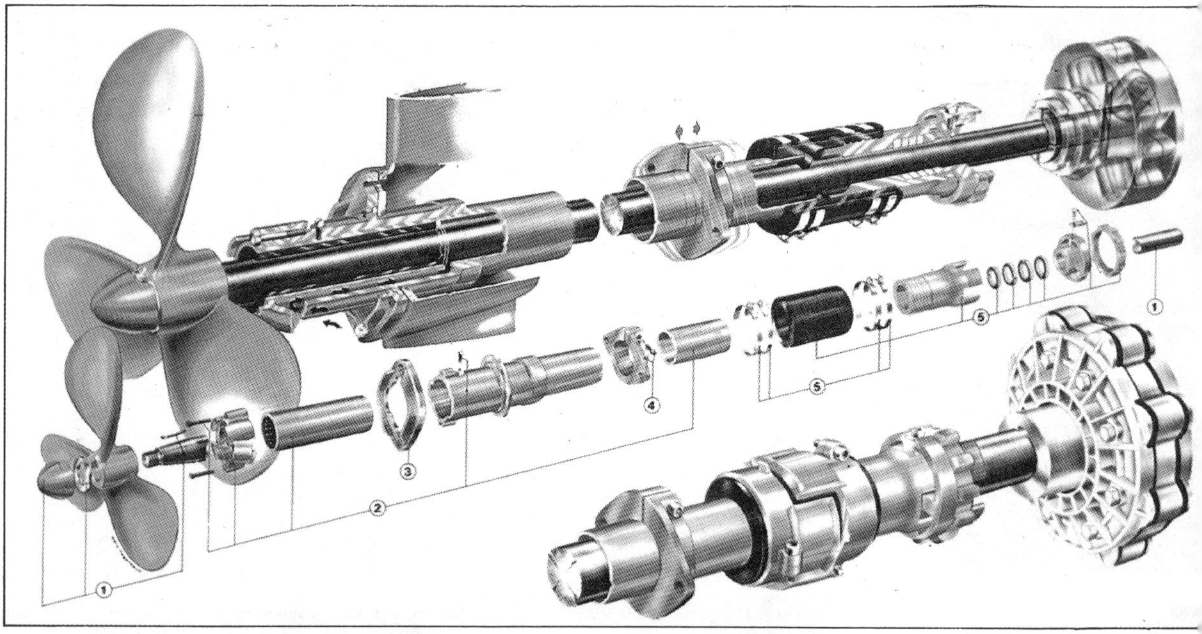

Das genaue Ausrichten und Fluchten der Propellerwelle ist schwierig, weil sich die Motorfundamente setzen. Bei neuen Kunststoff-Yachten muß die Wellenanlage nach etwa 100 Betriebsstunden nachjustiert werden. Der Ausgleich zwischen Getriebe und Wellenanlage schafft diese elastische Hardy-Scheibe, die etwa 2° Nichtfluchten ausgleichen kann. Vetus gibt dann als maximal zulässige Drehzahl 1500 U/min an (nach der üblichen Untersetzung vom Motor her).

Große Motoren über 100 PS werden oft starr eingebaut. Der Druck wird dann von einer flexiblen Kupplung aufgefangen. Das Modell Angelex von Vetus kann bis 6° außer der Linie eingebaut werden. Gummi-Hardyscheiben müssen frei von Fett und Öl sein, sonst wird das Material angegriffen.

Langfahrt mit Getriebekühlung

Eine Langfahrten-Yacht sollte nach unseren Erfahrungen mit einem Getriebeölkühler komplettiert sein. Schon bei einer Mittelmeerüberquerung läuft der Motor bei totaler Flaute rund um die Uhr. Da steigen die Öltemperaturen im Getriebe durch die Umgebungswärme ganz zwangsweise auf ungesunde Höhen an. Altes Getriebeöl verliert seine Schmiereigenschaften, die Viskosität von SAE 80 sinkt dann auf 50 bis 60 ab. Im Extremfall blockiert dann ein mechanisches Getriebe mangels ausreichender Schmierung. Beim hydraulischen Getriebe laufen die Lager aus.
Volvo baut seine eigenen Getriebe und die sind immer mit einem Kühlmantel, durch den Kühlwasser zirkuliert, versehen. Bei Volvo stellt sich deshalb nicht die Frage, ob man einen zusätzlichen Ölkühler einbauen muß.

Ölkühler reinigen

Unabhängig von der Konstruktion der Ölkühler bleibt das Problem der Wartung. Zu hohe Kühlwassertemperaturen beim Motor sind oft die Folge von einem zugesetzten Getriebeölkühler. Der Wärmetauscher für die Zweikreis-Kühlanlage am Motor wurde z. B. gereinigt, aber der im gleichen Kühlkreislauf angeflanschte Getriebeölkühler nicht, weil von seiner Existenz niemand wußte. Kalk- und Salzablagerungen verstopfen jeden Getriebeölkühler nach etwa 5 Jahren, unabhängig von der Betriebsdauer.
Die meisten Getriebeölkühler besitzen am Ende des Gehäuses eine Inspektionsöffnung durch die der Kühler mit einem Kupferdraht gereinigt werden kann. Eine zusätzliche Spülung mit heißer Essiglösung oder mit einem Entkalker für z. B. Kaffeemaschinen verstärken die Säuberung des Röhrenbündels.

Die Stopfbuchse

Für die Abdichtung zwischen der Propellerwelle und dem Rumpf sorgt die Stopfbuchse. Im Stopfbuchsen-Gehäuse sitzt die Stopfbuchsenpackung. Auf diese Packung kommt es an. Sie besteht aus einer Reihe von Baumwollringen, die vom Hersteller mit einer speziellen Fettlösung getränkt wurden. Wird diese Packung zu schwach zwischen Schraubenwelle und Stopfbuchsengehäuse eingedrückt, fließt ständig Wasser ins Schiffinnere.

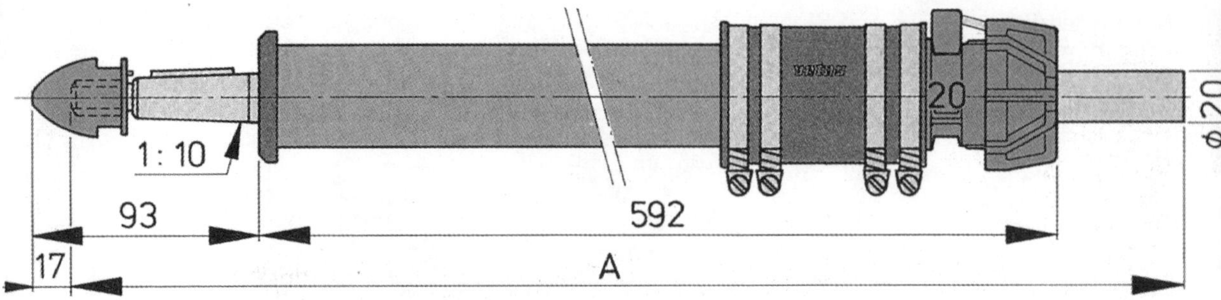

Wassergeschmierte Propellerwellen werden auf Maß von Lausberg und Vetus gefertigt. Rechts die nachstellbare Stopfbuchse.

Eine zu fest angezogene Stopfbuchse verhindert zwar den Wassereintritt, dafür wird die flexible Stopfbuchsenpackung zu heiß durch zu große Reibung zwischen Welle und Dichtung. Etwas Seewasser muß deshalb immer zwischen Packung und Welle eindringen – als Kühl- und Schmiermittel. Im allgemeinen ist etwa ein Tropfen Seewasser alle fünf Sekunden Fahrdauer ein gesunder Kompromiß zwischen Dichtheit und Schmierung.

Stopfbuchse nachziehen

Vor dem Winterlager und bei längeren Standzeiten muß die Stopfbuchsendichtung unbedingt nachgezogen werden. Innerhalb von etwa 50 Fahrtstunden werden diese Stopfbuchsen immer mehr Wasser ins Boot eindringen lassen. Nach vierzehn Tagen Standdauer kann der Bilgeraum glatt überflutet sein. Dann verschmutzt das immer etwas ölige Bilgewasser tiefliegende Stauräume oder Batterieraum und Werkzeugkasten.

Fettschmierung

Die Folgeschäden von schlecht eingestellten Stopfbuchsen führten zu den fettgeschmierten Stopfbuchsen. Hier wird über einen Fettbehälter schmierendes und dichtendes Stopfbuchsenfett direkt auf die Stopfbuchsenpackung und zwar alle paar Fahrtstunden gedrückt – eine gute, praxisgerechte Lösung des Problems.

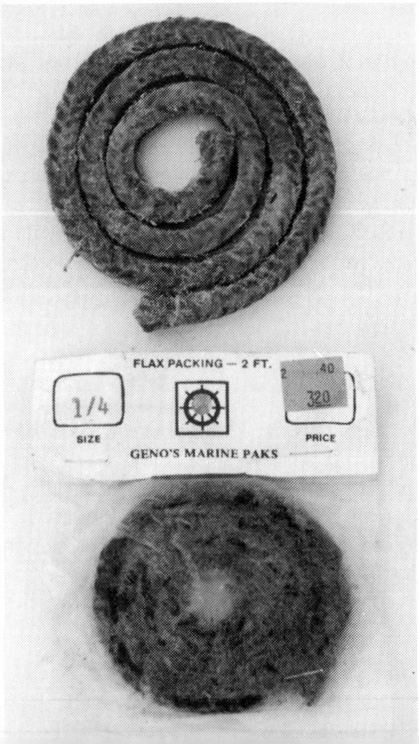

Die passende Stopfbuchsenpackung darf in keiner Ersatzteilkiste fehlen. Nicht vor Gebrauch auspacken, sonst trocknet die Talk-Imprägnierung aus.

Simmerring-Dichtung

Noch einen Schritt weiter sind Stopfbuchsen mit Simmerring-Dichtungen. Die Dichtringe bestehen aus hitzefesten Gummiringen, die mit einem speziellen Schmieröl getränkt werden. Diese Simmerring-Stopfbuchsendichtungen sind wartungsfrei und werden heute bei allen Außenbordmotoren, beim Z-Antrieb, aber auch bei konventionellen Wellenanlagen eingebaut. Den Nachteil merkt man erst nach etwa 5000 Motorstunden. Die Oberflächenglätte der Welle wird im Laufe der Jahre immer schlechter. Dadurch laufen die Simmerringe immer schneller aus. Der Fachmann sagt dazu »einlaufende Simmerringe«. Natürlich verschleißen sie nicht von einem Tag auf den anderen, aber eines Tages ist es soweit. Dann muß die Wellenanlage ausgebaut werden. Der Fachmann zieht die Welle ab oder montiert eine neue Welle mit überholter Simmerring-Stopfbuchse. Kostenpunkt etwa 2000 Mark.

Auswechseln der Packung

Angesichts der Kosten für die Überholung einer Simmerring-Dichtung sind wir mit konventionellen Stopfbuchsen ganz zufrieden. Das Auswechseln der Packung kann auch im Wasser erfolgen. Dazu schneidet man passende Stopfbuchsen-Packungsringe zurecht, die nach Entfernen der alten Reste Ring für Ring leicht versetzt eingelegt werden. Zuerst zieht der Fachmann die Stopfbuchsenbrille (äußerer Teil) etwas an, dann läßt man mit laufender Wellenanlage die neue Dichtung »einlaufen«. Jetzt wird etwas zu viel »Schmierwasser« auftreten. Nach etwa zehn Minuten Probelauf zieht man die Dichtungsschrauben noch etwas mehr an, jetzt paßt die neue Dichtung. Eine Kontrolle ist nur bei drehender Wellenanlage sinnvoll. Deshalb sollte diese Arbeit auch im Wasser erfolgen. Während die Stopfbuchsendichtung ausgewechselt wird, dringt etwa zwei bis drei Liter Seewasser ins Schiff ein, sofern man die Packung zum ersten Mal auswechselt. Mit einiger Übung wird nur eine Tasse voll Seewasser ins Boot gelangen. Angst braucht man vor dieser Arbeit also nicht zu haben, obwohl manche Segler von einem massiven Wassereinbruch beim Wechseln der Packung berichten.

Zusätzliche Dichtringe

Nicht ganz fachmännisch ist die Montage von zwei zusätzlichen Dichtringen über die alte Packung. Aber zur Not wird damit die Wellenanlage wieder seewasserdicht. Dazu

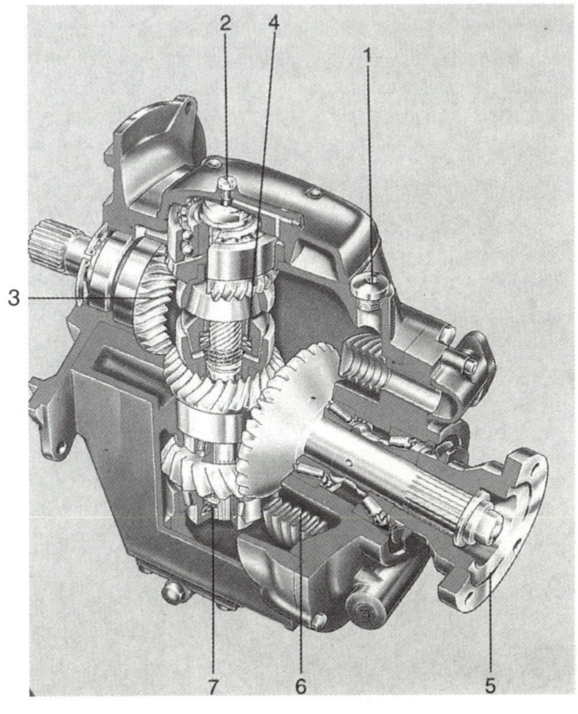

Volvo-Wendegetriebe MS4A im Schnittbild. Es bedeuten: 1. Öleinfüllstutzen, 2. Ölmeßstab, 3. Zahnräder mit Spiralverzahnung, 4. Konuskupplung für Schalten bei minimalem Kraftaufwand, 5. Abtriebsflansch, abgewinkelt um 7° (MS2B) bzw. 8° (MS4A), 6. Kühlwasserrohr für Ölkühlung, 7. Sicherheitsrutschkupplung schützt die Motor- und Getriebekomponenten (zum Beispiel bei Blockieren des Propellers), Leistungsabnahme in beiden Drehrichtungen möglich.

schraubt man vorsichtig die Stopfbuchsenbrille ab, legt die beiden Ringe ein und zieht die Packung wieder an. Die alten Ringe halten das Seewasser so gut zurück, daß nur wenige Tropfen Wasser ins Schiff gelangen.

Geeignete Fette

Bei fettgeschmierten Stopfbuchsendichtungen wird Spezialfett verlangt. Zur Not ist preiswertes Stauferfett, das jede Tankstelle als Abschmierfett benutzt, ein Ersatz. Nicht geeignet sind silikonhaltige Spezialfette, Winschenfett oder mit Graphit versetzte Schmierfette. Diese Fette schmieren zwar unter hohem Druck immer noch einwandfrei, aber als Abdichtung gegen das Seewasser sind synthetische Fette ungeeignet. Nicht geeignet sind auch Außenborder-Schmierfette für Kabelzüge. Diese Fette sind seewasserfest, aber nicht druckfest unter hohen Temperaturen.
Wir hörten von einem Hochseesegler, der seine Stopfbuchsenpackung so stark anzog, daß bei der nachfolgenden Motorfahrt die Welle heißlief, die Packung in Brand geriet und schließlich das Boot zum schwelen anfing. Deshalb lieber ein paar Tropfen Seewasser akzeptieren und die Stopfbuchse regelmäßig nachstellen.

Trimm-Trab auf dem Wasser

Der richtige Trimm verbessert die Fahrleistungen, hilft Sprit sparen und der Verschleiß von Motor und Getriebe wird in Grenzen gehalten. Schließlich lebt die Wellenanlage spürbar länger, wenn mit optimalem Trimm gefahren wird. Bei schnellen Motoryachten kann der richtige Trimm durch verstellbare Trimmklappen erzeugt werden. Alle Rennboote fahren mit Trimmklappen, weil beim Beschleunigen aus den engen Kehren heraus das Boot zu hecklastig wird. Der Fahrer verändert deshalb stufenlos den Anstellwinkel der Trimmklappen oder der ganzen Propelleranlage bei Außenbordantrieben. Bei Höchstgeschwindigkeit liegt das Rennboot absolut waagrecht auf dem Wasser. Jetzt »fliegt« der schnelle Gleiter mit geringstem Wasser- und Luftwiderstand übers Wasser.

Trimm durch Gewichtsverlagerung

Schwere Verdränger-Yachten sind weniger trimmempfindlich als Gleitboote, dennoch lassen sich spürbare Leistungsunterschiede zwischen einem schlecht und gut getrimmten Boot feststellen. Die meisten Segelyachten der 8- bis 9-Meter-Klasse sind mit sechs Mann im Cockpit hecklastig. Das Heck wird von der Heckwelle »angesogen«, festgehalten, die Fahrgeschwindigkeit bleibt unterhalb der möglichen Rumpfgeschwindigkeit. Wenn sich zwei der sechs Segler zum Mittschiffsbereich in Höhe der Mastdurchführung verlagern, wird das Heck schon entlastet. Ideal sind drei Mann im Cockpit, eine Person auf der Niedergangtreppe und zwei Mann beim Mast.

Die Bauweise

Ein breites Heck mit darunterliegender Achterkajüte ist weniger trimmempfindlich als ein schmales Yachtheck. Dank der besonders langen Wasserlinie von Spitzgatter oder Kanuhecks reagieren klassische Langkieler weniger sensibel als moderne Kurzkieler mit geringem Ballastanteil. Ein Colin Archer-Spitzgatter-Neubau fährt mit genau ausgerichteter Wasserlinie, optimal getrimmt, einen halben Knoten schneller.

Ohne Trimm längere Fahrt

Bei einer Atlantik-Überquerung bedeutet ein halber Knoten Geschwindigkeitsunterschied eine drei Tage kürzere oder längere Fahrt. Deshalb werden z. B. bei unseren Atlantikfahrten 250 Liter zusätzliches Süßwasser in Form von 10 Kanister je nach Segel- und Seebedingungen umgestaut. Bei achterlichem Spinnakerwind werden die Kanister zum Beispiel mehr zum Heck gestaut, weil der Segeldruckpunkt vorne liegt. Am Wind stauen wir die Kanister auf die »hohe Kante«. Damit segelt unsere 14 Tonnen-Yacht um fünf Grad aufrechter durchs Wasser und, als nach 19 Tagen am Horizont Martinique auftauchte, lagen hinter uns zwei Dutzend an sich schnellere Yachten, die auf den richtigen Trimm verzichtet hatten.

Der richtige Bootstrimm

Die Konstruktionswasserlinie wird durch den Wasserpaß markiert. Bei ruhigem Wetter und spiegelglatter See muß die Nenndrehzahl erreicht werden. Bei einer zu knappen Motorisierung oder einem zu großen Propeller bleibt der Motor unter der Nenndrehzahl von z. B. 3000 Umdrehungen und 7 Knoten Fahrt. Jetzt wird die Besatzung stufenweise vom Heck zum Mittschiffsbereich verlagert. Steigt die Drehzahl an, wird auch die Bootsgeschwindigkeit zulegen bis die Rumpfgeschwindigkeit erreicht wird. Jetzt ist das Boot richtig getrimmt.

Trimm ändert sich

Selbstverständlich ändern sich die Trimmbedingungen bei Motorfahrt fortlaufend. Ein voller Bugtank ist so schwer wie zwei bis drei Mann im Bugkorb, die fast jede kleinere Yacht hoffnungslos unterschneiden lassen. Deshalb sollten die schweren Konservendosen und Getränkevorräte auf beiden Mittschiffseiten gestaut werden. Bei Atlantiktörns lagern wir die beiden Buganker in der Bilge. Das erhöht den Innenballast an der richtigen Stelle und entlastet das Vorschiff, was unter Vorwindkursen wichtig ist.
Daß die Trimmerei wirklich Sinn hat, zeigt vor allem die Großschiffahrt. Ohne Trimmballast würden Supertanker bei halbleerer Fahrt in schwerer See auseinanderbrechen. Bei unseren knapp motorisierten Segelyachten spart eine gut ausgetrimmte Yacht etwa 5 Prozent Sprit ein. Der Geschwindigkeitszuwachs liegt bei Verdrängeryachten im Bereich von einem halben bis ein Knoten Fahrt. Aber auch mehr Spaß durch mehr Fahrt ist ein gutes Argument für eine perfekt ausgetrimmte Yacht.

Der richtige Propeller

Motorboot-Rennfahrer betreiben einen erheblichen Aufwand, um den optimalen Propeller zu finden. Der mehrfache Weltmeister Michael Werner schleift und poliert seine Propeller so akkurat, daß ein guter Friseur damit Bärte rasieren könnte. Die Oberflächenglätte und der Steigungswinkel sind also das wichtigste Kriterium für einen leistungsfähigen Propeller. Rennfahrer nehmen Edelstahlrohlinge und verändern die Kanten und Rundungen nach eigenen Vorstellungen. Der Beschleunigungsunterschied zwischen einem fabrikneuen Rennpropeller und einem nachgearbeiteten Spitzenpropeller liegt bei 8 Prozent besseren Werten. Für etwa 5000 Mark werden sehr gute,

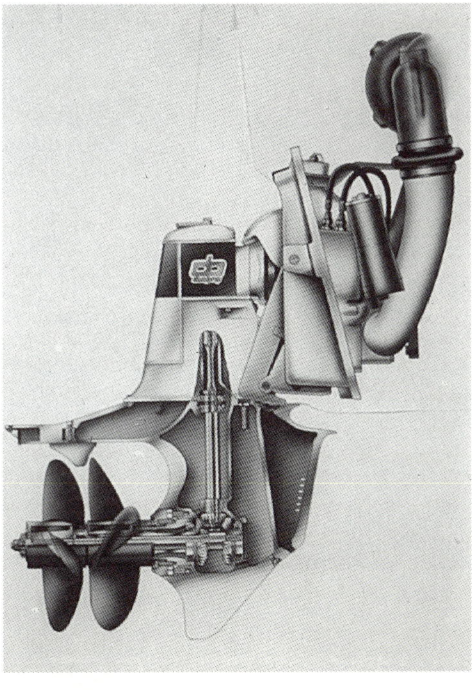

Duoprop-Propeller von Volvo eignen sich nur für Motorboote. Bei einem Propellerschaden müssen beide Propeller kontrolliert und eventuell ausgewechselt werden, sonst wird die Wellenanlage beschädigt.

nachgearbeitete Rennpropeller gehandelt. Der Mercury-Rennpropeller kostet nur 300 Mark. Die ein- bis zweiwöchige Nachschleiferei und das Know-how treiben den Preis für renntaugliche Spitzenpropeller in die Höhe.

Propellerbewuchs

Für uns Dickschiffsegler erscheint die Rennfahrerei als eine ins Kraut geschossene Tüftelei. Andererseits reduziert ein mit Algen bewachsener Propeller den Wirkungsgrad der Vorwärtsbewegung enorm. Wir lagen für zwei Monate in der Marigots Bay auf St. Lucia. Dann holten wir den Anker auf und motorten zur Bucht hinaus. Nach kaum drei Seemeilen Fahrt zeigten die Instrumente eine Motorüberhitzung an. Aus dem Auspuff drang weißblauer Auspuffqualm. Keine Frage: Dem soliden Perkins 4-108 drohte der Exitus.

Mit geringster Fahrt krochen wir in die nächste Bucht und prüften Motor und Antrieb durch. Der Propeller war mit fingerdickem Algenbewuchs bedeckt. Mit dem Malerspachtel wurde das schöne Messingstück von seiner »Bremse« befreit und danach zeigte das Boot wieder das gewohnte Temperament.

Nach unseren Erfahrungen sind Messingpropeller, die ja nicht mit den eisenhaltigen Unterwasser-Antifoulingfarben gestrichen werden dürfen (Elektrolysegefahr), schon nach etwa vierzehn Tagen mit einer fahrhemmenden Flaumschicht bedeckt. Algen und Korallenbewuchs bilden sich in tropischen Gewässern innerhalb von etwa sechs Wochen. Abhilfe schafft die Reinigung mit dem Spachtel und der Stahlbürste.

Hohe Zuwachsrate. Dieser Dampfer lag acht Monate lang im Hafen von Antibes. Die Schubwirkung ist kaum noch nennenswert. Aber Messing-Propeller dürfen nicht mit Anti-Fouling-Farbe gestrichen werden, sonst treten elektrolytische Reaktionen auf, der Propeller wird »angenagt«.

Folgeschäden

Abgesehen von der verminderten Leistung durch einen verschmutzten Propeller belastet der Bewuchs auch den Rundlauf der Wellenanlage, vergleichbar etwa einem ungenügend ausgewuchteten Autorad. Beim Auto verschleißen die Radlager, beim Schiff wird die Stopfbuchse ausgeschlagen und Seewasser füllt die Bilge. Für Bootsmechaniker sind ausgeschlagene Wellenanlagen ein lohnendes Geschäft. Der nachfolgende Hardyscheiben- oder Getriebeschaden – oder beides – lassen nicht lange auf sich warten, wenn mit hoher Drehzahl weitergefahren wird.
Hier die möglichen Folgeschäden, die aus einem verschmutzten Propeller resultieren:

- Unrunder Propellerlauf.
- Stopfbuchse schlägt aus.
- Seewasser dringt ins Schiff ein.
- Korrosionsprobleme bei tiefliegendem Anlasser.
- Hardyscheibe bricht oder schlägt aus.
- Getriebeschaden am Endlager.

Schaden durch Fremdberührung

Mit den gleichen Folgeschäden muß jeder Wassersportler rechnen, wenn der Propeller einen Schlag bekommen hat. Der Wirkungsgrad eines gestauchten Propellers, z. B. durch Grundberührung, verschlechtert sich so radikal, wie es aus eigener Erfahrung nicht für möglich gehalten wurde. Wir motorten zu dicht an ein flaches Riff heran, ein kurzer trockener Schlag und schon war unsere Yacht wieder frei. Hinter uns färbten gelbbraune Korallensplitter die Wasseroberfläche. Bei einem Langkieler sind sanfte Grundberührungen kein Problem, diesmal sah der Schaden anders aus. Das weiche Messing der Schiffschraube war so deformiert, daß eine Reparatur unmöglich war. Ein neuer Propeller kostete DM 700.
Ein Ersatzpropeller sollte auf jeder Motoryacht sein und Segler sind auf Langfahrt mit einem Ersatzpropeller zweifellos gut beraten. Nur welcher Propeller ist der Richtige?

Propeller oft ungeeignet

Nach den Erfahrungen vieler Bootsteste sind die meisten Segelyachten werkseitig mit einem nicht unbedingt geeigneten Propeller ausgerüstet. Den besten Wirkungsgrad besitzen bei Verdrängeryachten die dreiflügeligen Modelle. Die Firma Vetus liefert als Radice-Vertreter über hundert verschiedene Propeller allein schon in der Leistungsklasse zwischen sechs und 50 PS. Selbst bei den unkomplizierten 25 PS-Außenbordmotoren werden durchschnittlich zehn verschiedene Propeller für den gleichen Motor angeboten.
Die Werft kennt die Kennlinien ihrer Yachten und bietet deshalb einen Standardpropeller für den gemischten Segel-Motorantrieb an. Wer mit seiner Yacht und knapper Motorisierung den Rhein hinauffahren will, kann mit dem Standardpropeller mangels Schub in Schwierigkeiten geraten. Andererseits bremst ein zu großer Propeller beim Segeln. Den optimalen Propeller für jedes Einsatzgebiet gibt es standardmäßig nicht. Hier ist der Fachmann gefordert, der eventuell auch leihweise verschiedene Propeller zum Ausprobieren zur Verfügung stellt. Der bekannteste Spezialbetrieb für Wellen und Propeller ist in Deutschland die Firma Lausberg (siehe Anhang), die individuell für jeden Bootstyp die passenden Antriebe konstruiert und liefert.

Verschiedene Propeller

Zweiflügelige Festpropeller und alle Faltpropeller sind ein Kompromiß in Bezug auf den möglichen Wirkungsgrad, wenn höchste Schubkräfte verlangt werden. Dafür ist der Fahrwiderstand beim Segeln eindeutig geringer als beim dreiflügeligen Festpropeller.

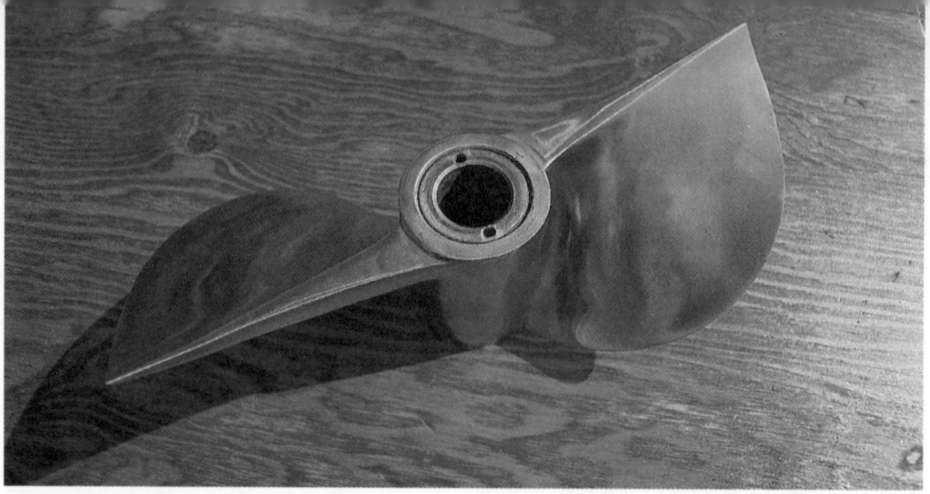

Scharf gemacht. Ein fein zugeschliffener Rennpropeller der Unlimited Hydroplane-Klasse. Wert über 5000 Mark. Was wir aber sagen wollen: Nur ein möglichst sauberer Propeller verhilft zu bester Schubkraft.

Verstellpropeller sind eine feine Sache in der Berufsschiffahrt. Für Segelyachten werden in England und den USA Verstellpropeller angeboten. Die Kosten stehen aber in keinem Verhältnis zum Nutzwert z. B. einer Familienyacht, die vielleicht nur sechs Wochen im Jahr gefahren wird.
Beim Verstellpropeller wird die Steigung der Propellerflügel stufenlos verändert. Dadurch wird die Schraube auf mehr Schub oder schnellere Fahrt getrimmt. Schließlich lassen sich die Steigungswinkel der Propellerblätter so verstellen, daß die Yacht rückwärts motort.

Propeller-Wartung

Verstellpropeller müssen alle paar Tage geschmiert werden, sonst streikt die Umstellmechanik. Bei Faltpropellern ist die Schmierung ein Punkt auf der Wartungsliste, der schon viele Segler zum unkomplizierten Festpropeller greifen ließen. Öffnet sich der Faltpropeller nicht vollständig wegen Algenbewuchs, fällt die Propellerleistung in den Keller. Nicht selten will der Faltpropeller nicht auf Rückwärtsfahrt einrasten, dann saust ihre schöne Yacht »ungebremst« auf den Steg zu.
Die meisten Langstreckensegler vertrauen auf den bewährten dreiflügeligen Festpropeller obwohl sie die meiste Zeit nur unter Segeln unterwegs sind. Faltpropeller sollten ein bis zwei Mal pro Saison auf Algenwuchs kontrolliert werden. Die Lebensdauer von Festpropellern ist bei entsprechender Pflege fast unbegrenzt. Faltpropeller sind durch Abnutzung und Korrosionsprobleme nach zehn Jahren reif für den Schrott.

Abweisende Wirkung. Der selbstgebaute Leinenabweiser ist eine gute Idee für die Arbeit in den Wintermonaten.

Strömungsverhältnisse

Wahre Geschichte

Auf dem Bodensee war's. Windstärke Nullkommanull. Eine Schärenkreuzer-Crew sieht – und sie denkt, sie träumt – einen Mann vorbeischwimmen, auf dem Rücken einen Kraftstoffkanister. Auf dreiste Zurufe antwortete der leicht gekränkte Schwimmer, er sei kein Spinner, er habe eben nur mal Dieselkraftstoff vom Land geholt. Seiner Motoryacht sei der Saft ausgegangen und bei der Flaute rühre sie sich ja nicht vom Fleck. Und ein Kanister mit Diesel sei ja leichter als Wasser und trage ihn auch noch etwas. Ende der Geschichte und sie hat eine Moral:
Mach' den Tank nicht leer, sonst hast du weite Wege und mußt auch noch entlüften. Letzteres ist eine der Macken des Diesels. Mit Luft in den Leitungen springt er nicht an oder er bleibt stehen, wenn er schon läuft.

Zeit für die Deckswäsche. Hoch am Wind wird diese Yacht bei 6 Windstärken nach Lee gepreßt. Ist der Tank nur halbvoll, schwappt der Kraftstoff hoch und nieder und Luft kann in die Kraftstoffleitung gelangen. Die Versorgung wird dadurch im Filter blockiert, der Motor bleibt stehen und die Anlage muß entlüftet werden.

Tank gefüllt halten

Meistens bleibt der Diesel natürlich im ungünstigsten Moment stehen, so an der Hafeneinfahrt unter Starkwindbedingungen oder beim vergeblichen Freikreuzen vor einer Leeküste. Schon deshalb sollte der Tank immer ausreichend gefüllt sein. Ausreichend voll heißt bei einer Atlantikfahrt mit hohem Seegang aus Gewichtsgründen zur besseren Trimmung zwei Drittel voll. Auf Binnengewässern sollte man den Tank nur zur Hälfte leerfahren und je voller der Tank ist, um so weniger Kondenswasser kann sich bei Temperatur-Unterschieden bilden. Wer seinen Dieseltank bis auf ein paar Liter Reserve

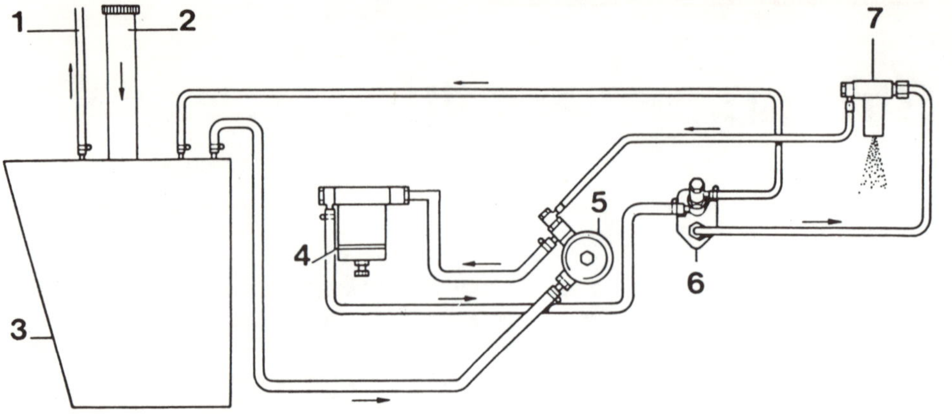

Ansichtssache: Schema einer Kraftstoff-Anlage. Es bedeuten: 1 – Tankentlüftung, 2 – Einfüllstutzen, 3 – Tank, 4 – Kraftstoffilter mit Wasserabscheider, 5 – Kraftstoffpumpe, 6 – Einspritzpumpe, 7 – Einspritzventil mit Einspritzdüse. Von der Einspritzpumpe und von der Einspritzdüse führen Rücklaufleitungen zum Tank für den nicht verbrauchten Kraftstoff (BMW-Einzylinder D7/D12).

leerfährt, braucht sich nicht zu wundern, wenn der Motor wegen verstopfter Filter oder Luftblasenbildung seinen Dienst quittiert.

Tank-Material

Starre Nirosta- oder Stahlblechtanks bereiten die geringsten Probleme. Kunststofftanks aus glasfaserverstärktem Polyesterharz oder Polypropylen sind die zweitbeste Lösung, sofern das Inspektionsloch nicht vergessen wurde.
Kraftstoff-Gummitanks werden von französischen Yachtwerften gerne eingebaut. Die schwarzen Gummitanks passen sich den Rundungen ausgezeichnet an. Zudem sind Gummitanks leichter und preiswerter als starre Tanks. Aber es gab vor einigen Jahren durchgescheuerte und gerissene Kraftstofftanks aus Neoprenmaterial. Die heutigen Gummitanks sind mehrfach verstärkt und geschweißt.
Von der Konstruktion her gibt es mit dem Material keine Probleme mehr, sofern der Einbau einwandfrei erfolgt ist. Problematisch sind die elastischen Tanks bei Schräglage und halbleerem Tank. Die Luftblasen- bzw. Schaumbildung ist mit der dann leider notwendigen Entlüftung des Leitungssystems bei den heutigen flachen Rümpfen nur eine Frage der Zeit. Die meisten Werften bauen deshalb Gummitanks für die Trinkwasserversorgung ein und nehmen für Dieseltanks anderes Material.

Ist der Kraftstoff sauber?

Sauberer Kraftstoff ist – besonders wegen der feinen Passungen in der Einspritzpumpe und in den Einspritzdüsen – die wichtigste Voraussetzung für störungsfreien Motorlauf. Beim Tanken fangen die Probleme schon an. Deutsche Binnen- und Küstensegler werden mit DIN-gerechtem und sauberem Kraftstoff geradezu verwöhnt. Im westlichen Mittelmeer können 10% Kondenswasser und Schmutz durchaus vorkommen.
An der nordafrikanische Küste wird Diesel auch aus rostigen Fässern ausgeschenkt. Die Mixtur aus Kraftstoff, Kondenswasser, Algen, Sand und Rost treibt jedem Langstreckensegler den Angstschweiß auf die Stirn. Die »Kostprobe« mit einem durchsichtigen Plastikbecher empfiehlt sich immer. Geht der »Tankwart« darauf nicht ein, kann vom Kauf nur gewarnt werden. An der marokkanischen Küste sind Auto-Tankstellen eine gute Alternative, selbst wenn man einen Tag für den Kanister-Transport dranhängen muß. Das gilt auch für manche griechische und türkische Häfen.

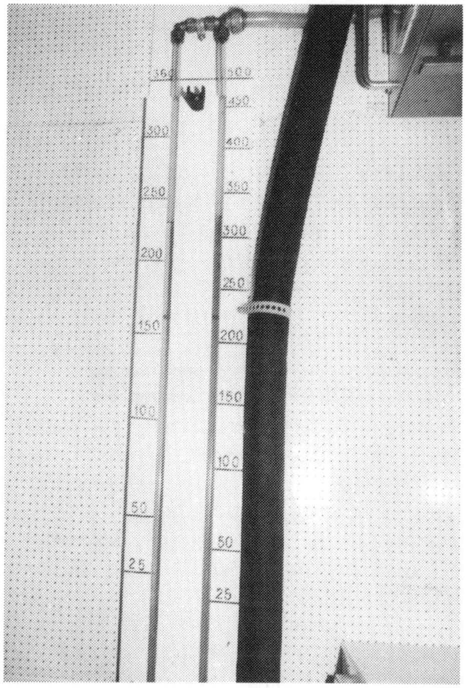

Zwischenbilanz: Wieviel Kraftstoff ist noch im Tank? Wichtige Frage beim Dieselmotor. Wird der Tank leergefahren, muß nach dem Einfüllen erst das Kraftstoff-Leitungssystem entlüftet werden (bei Bootsdieseln bei stehendem Motor). So weit sollte man es also gar nicht kommen lassen. Hier, bei einer großen Yacht, 2 durchsichtige Steigleitungen als Vorratskontrolle für 2 Tanks.

Eigene Erfahrung: Umfrage nützlich

Bevor der 450 Liter große Tank einer der Verfasser-Yachten mit zweifelhaftem Sprit aufgefüllt wird, geht eine Erkundung nach der Dieselqualität bei einem ortsansässigen Charterunternehmen, einem Fischer oder bei einem Diesel-Taxifahrer voraus – genau in dieser Reihenfolge. Fischerkähne sind grundsätzlich mit umschaltbaren Filtersystemen ausgerüstet. In Ceuta – es liegt gegenüber von Gibraltar auf der afrikanischen Seite – reinigen die Fischer jeden Tag ihre Kraftstoff-Filtersysteme, weil zu viel Schmutz im zollfreien Tankdepot vorhanden ist. Ein moderner Yachtdiesel verträgt diese Brühe keinesfalls.

Schlamm-Ablagerung

Ein anderes Beispiel. In Jugoslawien klagte ein Stegnachbar über einen völlig verstopften Kraftstoff-Filter, den er nach nur fünfzig Stunden Betriebsdauer austauschen ließ. Die Wartungsvorschrift gab über 300 Betriebsstunden an. Seine schwedische Najad 34 war erst vier Jahre alt und gut gepflegt. Nach Öffnen des Inspektionslochs am Nirosta-Dieseltank wurde der halbvolle 200 Liter-Tank leergepumpt. Am Tankboden klebte eine rund vier Zentimeter dicke Schlamm-Schicht: Klarer Fall von schlechter Kraftstoff-Qualität.
Bei größerer Schräglage saugt das etwas höher angebrachte Steigrohr zwangsläufig den Ölschlamm an. Innerhalb von wenigen Betriebsstunden wird der Kraftstoffilter zugesetzt.

Siebtrichter verwenden

Mit einem Siebtrichter oder mit doppeltem Kaffeefilterpapier (am besten mit beiden) lassen sich die gröbsten Verunreinigungen vor dem Tanken herausfiltern. Die beste Vorsorge gegen verschmutzten Kraftstoff ist rechtzeitiges Auffüllen an einer stark frequentierten Tankstelle, wo ein Charterunternehmen mit einem Dutzend Schiffe liegt. Hier würde verunreinigter Treibstoff rasch bemerkt werden, weil der Ärger mit der Charterkundschaft jeden Hafenmeister wachrütteln würde. Ohne Dieselverschmutzungen geht auch das Umfüllen mit Ersatzkanistern und Einfülltrichter nie ganz ab.

Ölbindemittel

Wegen der Schaumbildung beim Bunkern ist die Kontrolle nicht einfach, wenn der Tank voll ist. Also aufpassen! Ist Diesel übergeflossen: Mit einem guten Mittel für Geschirreinigung wird das Deck rasch wieder sauber. Falls Diesel versehentlich ins Wasser fließt: Ganz kleine Mengen (Spritzer) mit einem Geschirrspülmittel (wie Pril) binden. Größere

Mengen mit einem umweltverträglichen Ölbindemittel, das jedes gute Yacht-Ausrüstungs-Geschäft führt. Als Bilgereiniger verwandelt das nicht ganz billige Streupulver Öl in Klumpen, die leichter beseitigt werden können. Dehler-Yachtversand bietet ein Ölbinde-Wischtuch an, das gut funktioniert. Sehr preiswert sind Großpackungen von Ölbindemitteln. Die freiwillige Feuerwehr und technische Hilfstruppen lagern Ölbindemittel sackweise im Depot. Auch an der Tankstelle wird Ihnen ein freundlicher Tankwart ein Ölbindemittel verkaufen, das sowohl für Motorenöle wie auch für Dieselkraftstoff bestens geeignet ist.

Notbehelf-Außenbordertank

Außenbordertanks mit angebauter Blasebalg-Handpumpe eignen sich ausgezeichnet als Falltank. Man schließt den mit Dieselkraftstoff gefüllten Außenbordertank mit der Gummizuleitung direkt am Filtereingang oder an dem kurzen Zwischenstück, das zur defekten Förderpumpe führt, an.
Der mit Dieselkraftstoff gefüllte Außenbordertank wird oberhalb der Maschine befestigt. Mit der Handpumpe wird nun Druck erzeugt. Ein Entlüften des Filters ist gut, meistens reicht durch den erhöhten Druck auch die Entlüftung der Einspritzpumpe aus. Jetzt wird der Motor wieder einwandfrei starten. In den ersten paar Minuten kann an der Handpumpe der Förderdruck leicht kontrolliert werden. Der Blasebalg muß sich hart anfühlen. Gibt er nach, muß mit ein paar Handbewegungen mehr Druck aufgebaut werden.
Ohne Außenbordertank ist die Schlacht noch lange nicht verloren. So kann ein Petroleum-Versorgungstank für den Herd als Falltank umfunktioniert werden. Auch ein stabiler Wassertank mit dünnem Auslaß kann, mit Einschränkungen, als Notbehelf dienen. Ein befreundeter amerikanischer Segler nahm einen dünnen Plastiktrichter und ein langes Plastikrohr. Damit zauberte er eine neue Kraftstoffleitung zusammen.
Bei Expeditionsausrüstern wie die Firma Därr in München gibt es Aufsatzadapter für die bekannten Armee-Ersatzkanister. An den Adapter kann eine Kraftstoffleitung direkt angeschlossen werden.

Anordnung Tank-Ersatz

In jedem Fall muß der Tank-Ersatz oberhalb des Motors befestigt werden. Sonst bleibt der Motor mangels Kraftstoff-Zufuhr nach wenigen Minuten wieder stehen. Der nicht verbrannte überschüssige Kraftstoff fließt über die Rückführungsleitungen in den Haupttank zurück. Bei einem durchschnittlichen Spritbedarf von vier Litern je Stunde fließen acht Liter Sprit aus dem improvisierten Falltank. Vier Liter konsumiert die

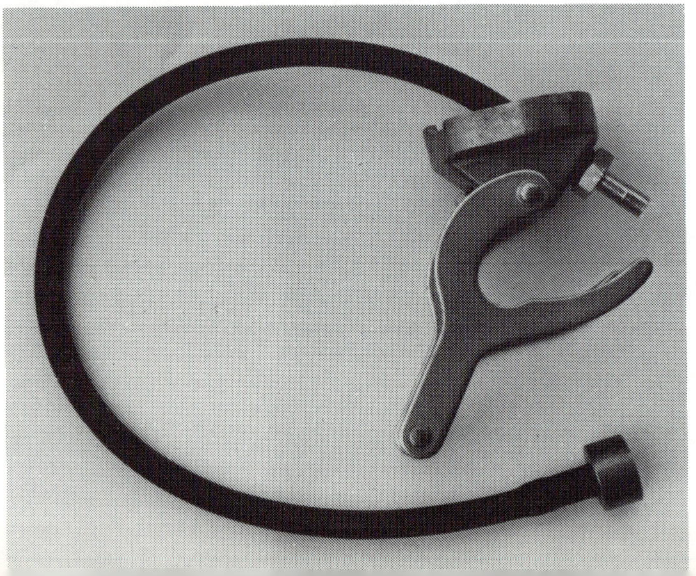

Funktioniert als Notbehelf bei verstopftem Kraftstoffsystem, leckem Tank oder defekter Pumpe: Tankanschluß für handelsüblichen Kraftstoffkanister mit Hebelverschluß. Muß oberhalb des Filters angebracht werden, um genügend Gefälle zu haben.

Da sei jedem Yacht-Maschinisten ins Logbuch geschrieben: Das ist gefährliche Bastelarbeit an einem improvisierten Kraftstofftank. Plastikteile altern, damit erhöhte Bruchgefahr bei Motorvibrationen. Feuergefahr.

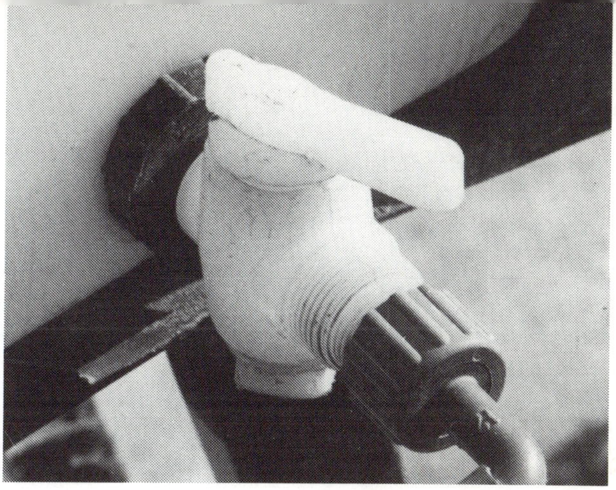

Maschine, vier Liter unverbrannter Sprit fließen in den Haupttank zurück! Auf Dauer gesehen, ist eine Ersatz-Membranpumpe und/oder eine elektrische Zusatzpumpe die beste Vorsorge für einen störungsfreien Betrieb.
Die meisten Fischdampfer fahren übrigens mit einem fest installierten Falltank, dem Tagestank. Vom Haupttank werden zwanzig bis 50 Liter Sprit in den hochliegenden Falltank vor Antritt der Fahrt hochgepumpt. Damit entfallen die ganzen Förderprobleme.

Tagestank

Auf größeren Yachten sind Tagestanks durchaus sinnvoll. Verunreinigter Kraftstoff bleibt im Haupttank zurück. Der kleine Tagestank kann über eine Ablaßschraube viel effektiver kontrolliert und gereinigt werden. Für die Winterkonservierung lassen sich Konservierungsöle in der richtigen Dosierung leicht beimischen. Es spricht so viel für einen fest montierten Tagestank aus Nirostastahl. Außenbordertanks aus Stahlblech sind wohl billiger, aber ihre Korrosionsbeständigkeit läßt zu wünschen übrig.

Tankentlüftung

Eine richtig funktionierende Tankentlüftung muß beim Auto vorhanden sein. Darauf wird beim Erteilen der allgemeinen Betriebserlaubnis (ABS) geachtet. Eine falsch verlegte Leitung für die Tankentlüftung läßt Kraftstoff-Dämpfe ins Wageninnere dringen. Ein Funke – und die Explosion ist da. Kein Problem für Yachten? Kaum zu glauben, aber wahr ist folgender Vorfall, der sich vor zwei Jahren in Kirchberg am Bodensee abgespielt hat. Ein Motorbootfahrer ließ den Tank seines Innenborders an der Tank-

Jeder Tank braucht eine Entlüftung. Hier sitzt sie seitlich am Aufbau in dieser Hutze. Wichtig: Beim Bunkern auch die Entlüftung im Auge behalten, ob nicht Kraftstoff herausgedrückt wird. Zur schnellen Abhilfe bei übergeflossenem Kraftstoff Lösemittel (z. B. Pril) und saugfähige Lappen bereithalten.

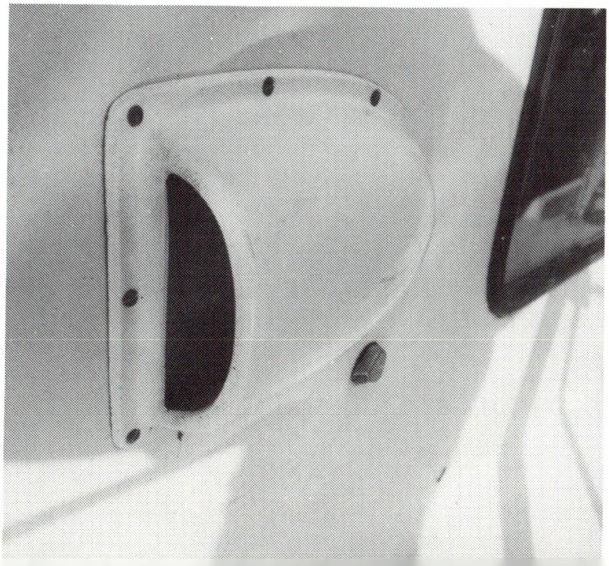

stelle in der Marina auffüllen. Dabei lief über die Tankentlüftung Benzin ins Boot. Die offene Motoryacht explodierte beim ersten Startversuch. Der Skipper erlitt tödliche Verletzungen, ein unbeteiligter Zuschauer wurde schwer verletzt.
Schuld an diesem Unglück hatte letztlich die Werft. Sie verlegte den Ausgang der Entlüftungsleitung unterhalb des Seitendecks ins Boot zurück.

Entlüftung richtig verlegt?

Grundsätzlich muß also die Entlüftungsleitung nach außen führen, ohne daß Kraftstoff ins Boot zurückfließen kann. Das Entlüftungsloch muß so hoch angeordnet sein, daß auch See- und Regenwasser nicht in den Tank zurückfließen können. Das ist auch eine Forderung des Germanischen Lloyd, die immer wieder zu Problemen führt. Tatsächlich dringt bei großer Schräglage und entsprechend ruppigem Seegang auf den meisten Yachten Seewasser über die Tankentlüftung in den Kraftstofftank ein. Wasser verstopft den Kraftstoffilter. Über kurz oder lang wird der Motor wegen Kraftstoffmangel – durch den verstopften Filter – den Betrieb einstellen.
Mit etwas seemännischer Vernunft ist das Problem zu lösen. Über 25 Grad Schräglage verträgt der Ölkreislauf des Motors nicht. Die Ölpumpe saugt Luft aus der Ölwanne an, der Schmierkreislauf wird damit zeitweise unterbrochen. Das führt zum Kurbelwellenschaden. Schon deshalb ist übermäßige Schräglage für den Motor ungesund. Die Öffnung für die Tankentlüftung ist meistens im Kajütaufbau integriert. Verkleiden Sie die kaum fingerstarke Öffnung mit einer Messing- oder Kunststoffhaube, die zum Bug hin geschlossen sein muß. Von dort kommt das Schwellwasser her. Der hintere Teil der Abdeckung muß offen sein, sonst ist die Entlüftung blockiert.
Ein niedriger Kajütaufbau ist modern, für die Tankentlüftung ist das weniger gut. Putzwasser, Regenwasser und Schwellwasser findet leicht einen Weg in die Öffnung. Ein französischer Rennsegler verlegte deshalb die Entlüftungsleitung in den Mast seiner Yacht – eine allerdings sehr aufwendige Konstruktion.

Kraftstoffverbrauch

Der Bootsdiesel erfreut sich als ökonomischer Kraftstoffverbraucher steigender Beliebtheit auf dem Wasser. Bei konstanter Drehzahl und richtiger Kühlung konsumiert er in der Tat erstaunlich wenig. So verbraucht der 50 PS-Perkins 4-108 bei 80% der Maximaldrehzahl nur etwa 4,5 Liter Kraftstoff je Stunde Fahrt. Bei »normaler Marschfahrt« der 10 t schweren Langkielyacht eines der Verfasser und etwa 6 Knoten Fahrt und 2200/min schluckt dieser Perkins-Direkteinspritzer nur 3,5 bis 4 Liter Diesel. Ein 50 PS-Außenborder würde unter gleichen Voraussetzungen 20 bis 25 Liter Gemisch zu sich nehmen.

Genauer Verbrauch schwer zu ermitteln

Ein exakter Kraftstoffverbrauch ist unter Seebedingungen schwerer zu ermitteln als etwa auf der Straße oder beim Versuch auf einem Rollenprüfstand. Beim Schiff spielen die richtige Propellerabstimmung, die Oberflächenglätte der Yacht, Seegang, Windabdrift, Strömung und nicht zuletzt die Motorraum-Temperatur eine Rolle. Der Motor wird in der Praxis immer etwa 10% mehr verbrauchen als unter wohl kaum erreichbaren Idealbedingungen, wie spiegelglatte See, absolut ruhiges Wetter und optimale Abstimmung von Motor, Getriebe, Wellenanlage und Schraube.

Kleinere Diesel

Auf Charterschiffen wird der Kunde manchmal mit völlig unrealistischen Verbrauchsangaben getäuscht. Deshalb hier weitere Erfahrungswerte, 10–20 PS starke Zwei- bis Dreizylinder-Diesel verbrauchen maximal 3,5 Liter Kraftstoff je Betriebsstunde. Im leicht forcierten Standgasbetrieb, z. B. bei Batterieladung, verbraucht solch ein Kleindiesel kaum 2,5 Liter.
Ein 25–35 PS starker Drei- oder Vierzylinder-Diesel wird mit 4 bis 5 Liter gut versorgt sein. Der Standgasbetrieb liegt bei etwa 3 Liter.

Die meisten Charteryachten sind mit 40 bis 65 PS starken Vierzylinder-Diesel ausgerüstet. Zwischen 5 und 7 Liter Kraftstoff darf der Motor in Leistung umsetzen. Im Standgasbetrieb dürften 4 Liter die Obergrenze sein.
Abrechnungsprobleme fallen weg, wenn Sie vor Charterbeginn den Kraftstofftank auffüllen und bei der Rückgabe wieder nachfüllen. Eine Abrechnung nach Betriebsstunden wird meistens zum Nachteil der Kunden ausgehen. Man kennt diese Probleme auch beim Mietwagengeschäft.

Zusätze im Kraftstoff?

Die Motorenhersteller lehnen im allgemeinen Beimengungen zum Kraftstoff ab, wie sogenannte Dieselverdünner oder Kraftstoff-Verbesserer. Diese Warnung, oft in den Betriebsanleitungen vermerkt, haben vor allem ihren Grund darin, daß keine Motorenfirma alle angebotenen Zusätze selbst testen kann oder will. In der Praxis wird daher selbst entschieden werden müssen, ob man Zusätze verwendet oder nicht. Meistens allerdings ist es eine unnötige Geldausgabe. Und schlechter, verpanschter Dieseltreibstoff wird dadurch auf keinen Fall verträglicher.
Erfahrene Bootsmechaniker empfehlen hingegen eine 1,5- bis 2-prozentige Beimischung von synthetischem Zweitaktöl zum Kraftstoff. Das Öl schmiert die Innereien der Einspritzanlage und verhindert Korrosion an den Einspritzdüsen bei längeren Standzeiten. Auch Marken-Konservierungsmittel werden vor dem Winterlager als Kraftstoffzusatz benutzt. Nach unseren Erfahrungen erfüllt die preiswerte, 2-prozentige Zweitaktöl-Beimischung vor der Winterpause den gleichen Zweck.

Kraftstoff-Filter

Die Lebensdauer der etwa 2000 Mark teuren Einspritzpumpe hängt primär von der Reinheit des Kraftstoffs ab. Dieselkraftstoff wird, egal wie sauber die Raffinerie gearbeitet hat, ganz zwangsläufig durch Kondenswasser im Tank und zusätzliche Schmutzteile

Unten links: Die meisten Yachten haben unzureichende Filter und Wasserabscheidesysteme. Mindestausrüstung ist dieser Kraftstoffilter mit Entlüftungsschraube oben und Wasserabscheide-Drehring unten (Bosch).

Unten rechts: Gebräuchlicher Dieselkraftstoffilter von CAV. Links mit Wasserabscheidebehälter aus klarem Kunststoff, rechts das einfachere »Wegwerfsystem« mit Filterpatronen.

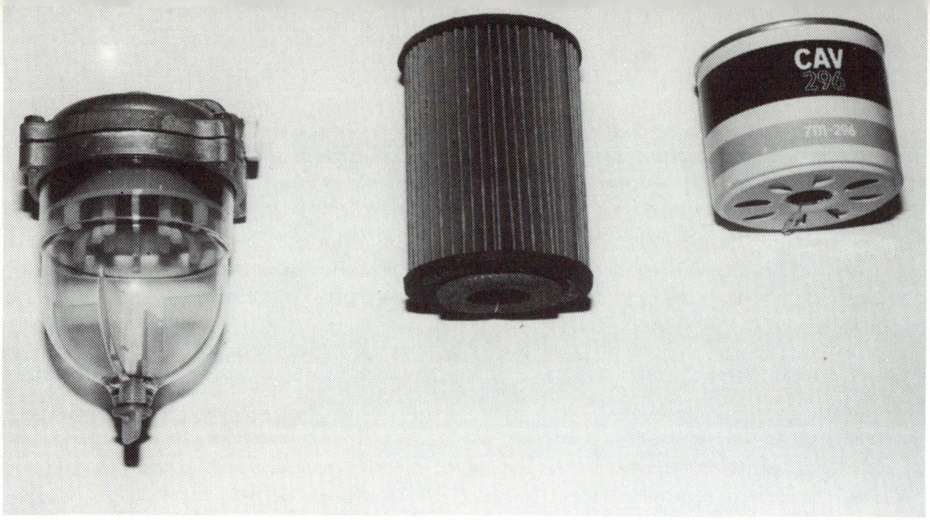

Es gibt einige Hundert Arten von Filter-Wegwerfsystemen. Links Wasserabscheider ohne Patrone. Mitte Kraftstoffilter-Patrone zum Auswechseln. Rechts das meistbenutzte Patronensystem mit Alu-Ummantelung.

verunreinigt sein. Je häufiger der Kraftstoff umgepumpt wird, desto größer ist die Chance für eine noch größere Verschmutzung.

Nach den Erfahrungen der bekannten Motorenhersteller sorgt ein vernünftig abgestuftes Grob-Fein- und Wasserabscheider-Filtersystem für eine etwa doppelt so lange Laufdauer gegenüber einem nur dürftigen Filtersystem. Abgesehen von der längeren Lebensdauer des Motors, sind die meisten Betriebsstörungen beim Dieselbetrieb auf eine mangelhafte Kraftstoffversorgung zurückzuführen. Die unscheinbaren Filter sind für den Motor von elementarer Bedeutung. Aus Kostengründen rüsten die meisten Motorenfirmen ihre Motoren nur mit den gerade ausreichenden Filtersystemen aus. Ausreichend heißt, DIN-gerechter Dieselkraftstoff. Diese hochwertige Qualität wird bei den Mittelmeer-Anrainerstaaten selten ausgeschenkt, in exotischen Gegenden sind die Standardfilter überfordert. Die Folge sind Schäden am Einspritzsystem – ein teurer Spaß.

Dreistufige Filter

Herkömmliche Filterelemente sind in erster Linie dafür gedacht, feste Schmutzteilchen in der Größe 10–30 My zu entfernen (1 My = 1/1000). Die meisten Schäden am Einspritzsystem entstehen jedoch von Schmutz-Rost und Schadstoff-Partikeln in der Größe 6–10 My. Deshalb ist ein dreistufiges Filtersystem vorteilhaft.

In der ersten Stufe werden flüssige und feste Verunreinigungen bis 30 My durch Zentrifugalwirkung abgeschieden. Bedingt durch das höhere spezifische Gewicht gegenüber dem Dieselkraftstoff sinken sie auf den Boden des Schauglases ab. Die sichtbaren Schmutzpartikel können durch das Ablaßventil am Boden des Filtergehäuses abgelassen werden.

In der zweiten Stufe werden Feinstteile, die leichter sind als der Kraftstoff, durch Aufflockung zu größeren Teilchen zusammengefaßt. Ab einer gewissen Größe sinken sie als schwere Teilchen auf den Grund des Schauglases ab.

In der dritten Stufe wird der nun weitgehendst gereinigte Kraftstoff durch eine auswechselbare Feinstfilterpatrone gedrückt. Diese Patrone muß zu den üblichen Intervallen (siehe Betriebsanleitung) ausgewechselt werden. Eine Reinigung ist nicht möglich. Der große Vorteil der durchsichtigen Dreistufenfilter, die von Racor, Bosch und anderen großen Filterherstellern angeboten werden, liegt im aufwendigen Filtersystem und in der optischen Kontrolle durch das Schauglas. Parallelfilter mit individueller Filter-Umschaltung ermöglichen den fortwährenden Betrieb, wenn ein Filtersystem gereinigt werden muß. Alle Passagierschiffe und Frachter sind mit Parallel-Filtersystemen ausge-

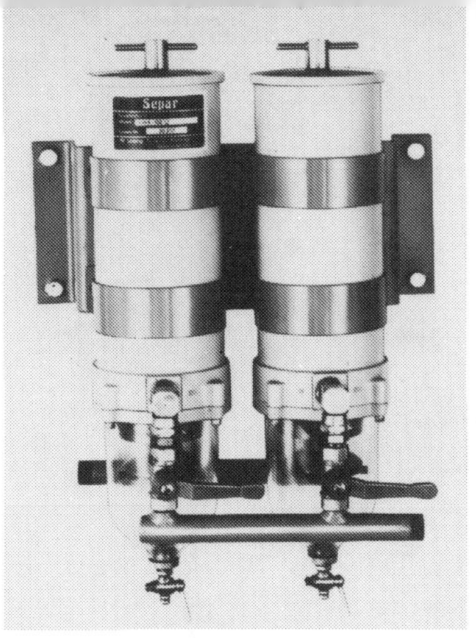

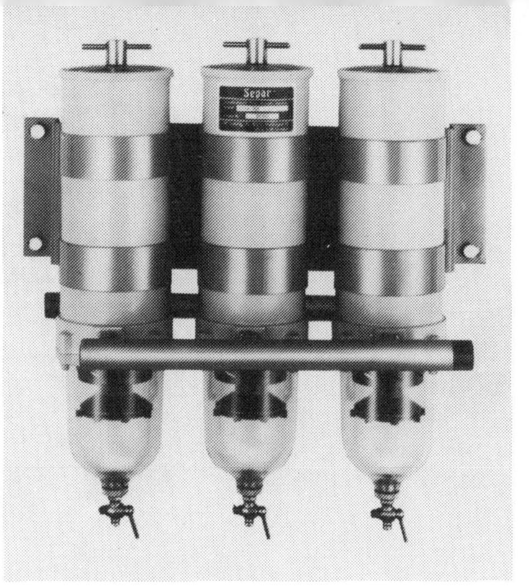

Optimales Kraftstoff-Filtersystem von Separ/Lösing. Sichtkontrolle für Kondenswasserbildung mit durchsichtigem Glasbehälter. In der Mitte Doppelfiltersystem zum Umschalten. Große Motoryachten werden mit umschaltbarem Dreifachsystem ausgerüstet (rechts). Das Umschalten kann während der Fahrt erfolgen.

rüstet. Nur bei den Yachten wird hier meist an der falschen Stelle gespart (siehe unsere Adressen-Liste).
Durch ein zusätzliches Dreistufen-Filtersystem ist die Standard-Filteranlage, die meist aus einem Grob- und einem zusätzlichen Feinfilter besteht, nicht arbeitslos. Dieselkraftstoff kann nie genügend gereinigt werden. Die Größe des Zusatzfilters fängt bei einer Durchlaßmenge von 1,5 Liter/min an und geht bei größeren Filteranlagen auf 10 Liter/min hoch. Doppel-Filteranlagen sind auf 20 Liter/min meistens ausgelegt.

Zusätzliche Filterung wichtig

Moderne Dieselmotoren arbeiten mit höheren Einspritzdrücken und höheren Drehzahlen als langsam laufende Schiffsmotoren. Mancher riesige Schiffsmotor dreht gerade mit 80 Umdrehungen in der Minute, während Turbodiesel-Bootsmotoren mit 3600 Umdrehungen belastet werden. Die Qualität und Reinheit der Kraftstoffversorgung wird eher schlechter als besser, das hat die amerikanische Coast Guard in ihrem letzten Jahresbericht festgestellt. Durch eine optimale Filterung wird erzielt:

- bessere Verbrennung,
- saubere Abgase,
- geringerer Kraftstoffverbrauch,
- geringerer Verschleiß von Pumpe und Einspritzdüsen,
- weniger Wartungsaufwand und Reparaturen,
- verlängerte Standzeiten der Standard-Filtereinsätze.

Die Bootsmotoren-Hersteller empfehlen deshalb zusätzliche Wasserabscheider und Dreiwegefiltersysteme zur Nachrüstung. Die Kosten belaufen sich einschließlich Montage auf etwa bis 1000 Mark, je nach Filtertyp und Einbaumaßen.

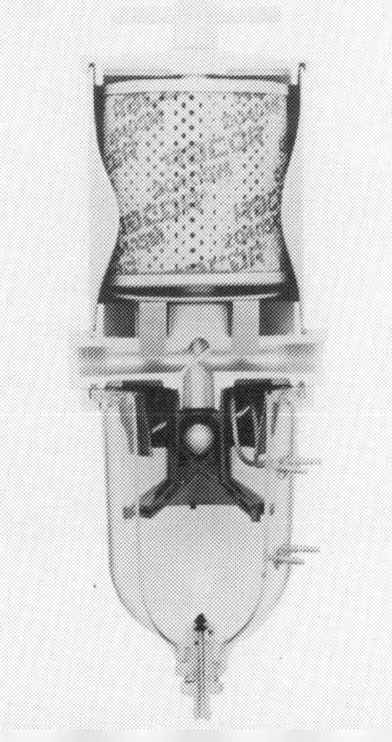

Die meisten amerikanischen Yachten sind mit Racor-Filtern ausgestattet. Auswechselbare Filterpatrone mit Grob- und Feinfilter und Wasserabscheideeinrichtung. Maximale Filterwirkung auf kleinstem Raum. Das System läßt sich beliebig erweitern (Schulze Filtertechnik).

Kraftstoff-Filter an gut einsehbarer Stelle montiert. Ständige Kontrolle auf Wasser unten im Glas ist nötig. Hier wird ein Glasfilter durch einen Metallbügel geschützt. Filter mit Wasserabscheider sind meistens als Vorfilter vorgesehen. Zwischen Kraftstoff- und Einspritzpumpe sitzt oft noch ein Feinfilter, auch dieser ist zu kontrollieren.

Mechanische Förderpumpe

Die Kraftstoff-Förderpumpe ist ein geradezu lebenswichtiges Teil für jeden Dieselmotor. Heute werden fast ausschließlich Membran-Förderpumpen eingebaut. Bei einem tiefliegenden Tank bedeutet der Ausfall der kleinen Pumpe den augenblicklichen Stillstand der Maschine. Weshalb die unscheinbaren Membran-Förderpumpen Probleme bereiten, wird gleich gesagt. Grundsätzlich kann die Förderpumpe durch einen hochliegenden Falltank, wie schon beschrieben, vorübergehend ersetzt werden. Elek-

Eine ausgebaute Kraftstoffpumpe. Sie ist mit einem Feinfilter versehen (Volvo), der zu prüfen und zu reinigen ist. Entlüften der Kraftstoff-Anlage ist nach dem Einbau nötig. Sie sollte auch auf undichte Stellen kontrolliert werden. Hier kann Luft eintreten und Störungen verursachen.

trische Förderpumpen sind eine weitere Chance, eine defekte mechanische Förderpumpe zu umgehen. Ein provisorischer Falltank ist sicherer und kann fortlaufend auf Dichtheit überwacht werden.

Defekte

Weshalb funktioniert beim gleichen Motorenfabrikat die mechanische Förderpumpe jahrelang ohne Probleme, während die gleiche Pumpe auf einem anderen Schiffstyp durch unsachmäßigen Einbau der Tankanlage problematisch ist? Volvo gibt in der Einbauanleitung für kleine Bootsdiesel eine maximale Zuleitungsentfernung zwischen Förderpumpe und Tank von 3 m Länge an. Die meisten Tanks sind erheblich weiter entfernt montiert. Dadurch wird die Pumpe überfordert, die Membrane nutzen sich stärker ab. Der notwendige Förderdruck für die Einspritzanlage liegt bei 0,7 bis 1,0 bar. Schon nach 250 bis 300 Stunden Laufdauer kann eine überlastete Förderpumpe defekt sein. Bei einem sachgemäßen Einbau und bester Kraftstoff-Qualität hält eine mechanische Förderpumpe mindestens 3000 Betriebsstunden. Ein Filtersieb in der Förderpumpe sollte hin und wieder gereinigt werden.

Elektrische Förderpumpe

Bei Lastwagen und Personenwagen mit Einspritzmotoren wird deshalb neben der mechanischen Förderpumpe eine zusätzliche elektrische Förderpumpe sinnvollerweise eingebaut. Diese elektrische Förderpumpe ist zwischen dem Tank und der mechani-

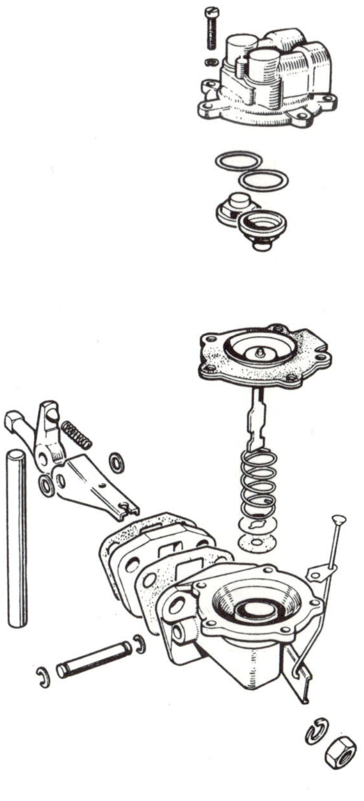

Aufbau der mechanischen Kraftstoffpumpe. Ganz links der Pumpenhebel. Eine Ersatzpumpe sollte auf jeder Fahrtenyacht an Bord sein, sofern die Reise ins Ausland geht.

schen Förderpumpe, die immer direkt am Motor angeflanscht ist, montiert. Die elektrische Zusatzpumpe baut den richtigen Betriebsdruck für die Membranpumpe auf. Damit hat sie eine fast unbegrenzte Betriebsdauer.
Auf größeren Yachten mit einer Kraftstoff-Zuleitungslänge von über 8 m werden häufig diese elektrischen Zusatzpumpen eingebaut. Beim Ausfall der mechanischen Pumpe reicht der Betriebsdruck aus. Kraftstoff wird durch die gerissene Membrane ausreichend gefördert. Pierburg oder Bosch-Vergaserdienste verkaufen diese kaum handgroßen Pumpen für 85 bis 100 Mark. Eine sinnvolle Anschaffung, die mit entsprechenden Schlauch-Adapterstücken an jedem Bootsdiesel zwischen Tank und Einspritzpumpe montiert werden kann.
Großvolumige und dadurch auch besonders wirksame Filtersysteme verlangen von den kleinen mechanischen Förderpumpen noch mehr Druck. Man sieht also, daß die Lage von Tank und Filtern für die Betriebssicherheit der Pumpen von elementarer Bedeutung ist.
Der komplette Austausch der Membranpumpe ist keine besonders schwierige Arbeit. Die Pumpe sitzt meist in nächster Nähe des Feinfilters. Beim Ausbau muß der Stand des Pumpenhebels und des Mitnehmerzapfens notiert werden. Die Ersatzpumpe sollte dann mit der gleichen Mitnehmer- und Pumpenhebelstellung eingebaut werden. Danach muß die Kraftstoffanlage entlüftet werden.
Eine Reparatur der defekten Pumpe ist zumindest auf hoher See nicht zu empfehlen. Membran-Ersatzpumpen sind nicht billig: 350 bis 650 Mark kostet die komplette Pumpe. Die Ersatzteile gibt es für 80 Mark.

Das Entlüften

Keine Angst, das Entlüften ist kein Hexenwerk. Jeder Skipper sollte die wenigen Handgriffe auf seinem Boot beherrschen, dann kommt keine Panik auf, wenn der Dieselmotor nicht mehr anspringt.
Im Gegensatz zu Dieselmotoren in Personenwagen müssen Schiffsdiesel fast immer nach folgenden Arbeiten an der Kraftstoffversorgung entlüftet werden:

- Nach jedem Filterwechsel.
- Nach Kraftstoffpumpen-Reparaturen.
- Nach Kraftstoff-Pumpensieb-Wechsel.
- Nach dem Lösen von Verschraubungen an der Kraftstoffleitung.
- Nach Reparaturen an der Verteilerpumpe (hydraulischer oder mechanischer Typ).

Grundsätzlich gilt: Nach jeder Arbeit am Kraftstoffsystem muß die gesamte Kraftstoffanlage entlüftet werden.
Der Grund, weshalb bei einem Pkw-Diesel nach einem Filterwechsel die Kraftstoffanlage manchmal nicht von Hand entlüftet werden muß, liegt an einem Entlüftungsventil und an der höheren Fördermenge und am höheren Druck der kurzen Zuleitung vom Tank zum Motor. Dieselmotoren von Lastwagen müssen wie die großen Schiffsdiesel immer per Handpumpe entlüftet werden.

Warum entlüften?

Luftblasen blockieren die Kanäle in der Einspritzpumpe. Es kommt kein Sprit mehr durch. Luft blockiert auch die extrem feinen Einspritzdüsen. Fazit: Dem Motor wird durch eine kaum zentimetergroße Luftblase der zum Zünden notwendige Sprit nicht zugeführt. Der Motor kann nicht starten. Die Luft im Kraftstoffsystem muß also heraus. Methodisches Vorgehen erleichtert die Arbeit.

Erster Check:

- Ist Dieselkraftstoff in ausreichender Menge im Tank?

Zweiter Check:

- Ist die gesamte Kraftstoffzuleitung vom Tank bis zum Motor absolut dicht?
- Sind Leckagen sichtbar?

Vor dem Entlüften sind diese Prüfungen notwendig. Die geringste Undichtheit im Leitungssystem kann dazu führen, daß nach dem Entlüften der Motor nach wenigen Minuten oder auch beim nächsten Startvorgang wieder stehenbleibt.

Die richtige Reihenfolge

Das Entlüften geht immer vom ersten Filter **nach** der mechanischen Kraftstoff-Förderpumpe aus. An der Förderpumpe ist ein Handhebel montiert. Dieser Handhebel kann je nach Druck in der Kraftstoffleitung und Stand der innenliegenden Nockenwelle leicht oder mit starkem Widerstand auf- und abbewegt werden.
Wo die Luftblase genau steckt, ist nur zu vermuten. Deshalb muß das ganze Kraftstoffsystem mit dieser Handpumpe entlüftet werden. Dazu sind Entlüftungsschrauben am Filter und an der Einspritzpumpe vorgesehen.

Filter zuerst entlüften

Der naheliegende Filter muß daher zuerst entlüftet werden. Dazu wird auf der Oberseite des Filters die freistehende Entlüftungsschraube etwas aufgedreht. Diese Entlüftungsschraube darf aber nicht ganz herausgedreht werden, da sonst noch mehr Luft in die Leitung kommt. Nach dem leichten Öffnen dieser Filter-Entlüftungsschraube wird die mechanische Förder-Handpumpe zügig auf und ab bewegt. Jetzt tritt vermehrt schaumiger Kraftstoff aus der Entlüftungsschraube aus. Es muß nun so lange gepumpt werden, bis ca. 0,25 Liter Kraftstoff blasenfrei ausgelaufen sind. Bei einer etwa sechs Meter langen Zuleitung und vorher leergefahrenem Tank kann dieser erste Vorgang zur Filterentlüftung durchaus fünf Minuten dauern.
Wenn nach dem Entlüften dennoch Startschwierigkeiten auftreten, wurde meist am Filter zu kurz entlüftet.
Ein halber Liter Sprit geht beim Entlüften etwa verloren. Nach dem Entlüften des Filters wird die Entlüftungsschraube unter ständigem Weiterpumpen wieder zugedreht. Das Weiterpumpen ist deshalb notwendig, weil sonst durch die Entlüftungsschraube wieder Luft eindringen kann.
Jetzt muß das Leitungsstück zwischen Filter und Einspritzpumpe entlüftet werden. Dazu gibt es eine Entlüftungsschraube an der Einspritzpumpe. Unter ständigem Auf- und Abpumpen der Handpumpe wird diese Einspritzpumpen-Entlüftungsschraube um etwa zwei Umdrehungen sachte aufgedreht. Wie bei der Filter-Entlüftungsschraube muß jetzt schaumiger Kraftstoff austreten. Er wird nach etwa einer Minute ständigem Nachpumpen zu einem konstanten Rinnsal. Jetzt tritt sogenannter blasenfreier Kraftstoff aus. Dann ständig weiterpumpen und die Entlüftungsschraube wieder zudrehen. Die Entlüftung ist damit bei 95 Prozent aller Motoren beendet.

Große Motoren

Bei großen Motoren muß jetzt noch mindestens eine Kraftstoff-Zuleitung an einer der Einspritzdüsen leicht geöffnet werden, wenn der Motor wieder läuft. Beim Öffnen der Kraftstoff-Zuleitung sinkt die Drehzahl etwas ab, weil noch etwas Diesel-Luftgemisch austritt. Nach etwa fünf Sekunden kann die Leitung wieder festgedreht werden. Damit geht die Motordrehzahl wieder auf das normale Maß hoch.
Bei fast allen Dieselmotoren müssen nur Filter und Einspritzanlage entlüftet werden. Die Betriebsanleitung schildert die nötigen Handgriffe in der richtigen Reihenfolge. Den-

noch sind Probleme beim Entlüften in manchen Betriebsanleitungen „eingebaut“. Hier ein paar Beispiele:

- Filter entsprechen nicht der Betriebsanleitung.
- Einspritzpumpe unterscheidet sich von der Betriebsanleitung.
- Unsachgemäße Übersetzung der ausländischen Betriebsanleitung.
- Vertauschte Fotos oder Systemzeichnungen in der Betriebsanleitung.

Nicht jeder Filter ist mit einer Entlüftungsschraube ausgerüstet. Der Filter muß dennoch entlüftet werden. Dazu wird die Kraftstoff-Zuleitung am Filterauslaß gelöst, bis schaumiger Kraftstoff austritt. Jetzt wird so lange gepumpt, bis er blasenfrei fließt. Unter ständigem Weiterpumpen mit der mechanischen Förderpumpe wird die Leitung wieder zugedreht. Jetzt ist der Filter entlüftet.

Einspritzpumpe entlüften

Je nach Fabrikat unterscheiden sich die Einspritzpumpen ganz erheblich. Grundsätzlich muß aber jede Einspritzpumpe entlüftet werden. Bei Perkins-Motoren werden zum Beispiel CAV-, Lucas- oder Bosch-Einspritzpumpen verwendet. Die Entlüftungsschraube wird etwa vier Umdrehungen aufgedreht, Kraftstoff tritt aus. Jetzt wird etwa zwei Minuten kräftig mit der Handpumpe nachgepumpt. Wenn reiner, nicht mit Luft durchsetzter Kraftstoff aus der Entlüftungsschraube fließt, wird die Schraube wieder zugedreht. Die Anlage ist damit in ganzer Länge entlüftet.

Betriebsanleitungen unterschiedlich

Unsachgemäße Übersetzungen sind leider eine Tatsache, die ganz erheblichen Ärger verursachen kann. Die Bedienungsanleitung der Volvo-Motoren kann als mustergültig bezeichnet werden. Die Perkins-Betriebsanleitung unterscheidet sich in der deutschen, englischen und amerikanischen Form für den 4-108 Motor. Mit der deutschen Betriebsanleitung kommt ein technisch interessierter Wassersportler gut zurecht. Die amerikanische Betriebsanleitung ist erheblich umfangreicher gestaltet. Informativer Lesestoff, der von deutschen Perkins-Eignern auch gerne bezahlt werden würde.

Einspritzpumpe am Perkins 4-108. Der Finger weist auf die zentrale Entlüftungsschraube hin. Hier muß nach dem Entlüften des Filters blasenfreier Diesel austreten, wenn die Handpumpe betätigt wird.

Yanmar-Motoreneigner werden mit den Problemen der zweimaligen Übersetzungen von Japanisch in die englische Sprache und dann ins Deutsche konfrontiert.

Oft doppelte Übersetzung

Die spanischen Solé-Betriebsanleitungen sind recht ausführlich, aber die Abbildungsqualität der Fotos treibt einem Fotografen die Tränen in die Augen.
Daß eine optimale Betriebsanleitung nicht unbedingt für den Verkaufserfolg der Produkte garantiert, mußten BMW, Faryman und Bukh feststellen, deren Motoren ganz oder teilweise vom Markt verschwunden sind oder auf Sparflamme nur noch gegen Bestellung geliefert werden. Schade drum, an den Betriebsanleitungen hat es nicht gelegen.
Die bekannten Marinisierungsfirmen Vetus, Nanni, Schwarting und Wizemann sind natürlich bestrebt, ihre Motoren im fachlich richtigen Licht zu präsentieren. Folglich sind die Betriebsanleitungen besonders informativ gestaltet.

Reiheneinspritzpumpe entlüften

Mercedes-Benz- und Peugeot-Dieselmotoren sind in der Regel mit einer Reiheneinspritzpumpe ausgerüstet. Bis Punkt 7 der nachstehenden Arbeitsschritte entspricht das Entlüften den Einspritzanlagen mit Verteilerpumpe. Hier die Step by Step-Entlüftung, deren Voraussetzung ist, daß die Anlage nicht selbstentlüftend und sich Dieselkraftstoff im Tank befindet.

1. Handpumpe betätigen.
2. Entlüftungsschraube am Filter ein wenig öffnen.
3. Weiterpumpen, bis Kraftstoff blasenfrei austritt.
4. Entlüftungsschraube am Filter schließen.
5. Entlüftungsschraube am Gehäuse der Einspritzpumpe öffnen.
6. Weiterpumpen, bis Kraftstoff blasenfrei austritt.
7. Entlüftungsschraube schließen.
8. Seitendeckel an der Einspritzpumpe abschrauben.
9. Einspritzanleitung an Düsenstöcken lösen.
10. Pumpenelement von Hand betätigen, bis Kraftstoff aus der Leitung tritt.
11. Nach dem Festziehen der Leitungen weiterpumpen, bis die Düse hörbar abspritzt.

Die Einspritzanlage

Ein guter Tropfen

Wenn die Sonne den Wind auffrißt, sitzt der Skipper meistens im Cockpit und denkt, oder er liest – vielleicht in diesem Buch – daß die Idee des Herrn Diesel, nämlich die bessere Ausnützung von Kraftstoff, beinahe gescheitert wäre.

Einspritzung nötig

Es gelang Rudolf Diesel erst nach großen Schwierigkeiten, die verheißungsvollen Tropfen richtig in den Brennraum einzuführen und auch so, daß sie zündfähig wurden. Denn diese Tropfen vergasen nicht so wie Benzin, sie müssen unter großem Druck eingespritzt werden, damit sie zerstäuben und heiß genug werden, um sich von selbst zu entzünden.

Erst in den 20er Jahren gelang mit der handlichen und schwäbisch genau zuteilenden Einspritzpumpe von Bosch die wirkliche Verbreitung des Dieselmotors und zwar auch für kleinere Einheiten. Sie ist feinste Feinmechanik. Und deswegen auch empfindlich gegen Schmutz im Sprit.

Links unten:
Aufschnitt. Indirekter Kraftstoff-Einspritzung: Die Einspritzdüse 1 mündet in einer Vorkammer, wie hier bei einem Mercedes-Diesel. 2 – Vorglühkerze, 3 – Vorkammer, 4 – Vorkammermündung mit Durchlässen, 5 – Kolben. Der Vorteil des etwas ruhigeren Motorlaufs wird mit der Notwendigkeit der Vorglüh-Einrichtung erkauft, die auch mal streiken kann.

Rechts unten:
Direkte Kraftstoff-Einspritzung: Die Einspritzdüse mündet direkt im Brennraum. Vorteile: Wegfall einer Vorglühkerze und günstiger im Verbrauch, jedoch stärkeres Laufgeräusch (Mercedes-Diesel).

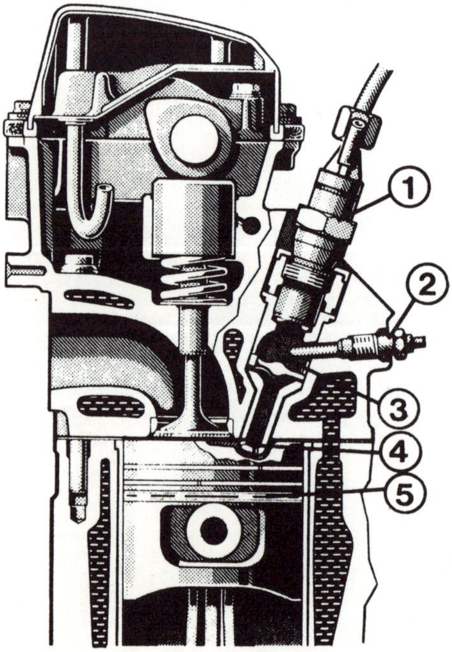

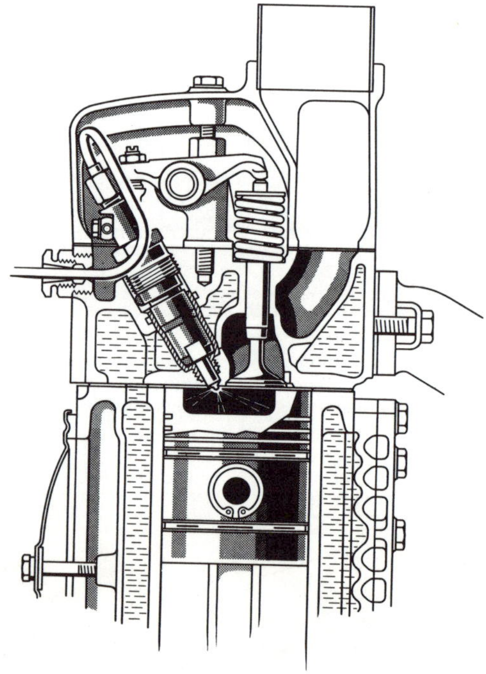

Klassische Linie. Die Einspritzpumpe der herkömmlichen Art. Man sieht die 4 zu den 4 Einspritzdüsen der 4-Motor-Zylindern führenden Kraftstoff-Druckleitungen. Die 4 zugehörigen Pumpen-Elemente in der Einspritzpumpe sind hintereinander angeordnet: Reihen-Einspritzpumpe beim Mercedes-Diesel auf Wizemann-Basis.

Die Einspritzpumpe

Sie ist die Herzkammer des Dieselmotors. Sie muß kleinste Mengen zum richtigen Zeitpunkt in der richtigen Menge über die Einspritzdüsen direkt oder indirekt (über Vor- oder Wirbelkammern) in den Brennraum leiten – ein mit hoher Präzision hergestelltes Teil.
Ihre »Unterabteilungen« sind der Fliehkraftregler und der Spritzversteller. Ersterer soll vor allem den richtigen Leerlauf und die Höchstdrehzahl regeln (stellt ab dieser Drehzahl auf Null). Und der Spritzversteller regelt den Zeitpunkt des Einspritzens und zwar mit wachsender Drehzahl auf »früher« analog dem Zündzeitpunkt beim Benzinmotor.

Reihen-Einspritzpumpe

Sie ist der klassische Vertreter aller Einspritzpumpen. Man begegnet ihr als »Vierstempel-Pumpe« für Mercedes-Benz-Bootsdiesel: Für jeden Motorzylinder ist ein »Stempel«, also ein kleiner Pumpenkolben, an der Arbeit. Sie stehen in Reihe hintereinander. Eine Regelstange (mit dem Fliehkraftregler verbunden) verdreht die kleinen Pumpenkolben je nach Leistungsbedarf. In diese sind schräge Steuerkanten eingelassen, so daß die zugeführte Menge verändert werden kann. Die übliche Kraftstoffpumpe übernimmt in der Regel die Förderung zur Einspritzpumpe.
Die Reihen-Pumpe liefert Bosch. Und deren Kundendienste fühlen sich auch für diese verantwortlich.

Verteiler-Einspritzpumpe

Diese ist fast ausschließlich anzutreffen und mit dieser hat man es sich einfacher gemacht: Ein zentraler, rotierender Pumpenkolben, zu dem bereits Kraftstoff unter Druck zugeführt wird, übernimmt mit Steuerschlitzen und Bohrungen die Verteilung zu den einzelnen Einspritzdüsen. Fliehkraftregler und Spritzversteller sind – wie bei der Reihenpumpe – Teil des Aggregats. Verteiler-Einspritzpumpen wurden zunächst für kleinere Motoren entwickelt und stammen u. a. von der englischen Firma Lucas (CAV-Pumpe für Perkins-Diesel) oder von Bosch. Volvo hat bei den kleineren Motoren für jeden Zylinder eine Einspritzpumpe.

Das Herz der Reiheneinspritzpumpe sind die Pumpen-Elemente. Die Zeichnungen zeigen, wie durch Verdrehen der Pumpenkolben mit der Regelstange verschiedene Kraftstoffmengen gefördert werden. Obwohl der Kolbenhub immer gleich ist, kann der sogenannte Nutz- oder Förderhub verändert werden: Bei Nullförderung bleibt der Raum über dem Pumpenkolben über eine Nut offen. Bei Teilförderung regelt die schräge Steuerkante wie lange der Pumpenraum geschlossen bleibt und somit gefördert wird. Bei Vollförderung wird über den gesamten Kolbenhub Kraftstoff zu den Einspritzdüsen gepumpt (Bosch).

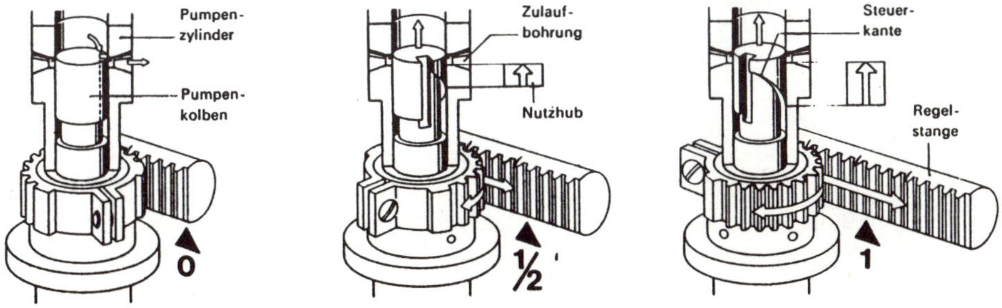

Nullförderung | Teilförderung | Vollförderung

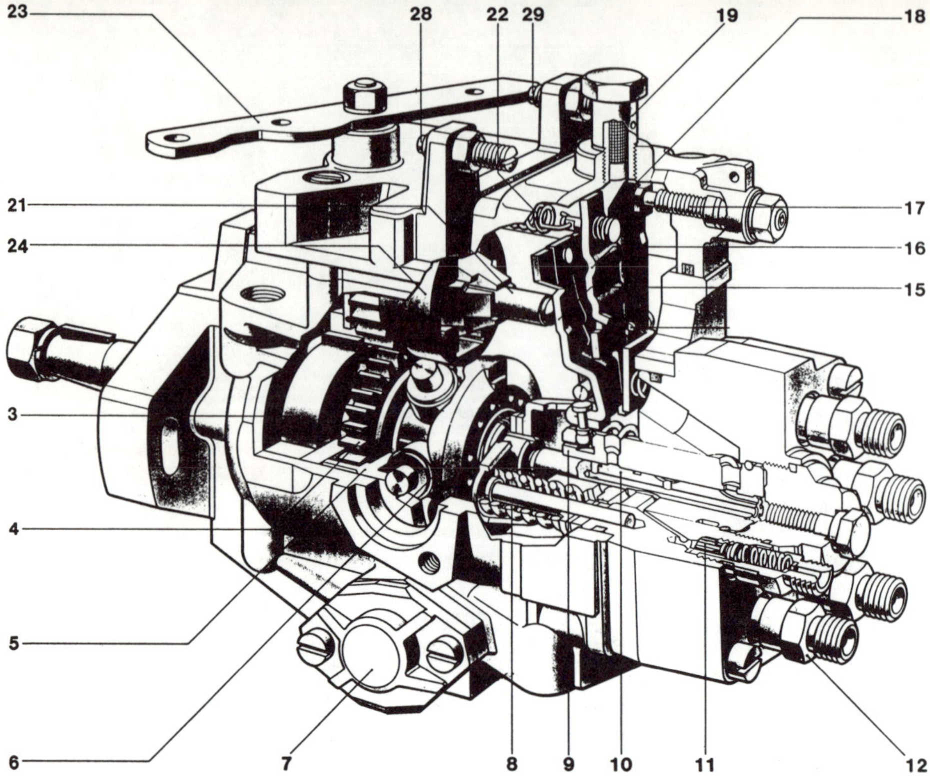

Verteiler-Einspritzpumpe von Bosch. Sie ist kompakter, da sie nur eine zentrale Druckpumpe besitzt. Auf besondere Sauberkeit des zugeführten Dieselkraftstoffs ist zu achten. Es bedeuten: 3 – Förderpumpe, 4 – Reglerantrieb, 5 – Rollenring, 6 – Hubscheibe, 7 – Spritzversteller, 8 – Kolbenrückholfedern, 9 – Regelschieber, 10 – Verteilerkolben, 11 – Druckventil, 12 – Druckventilhalter, 15 – Starthebel, 16 – Spannhebel, 17 – Einstellschraube, Vollastmenge, 18 – Einstellhebel, 19 – Überströmdrossel, 21 – Reglermuffe, 22 – Regelfeder, 23 – Verstellhebel, 24 – Regelgruppe.

Selbsthilfe?

Abgesehen vom Auswechseln der Kraftstoff-Filter sollten auch handwerklich geschickte Eigner die Finger von der Einspritzanlage lassen. Schon das Nachjustieren oder Abpressen der Einspritzdüse wird ohne Prüfeinrichtung zu falschen Einstellwerten führen. Bootsmechaniker bauen in der Regel Einspritzdüsen und Verteilerpumpe aus und lassen die Teile vom Bosch-Dienst überprüfen.

Kompakt-Modell. Ein anderer Einspritzpumpen-Typ ist die Verteiler-Einspritzpumpe, hier an einem Perkins. Bei dieser wird von einer zentralen Pumpen-Einheit der Kraftstoff in die zu den Einspritzdüsen führenden Leitungen gedrückt (CAV-Einspritzpumpe an einem Marine-Perkins-4-Zylinder).

Der Düsenstock

Auf Langfahrt muß der Skipper in der Lage sein, den Motor trotz eines Schadens an der Kraftstoffanlage am Laufen zu halten. Weil der Defekt oft an den Einspritzdüsen liegt, empfiehlt sich die Mitnahme von kompletten Düsenstöcken. Der Düsenstock ist die Ummantelung der Einspritzdüse. Nach der Abnahme der Kraftstoffdruckleitung und Rücklaufleitung kann der Düsenstock gelöst und mit zwei Schraubendrehern ganz vorsichtig angehoben werden. Dabei ist äußerste Sauberkeit und Sorgfalt notwendig. Schon geringste Schmutzpartikel können die Kraftstofförderung beeinträchtigen.

Düsenstock lockern

Manchmal sitzt der Düsenstock wie festgeschweißt am Flansch fest. Dann muß mit leichten Hammerschlägen der Düsenstock so weit gelockert werden, daß jetzt der Düsenstock herausgeschraubt werden kann. Eine diffizile Arbeit, die an sich nur vom Fachmann erledigt werden sollte.
Nach dem Ausbau des Düsenstocks wird der Ersatzdüsenstock eingebaut, die Kraftstoffleitungen montiert und die ganze Anlage entlüftet.
Die Einspritzanlage beim Dieselmotor gilt als kompliziertestes Teil am ganzen Motor. Sie ist die schwache Stelle beim Diesel, so wie die Zündanlage das defektanfälligste Teil beim Benzinmotor ist.

Reparaturkosten

Die notwendige Feinmechanik der Einspritzanlage kann sich in höheren Reparaturkosten aus. Die Verteilerpumpe kostet über 2000 Mark inklusive Montage. Neue Einspritzdüsen müssen mit 80 Mark etwa je Stück bezahlt werden. Ein kompletter Ersatzdüsenstock kostet um 160 Mark. Das aufwendige Filtersystem, die Winterkonservierung und peinlich sauberes Arbeiten an der Kraftstoffanlage dienen in erster Linie dazu, daß kein Rost und Schmutz das Einspritzsystem lahm legen kann.
Im Vergleich zum Vergaser-Benzinmotor ist die Diesel-Motoreinspritzung allerdings sehr zuverlässig, sofern die Anlage gepflegt wird. Dazu zählt das Überprüfen der Verteilerpumpe und der Einspritzdüsen vom Bosch- oder Lucas-Einspritzdienst. Alle zwei Jahre sollten die Einspritzanlagen trotz bisher einwandfreier Funktion überholt werden. Das kostet zwischen 300 und 500 Mark. Nach unseren Erfahrungen zahlt sich diese Vorsorgeuntersuchung wirklich aus.

Einspritzdüse defekt

Eine oder mehrere defekte Einspritzdüsen sind keine Seltenheit nach der Winterpause. Die feinen Düsen sind schlicht festgerostet. Der Motor wird nicht mehr optimal mit

Feinmechanik: Der Ausbau der Einspritzdüsen, auch Einspritzventile genannt, ist im allgemeinen Sache einer Werkstatt. In besonderen Fällen geht es nicht ohne Selbsthilfe, um Düse und Düsennadel zu reinigen, bzw. zu ersetzen. Sauberkeit ist oberstes Gebot. Wie oft die Einspritzdüsen bzw. der Einspritzdruck zu überprüfen sind, verrät die Betriebsanleitung.

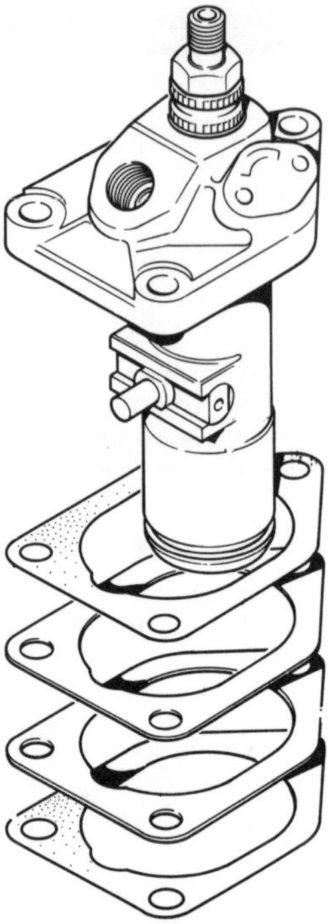

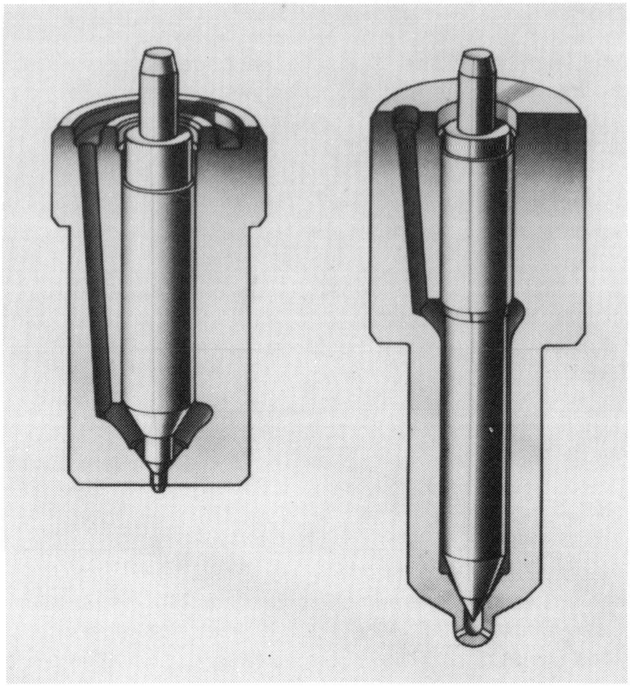

Links oben: Auf Langfahrten sollte ein kompletter Einspritzdüsensatz mitgeführt werden. Mit Bordmitteln ist der Ausbau der Einspritznadel nicht korrekt möglich. Unrunder Motorlauf deutet auf eine falsch eingestellte Einspritznadel hin. Oft ist auch nur Luft oder Kondenswasser die Ursache für unrunden Motorlauf. Deshalb nur im echten Notfall Einspritzdüsen auswechseln.

Rechts oben: Zwei verschiedene Ausführungen von Düse und Düsennadel. Links Zapfendüse, rechts Lochdüse. An den Düsenöffnungen unten kann sich verkokter Kraftstoff absetzen und die Einspritzmenge reduzieren oder ungleichmäßig machen.

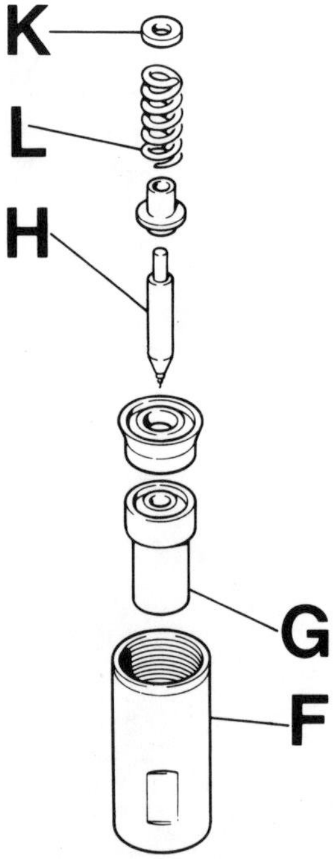

BMW-Bootsdiesel D 12. Die Teile der Einspritzdüse. Die Buchstaben bedeuten: F – Überwurfmutter, G – Düse, H – Düsennadel, L – Feder, K – Abschluß-Scheibe.

Kraftstoff versorgt. Vierzylinder-Motoren laufen auch noch mit drei Töpfen, aber ein Einzylinder-Motor wird mit defekter Düse nicht mehr starten.
Starke Rauchentwicklung, ungenügende Leistung und deutlich schlechte Starteigenschaften bei sonst kraftvoll arbeitendem Anlasser sind Zeichen für einen Defekt im Einspritzsystem. An der Verteilerpumpe kann von einem Laien ohnehin nichts repariert werden, aber das komplette Auswechseln eines Düsenstocks ist möglich, wie noch beschrieben wird.

Gebrochene Leitung

Eine gebrochene Kraftstoffdruckleitung kann mit Epoxidharz und einigen Lagen Feinschichtmatten recht gut repariert werden. Zur Not läuft ein Dreizylinder Diesel auch mit zwei Zylindern, oder ein Vierzylinder Motor kann vorübergehend auch mit zwei oder drei Zylindern gefahren werden. Montieren Sie dazu unter die gerissene Treibstoffleitung einen kleinen Kanister, damit der Kraftstoff aufgefangen wird und nicht z. B. in den unten liegenden Anlasser läuft.
Bevor Sie am Einspritzdüsenstock oder an der Pumpe herumschrauben, sollten Alternativen geprüft werden, wie zum nächsten größeren Hafen segeln. Oder mit dem Beiboot-Außenborder das Schiff in den Hafen bugsieren.

Kaltstart-Einrichtung defekt

Eine defekte Kaltstarteinrichtung kann in der Sommer-Saison und natürlich am warmen Mittelmeer glatt übersehen werden. Der Motor wird etwas unwilliger starten, aber nach etwa 15 Sekunden läuft der Motor schließlich doch wie gewohnt an. Die Verdichtungs- und Reibungswärme im Brennraum läßt das Gemisch zünden.
Eine defekte Vorglüheinrichtung kann an vielen Motoren mit dieser Einrichtung bei abgeschraubtem Luftfilter festgestellt werden. Hier sieht man eine Glühkerze, die bei eingeschalteter Zündung (Vorglühen) rot glühen soll. Wenn die Glühkerze kalt bleibt, muß die Kerze ausgewechselt werden. Das ist so einfach wie der Zündkerzenwechsel am Benzinmotor.

Starthilfe

Starthilfe-Spray kann bei drehendem Anlasser den Motor leichter zum Anspringen bewegen. Das Mittel ist jedoch wegen der Gefahr eines Kolbenbruchs durch die plötzliche Entzündung mit Vorsicht zu verwenden. Manche Experten raten davon überhaupt ab. Es gibt Skipper, die ihren Dieselmotor mit einem Gasbrenner vorheizen. Das Brandrisiko ist derartig groß, daß vor dieser radikalen Startmethode nur gewarnt werden kann.

Fließendes Wasser an Bord

Jeder Seemann weiß, wie wichtig es ist, für den richtigen Zweck den richtigen Knoten zu machen. Diese Erkenntnis und eine weitere – einer der schlimmsten Feinde des Seemanns ist Durst! – nahm sich einer unserer Bootsgäste zu Herzen. Er legte einen kunstvollen Knoten um den Hals einer Flasche Schnaps und ließ sie an einer Leine im Kielwasser versinken. Vorbeugend und zur Kühlung. Da wären wir schon beim Thema.

Kühlung muß sein

Wir sind schon tüchtige Leute. Wir heizen den Weltraum mit unseren Motoren. ¾ der erzeugten Energie gehen bei der Verbrennung als Wärme verloren. Immerhin ist der Diesel durch sein hohes Verdichtungsverhältnis noch ein besserer Futterverwerter als der Benziner.
Was hilft's, wir müssen der armen Maschine helfen, ihre Wärme loszuwerden. Da sie im Schiff verpackt ist, und Luft und Fahrtwind wie beim Auto fehlen, nehmen wir fließendes Wasser zum Abtransport der Wärme. Zum Glück fehlt es nicht an Wasser.

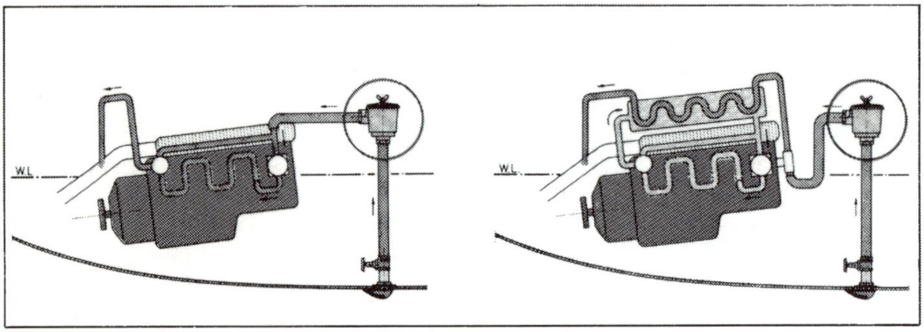

Zwei Kühlsysteme für den Bootsmotor: Links die Einkreiskühlung (direkte Kühlung). Rechts die Zweikreiskühlung (indirekt) mit der Kühlung des inneren Kreislaufes (Süßwasser- oder Frischwasser-Kreislauf) durch einen äußeren (Seekühlwasser-Kreislauf). Die folgenden Schema-Zeichnungen zeigen es genauer.

Einkreis-Kühlsystem

Kleine Dieselmotoren bis etwa 25 PS werden meistens mit durchlaufendem Seewasser gekühlt. Eine Impellerpumpe saugt kaltes Seewasser an, drückt es durch die Kühlkanäle im Motorblock und Zylinderkopf und wird schließlich, auf etwa 65 Grad erhitzt,

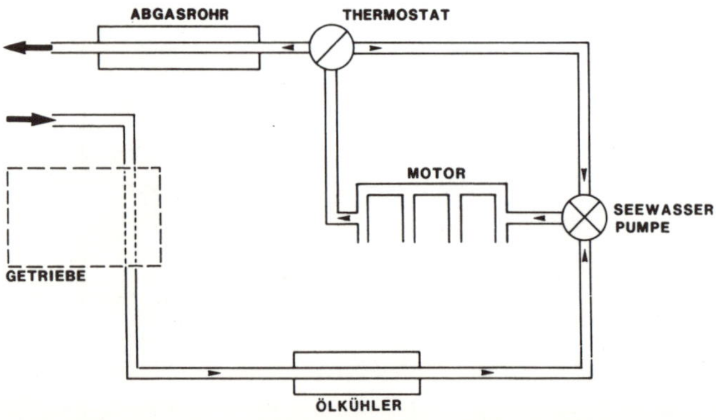

Schema der Einkreiskühlung. Seewasser durchströmt laufend den Motor und transportiert dessen Wärme ab. Das Wasser tritt links ein, angesaugt durch die Seewasserpumpe (mit Impeller), die über die Kurbelwelle angetrieben wird. Falls vorhanden, wird auch ein Ölkühler für das Getriebe durchlaufen. Das Seewaser zirkuliert durch den Motorblock und um die Zylinderköpfe und mündet im wassergekühlten Auspuff-Sammelrohr.

über die Auspuffanlage ins Meer zurückgepumpt. Solche seewassergekühlten Systeme werden als Einkreis-Kühlsystem bezeichnet, weil nur der Seewasserkreislauf den Motor bei richtig temperierter Laune hält. Je nach Wasserqualität und Wartung kann ein einkreisgekühlter Motor auf die gleiche Lebensdauer wie ein zweikreisgekühlter Motor kommen. Dieselmotoren mit Einkreis-Kühlsystemen lassen sich auf Zweikreissysteme umrüsten, wie noch beschrieben wird.

Überhitzung

Weshalb einkreisgekühlte Motoren nach wenigen Jahren Betriebsdauer zur Überhitzung neigen, liegt konstruktionsbedingt auf der Hand. Seewasser ist immer aggressiv. Dadurch werden die Kühlkanäle mehr oder minder »angeknabbert«. Zinkanoden verhindern die innere Zerstörung, aber nur wenige Segler wechseln diese Opferanoden alle sechs Monate aus. An der weniger salzigen Ostsee hält eine Zinkanode etwa zwölf Monate. Am Roten Meer müssen die 20 Mark teuren Anoden alle vier Monate ausgewechselt werden. Noch aggressiver ist das Kühlwasser auf dem Großen Salzsee bei Utah/USA. Dort frißt das Salz innerhalb von wenigen Monaten den Motorblock an.
Mit einem großen Wasserfilter kann das Seewasser weitgehend gereinigt werden, bevor es die Kühlkanäle passiert. Dennoch ist die Kombination aus Meerwasserrückständen und Salzablagerungen bei zu hoher Kühlwasser-Temperatur der ideale Nährboden für Kesselsteinbildung. Kesselstein und Salzablagerungen setzen die Kühlkanäle weitgehend zu, der Motor wird nur noch unzureichend gekühlt. Die Folgeschäden sind bekannt: Zylinderkopfschaden oder fressende Kolben und Blockieren des Motors.
Der seewassergekühlte Motor mit Einkreis-Kühlsystem muß ständig überwacht werden. Ein Wasserpumpenschaden läßt die Betriebstemperatur innerhalb von etwa drei Minuten von 65 Grad auf 130 Grad ansteigen. Neben der Temperaturanzeige ist ein Alarmgeber bei Einkreis-Kühlsystemen unbedingt notwendig.

Ausbau des Thermostats. Er bestimmt die richtige Temperatur des (Innen-)Kühlwassers. Zur Kontrolle in einem Gefäß mit Wasser erhitzen – zusammen mit einem entsprechenden Thermometer – und prüfen, ob er sich bei der auf ihm angegebenen Temperatur öffnet. Der Sitz des Thermostats ist der Betriebsanleitung zu entnehmen.

Lebensdauer

Bei regelmäßiger Wartung von Anoden, dem Seewasserfilter, der Kühlwasserpumpe und dem Thermostaten wird der einkreisgekühlte Kleindiesel im allgemeinen eine etwa 20 Prozent kürzere Lebensdauer als ein zweikreisgekühlter Motor aufweisen. In der Anschaffung sind einkreisgekühlte Bootsdiesel um 10 PS Leistung etwa 1500 Mark preiswerter in der Anschaffung als der gleiche Motor mit Zweikreiskühlung.
Ist die Oxydation in den Kühlwasserkanälen erst einmal fortgeschritten, ist eine Reparatur nicht mehr möglich. Deshalb lieber gleich den Diesel auf Zweikreiskühlung umrüsten.

Seewasserpumpe Totalausfall

Ohne Ersatz für den Impeller oder für die komplette Seewasserpumpe sollte kein einkreisgekühltes Schiff in See gehen. Bei einem Totalausfall der Seewasserpumpe durch einen Impeller- oder Lagerschaden an der Pumpe muß ohne passende Ersatzteile eine Lösung gefunden werden. Als vorübergehende Ersatzpumpe hat sich die elektrische Bilgepumpe bewährt. In der Fördermenge reicht der Druck aus, um den Motor bei gedrosselter Drehzahl weiterlaufen zu lassen. Über Schlauch-Adapter, zersägte Alurohre von Beiboot-Riemen oder aus einem Spülbeckenablaßrohr wird sich ein passendes Anschlußrohr für die Bilgepumpe zurechtbasteln lassen.

Notbehelf

Eine leistungsstarke Trinkwasserpumpe für zwei Zapfstellen kann über einen Seewasserschlauch vorübergehend als Kühlwasserpumpe benutzt werden. Aber wie lange halten diese Pumpen die Belastung aus?
Trinkwasserpumpen vom Membrantyp sind äußerst robust und dürfen etwa eine halbe Stunde ohne Unterbrechung laufen. Auf einer amerikanischen Yacht lief eine Jabsco-Membranpumpe 12 Stunden als Kühlwasser-Ersatzpumpe ohne Probleme. Empfehlenswert ist das aber nicht.
Bilgepumpen vom Membrantyp sind noch robuster ausgelegt und halten mindestens doppelt so lange die Belastung aus, wie eine Trinkwasserpumpe. Nach einer Stunde Fahrt sollte aber eine Membranpumpe immer für eine halbe Stunde abgeschaltet werden. Tauchpumpen sind auf Dauerbelastung nicht ausgelegt. Nach 15 Minuten sollte eine ebensolange Pause eingelegt werden.

Zweikreis-Kühlsystem

Das Zweikreis-Kühlsystem wird heute bei den meisten Dieselmotoren verwendet. In der Theorie funktioniert dieses ausgereifte Kühlsystem gut, in der Praxis können die beiden getrennten »Kühlanlagen« doch erhebliche Probleme bereiten. Zunächst: Wie funktioniert das Zweikreis-Kühlsystem?

Wirkungsweise

Wie beim Automotor wird die Maschine über ein geschlossenes Kühlsystem gekühlt. Es wird meistens Frischwasser-Kühlsystem genannt, was zu Irrtümern führen kann. Denn es ist immer dasselbe Wasser – im Gegensatz zum gleich erwähnten Seewasser-Kühlsystem. Beim Automotor wird über den Kühler durch den Fahrtwind oder den zuschaltbaren Kühlerventilator die Wärme nach außen abgeführt. Ein Thermostat regelt diesen Wärmeaustausch.
Beim Zweikreis-Kühlsystem wird der erste, geschlossene Frischwasser-Kreislauf mit einem zweiten Seewasser-Kreislauf in einem kleinen Wärmetauscher kombiniert. Dieser Wärmetauscher ist, vereinfacht ausgedrückt, der Fahrtwind beim Auto. Weil ständig kaltes Seewasser den Wärmetauscher durchströmt, genügt zum Abkühlen des geschlossenen ersten, also inneren Kühlsystems ein nur etwa 35 Zentimeter langes Röhrenbündel. Der Autokühler muß bei der gleichen Motorleistung um ein vielfaches

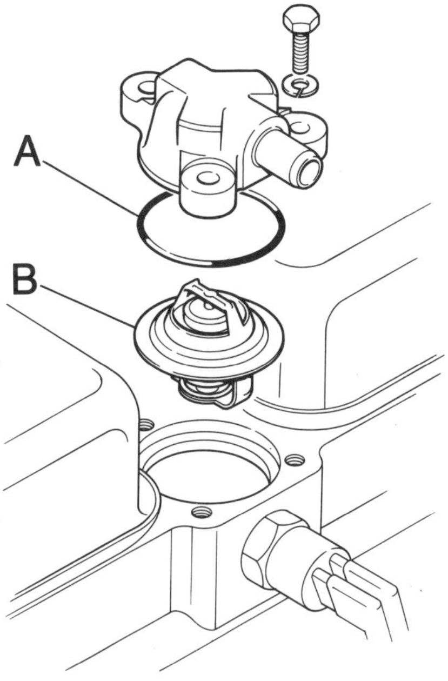

Die Teile des Thermostats. B ist der eigentliche Thermostat, also das auf die Wasser-Temperatur ansprechende Teil. A ist ein Dichtring. Der Thermostat sorgt durch Öffnen oder Schließen, daß die Kühlwasser-Temperatur immer der besten Betriebstemperatur entspricht – nicht zu heiß und nicht zu kalt (BMW D 12).

Riementrieb. Blockiert die Süßwasser-Umwälzpumpe (ganz links) durch einen Lagerschaden, wird der Keilriemen heiß und reißt innerhalb von wenigen Minuten. Deshalb immer Ersatzkeilriemen mitführen. Auf Langfahrten ist eine Ersatzpumpe sinnvoll, weil fast jeder Motor mit einer anderen Süßwasser-Umwälzpumpe ausgerüstet ist.

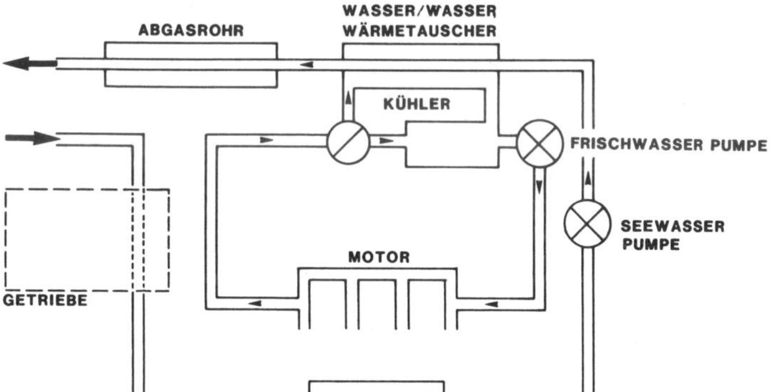

Oben: Schema einer Zweikreis-Kühlanlage (BMW D 35/50–2). Das Seewasser tritt links ein, durchströmt einen Getriebeölkühler, dann die ansaugende »Flügelradpumpe« (Impeller), die über die Kurbelwelle angetrieben wird. Es nimmt in einem Wärmetauscher die Wärme des inneren Kühlkreislaufes auf und mündet im Auspuffstrang. Die Wasserpumpe für den inneren Kreislauf (Süßwasser- oder Frischwasser-Kreislauf) wird vom Keilriemen angetrieben und drückt das Wasser – wie beim Auto – durch den Motorblock, über die Zylinderköpfe in den Ausgleichsbehälter.

Ausbau der Seewasser-Impellerpumpe. Häufig korrodieren die Gehäuseschrauben schon nach wenigen Jahren durch. Nach dem Auswechseln des Impellers muß die Deckeldichtung unbedingt erneuert werden.

Der Gummi-Impeller wird mit einer Spezialzange oder zwei Schraubendrehern abgezogen. Schraubendreher mit Isolierband umwickeln, dann werden die Gummiteile nicht beschädigt. Bricht ein Flügelrad des Gummi-Impellers, kann Seewasser in den Motor zurückfließen! Deshalb nach Abstellen des Motors Seewasserventil schließen.

größer gebaut sein, denn Luft transportiert die Wärme schlechter ab als das meistens kaum 20 Grad warme Seewasser.

Zwei Wasserpumpen

Damit beide Kühlkreisläufe einwandfrei funktionieren, müssen zwei leistungsstarke Wasserpumpen unabhängig voneinander den jeweiligen Kühlkreislauf zirkulieren lassen. Die Zweikreis-Kühlsysteme sind also mit einer Frischwasserpumpe für den geschlossenen Kühlkreislauf, und einer Seewasserpumpe für den Seewasser-Kühlkreislauf ausgerüstet.
Im Gegensatz zur Einkreis-Kühlanlage gelangt aggressives Seewasser nie in direkten Kontakt mit dem Motorblock. Das ist der größte Vorteil, denn dadurch wird Korrosion vermieden.
Nach dem Wärmetauscher fließt das nun erwärmte Seewasser durch einen Wassersammler über die Auspuffanlage – um diese zu kühlen – ins Meer zurück. Auf der Auspuffseite unterscheiden sich Zweikreis-Kühlsysteme also nicht von der Einkreis-Kühlanlage.

Zuverlässigkeit

Selbst Volvo, der größte Hersteller von einkreisgekühlten kleinen Bootsmotoren, empfiehlt die Zweikreiskühlung – auch als Umbausatz für einkreisgekühlten Motoren. Bei regelmäßiger Wartung wird ein zweikreisgekühlter Bootsmotor etwa 5000 Stunden bis zur ersten Generalüberholung störungsfrei laufen. So jedenfalls schätzt Perkins die Lebensdauer ihrer Motoren ein. Die anderen Hersteller gehen von ähnlichen Voraussetzungen aus.

Aufbau einer Seewasser-Impellerpumpe. Diese Pumpe ist kugelgelagert und kostet etwa 450 Mark. Einfache Impellerpumpen mit wassergeschmierten Lagern schlagen nach etwa 3000 Betriebsstunden aus. Die Pumpe tropft und muß ausgewechselt werden.

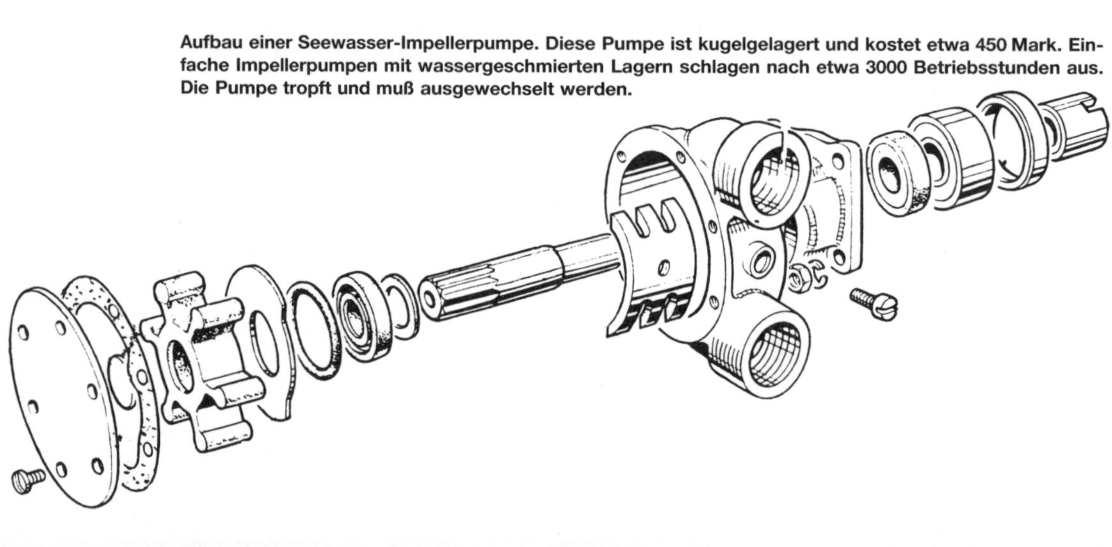

Blick auf den Filter am Eintritt für das Seekühlwasser (links) mit dem Handrad für das Seeventil. Das Wasser durchströmt den in der Mitte sichtbaren Getriebeölkühler (hydraulisch wirkendes Wendegetriebe) und fließt zum Impeller (Zweikreis-Kühlung). Man ist versucht, bei zu geringer Kühlwassertemperatur diese durch Regelung der eintretenden Wassermenge am Seeventil zu erhöhen. Eine riskante Maßnahme! Ein einfaches Drahtnetz beim Seekühlwasser-Eintritt schützt hier das Kühlsystem vor Fremdstoffen. Regelmäßige Reinigung, zumal bei Binnengewässern, ist notwendig.

5000 Betriebsstunden entsprechen immerhin etwa 500 000 Kilometer bei einem Auto. Nur wenige Auto-Dieselmotoren werden aber störungsfrei auf derartig hohe Kilometerleistungen kommen.

Schwachpunkte

Trotz der geschilderten Vorteile gibt es auch bei diesem System Schwachpunkte. Der ungleich größere Wartungsaufwand gegenüber Einkreis-Kühlanlagen treibt die Preise hoch. Es gilt, zwei Pumpen, Schläuche und den arbeitsintensiven Wärmetauscher regelmäßig zu kontrollieren und zu warten. Die Verschmutzungsprobleme beim Einkreis-Kühlsystem treten auch beim Zweikreis-System auf. Nur sammeln sich Ver-

Seewasser-Impellerpumpe von Jabsco. Der Scheiben und Dichtungssatz ist für den Umbau einer Simms- zu einer Jabsco-Pumpe nötig. Hier für den amerikanischen Low Line Perkins 4–108.

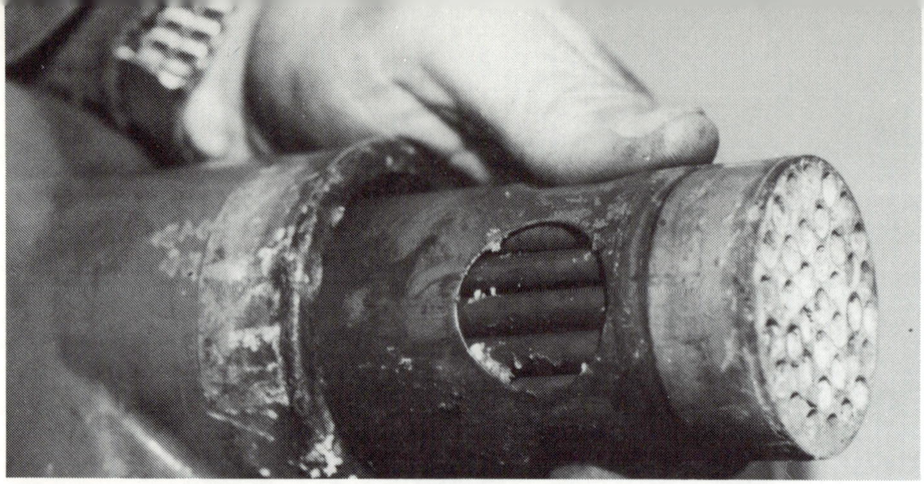

Schon nach einem halben Jahr Benutzung zeigt das Wärmetauscher-Röhrenbündel starke Kalkablagerungen, die den Wasserdurchlauf beengen. Das Röhrenbündel kann z. B. mit »Kaffeemaschinenreiniger« entkalkt werden.

schmutzungen statt in den Kühlkanälen jetzt im Wärmetauscher. Die Folge ist ein zuerst kaum wahrnehmbares Ansteigen der Kühlwassertemperatur.

Hohe Verschmutzung

Ist der Verschmutzungsgrad schon im fortgeschrittenen Stadium, kann auch eine zweikreisgekühlte Anlage innerhalb von wenigen Minuten total überhitzen. Der einzige Unterschied zu den Folgeschäden, die sich daraus ergeben, ist der längere Zeitraum, bis der Motor ausfällt. So ließ ein zugesetzter Wärmetauscher in einem Perkins 50 PS-Vierzylinder (4-108) den Motor bei 3000/min Marschfahrt innerhalb von 15 Minuten aus dem kalten Zustand auf 95 Grad überhitzen. Der einkreisgekühlte Motor würde in etwa drei Minuten überhitzt sein.
Bei zu heiß gefahrenem Motor wird zuerst die meistens sehr teure Frischwasserpumpe defekt. Die Dichtungen brennen durch. Der Motor verliert zuerst tropfenweise an der Süßwasser-Umwälzpumpe Kühlflüssigkeit, dann steigert sich der Wasserverlust zu einem kleinen Rinnsal. Mit dem Wasserverlust steigt die Kühlwasser-Temperatur immer mehr an. Bei etwa 130 Grad wird die Zylinderkopfdichtung durchbrennen. Wer dann immer noch weiterfährt, hat reines Glück, wenn der Motor nicht blockiert. Bei einer 50 PS-Maschine sind dann etwa 12000 Mark Reparaturkosten anzusetzen.

Schaden früh genug erkennen

Es lohnt sich wirklich, die ersten Anzeichen von ungewöhnlich ansteigenden Motortemperaturen festzustellen und die ganze Anlage bei nächster Gelegenheit zu überprüfen. Wie die Prüfung durchgeführt werden sollte, wird noch beschrieben. Im Gegensatz zu den Einkreis-Kühlsystemen, die bei einem Wasserpumpenschaden sofort überhitzen, täuschen die Zweikreis-Kühlanlagen bei mäßiger Drehzahl der Maschine ihren Besitzer, obwohl die Umwälzpumpen nicht mehr einwandfrei arbeiten. Mit einer undichten Frischwasser-Umwälzpumpe (inneres Kühlsystem) kann ein 50 PS-Motor bei etwa 1500 Umdrehungen noch im erlaubten Temperaturbereich von 86 Grad stundenlang gefahren werden. Die intakte Seewasser-Pumpe (äußerer Wasserkreislauf) kühlt den Frischwasserkreislauf noch ausreichend. Wird die Drehzahl auf 2000 Umdrehungen gesteigert, reicht die Kühlwirkung nicht mehr aus. Der Motor wird nach einiger Zeit immer mehr überhitzen. Das kann sich von dreißig Minuten auf viele Stunden Zeitdauer unterschiedlich auswirken.

Wärmetauscher verstopft?

Ähnlich problematisch ist ein teilverstopfter Wärmetauscher. Bei normaler Marschfahrt reicht die Durchflußmenge aus, bei Vollast wird der Motor innerhalb von etwa 15 Minuten zu hohe Temperaturen erreichen. Reduziert man die Drehzahl, springt die Kühlwassertemperatur wieder auf das gesunde Maß zurück. Eine saubere Kontrolle der Zweikreis-Kühlanlage ist im Hafen deshalb nicht möglich.
Mit einem teilverschmutzten Wärmetauscher kann bei Leerlaufbedingungen stundenlang motort werden, ohne daß die Maschine ungewöhnlich hohe Temperaturen erreicht. Erst bei größerer Belastung werden die beiden Kühlkreisläufe gefordert.

Auch Schläuche überprüfen

Nach unseren Erfahrungen nützt es wenig, wenn nur die innere Wasserpumpe und die Seewasser-Pumpe regelmäßig kontrolliert werden. Der meist ziemlich unbequem angeordnete Wärmetauscher muß ausgebaut und nach Vorschrift überprüft und gereinigt werden. Wer jetzt den Wärmetauscher ohne die Durchlaufkontrolle der Schläuche wieder einbaut, hat nur halbe Arbeit geleistet. Kurzfristig wird der Motor einwandfrei laufen. Dann gibt es wieder zu hohe Temperaturen. Diesmal liegt die Verschmutzung zum Beispiel am Ölkühler-Durchlauf. Ein abgerissener Impellerflügel der Seewasser-Pumpe blockierte bei einem Perkins-Motor immer wieder den Kühlkreislauf. Das war je nach Stellung des Gummiteils unterschiedlich stark. Seitdem wurde bei dieser Yacht das komplette Kühlsystem zentimeterweise durchgecheckt. Denn nichts ist ärgerlicher, als eine nicht genau lokalisierte Schwachstelle im Kühlsystem.

Ersatz-Wärmetauscher

Auf Langfahrt ist ein Ersatz-Wärmetauscher unbedingt zu empfehlen. Nur ein sehr qualifizierter Mechaniker kann das komplizierte Röhrenbündel neu verlöten. Der Wärmetauscher kostet allein etwa 480 Mark, für einen kombinierten Wärmetauscher mit Expansionsgefäß müssen zwischen 1500 und 2500 Mark gerechnet werden. Die Frischwasser-Umwälzpumpe kostet etwa 350 Mark, eine komplette Seewasserpumpe von Jabsco, Johnson oder Simms gibt es zwischen 500 und 550 Mark.
Der Wechsel von den weniger bei uns gebräuchlichen Simms zu Jabsco-Pumpen ist möglich. Aber der Umrüstsatz kostet noch einmal ein paar hundert Mark. Blauwasser-Segler sollten sich deshalb mit Pumpenersatzteilen und einem zusätzlichen Wärmetauscher rechtzeitig eindecken. Ein defekter Impeller kann sonst das Schiff im Ausland über Wochen lahmlegen.

Pegelstand. Stimmt er für das Innenkühlwasser? Wie die Ölstandskontrolle gehört die Kühlwasser-Überwachung zur Routine. An diesem Ausgleichsbehälter wird auch mit der Frostschutzspindel die Frostfestigkeit des Wassers für das Überwintern geprüft.

Ausfall der See- oder Frischwasserpumpe

Nach Totalausfall der Seewasserpumpe beim Zweikreis-Kühlsystem wird auf die gleichen Hilfspumpen verwiesen, wie bei den Einkreis-Seewasserpumpen. Streikt die Frischwasser-Umwälzpumpe durch einen Lagerschaden, blockiert die Pumpe, der Keilriemen wird heiß und brennt durch.

»Außenkühlung«

Ohne Pumpe wird der innere Kühlwasser-Kreislauf durch die Syphonwirkung von kaltem und warmem Wasser etwas bewegt. Das reicht für eine ausreichende Kühlung nicht aus. Der Motor wird unweigerlich überhitzen. Mit ständigem Nachgießen von frischem Süßwasser (evtl. aus Wassertank) über den Expansionsbehälter kann mit äußerster Vorsicht und geringster Drehzahl etwa 1200 U/min) für eine viertel Stunde motort werden. Danach ist der Motor abzustellen. Jetzt fließt Kühlwasser in die Kühlkanäle zurück. Nach etwa zehn Minuten Pause kann der unter Druck stehende Expansionstank-Deckel mit Schutzhandschuhen vorsichtig geöffnet werden (Verbrühungsgefahr). Dann wird ganz langsam frisches Süßwasser nachgegossen.
Das Problem an dieser zugegeben nicht ungefährlichen Nachgießaktion ist der Grad der Überhitzung. Wer seinen Motor bei etwa 90 Grad Kühlwasser-Temperatur abstellt, kann recht gefahrlos Kühlwasser nach etwa 5 Minuten nachgießen. Bei 95 Grad Kühlwasser-Temperatur wird sich im Kühlsystem schon so viel Überdruck und Hitze gebildet haben, daß mindestens 10 Minuten lang abgewartet werden muß, bis der Expansionsdeckel mit Schutzhandschuhen oder einem dicken, tropfnassen Handtuch geöffnet werden kann.
Eigene Erfahrung: Bei totaler Flaute »stückchenweises« Ablaufen der letzten dreißig Seemeilen zwischen Brindisi und Korfu, um nicht auf die verbotene albanische Grenze zugetrieben zu werden. Im Notfall wäre die heißwassergeeignete Trinkwasser-Membranpumpe zur Frischwasser-Ersatzpumpe umgebaut worden. Das gefährliche Öffnen des Expansionstank-Deckels könnte damit vermieden werden.

Stimmt die Filtergröße?

Zu knapp bemessene Rohrleitungen können den Durchlaß erschweren. Überhitzung kann auch durch falsch dimensionierte Schläuche und durch Verstopfung des Filters für das Außenkühlwasser verursacht werden. Am Borddurchlaß kann ein Stück Plastiktüte den Kühlwassereinlaß von außen her blockieren. Die Messingstutzen dürfen nicht mit

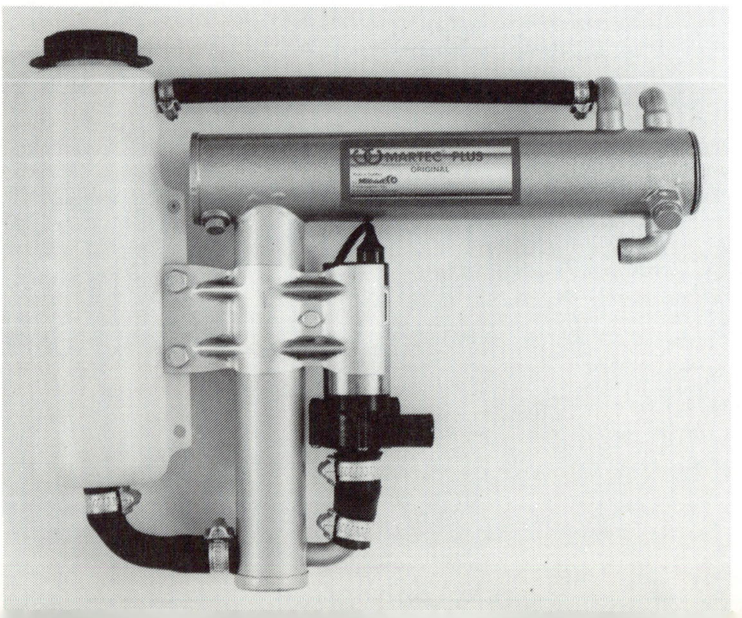

Einkreisgekühlte Motoren lassen sich auf Zweikreiskühlung umbauen. Hier der Umrüstsatz von »Schulze-Marine-Technik« für den Yanmar 16/26 M und Volvo Penta 2002.

Wizeman-Mercedes-Motoren sind mit einem kombinierten Wärmetauscher/Auspuffsystem ausgestattet. Eine saubere Konstruktion mit Wasserablaßhahn (ganz links) für das Winterlager.

Antifoulingfarbe gestrichen werden. Der Farbanstrich mag noch so dünn ausfallen, auf jeden Fall wird die Kühlwasser-Durchlaßmenge reduziert.
Der Seewasserfilter könnte verunreinigt sein, das bewirkt eine drastische Reduzierung der Kühlwassermenge. Oft richten sich die Werften nicht nach den Filtergrößen, die vom Motorhersteller gefordert werden. Bei einer Düsseldorfer Bootsmesse waren von zehn daraufhin überprüften Yachten vier mit zu kleinen Kühlwasserfiltern ausgerüstet. Der Fehler liegt weniger am mangelnden Sachverständnis der Werften, sondern an den Zulieferfirmen, deren Filter nur bei einwandfrei sauberen Wasserbedingungen genügend Wasserdurchlaß gewähren. Bei schon kleinen Verstopfungen reicht dann das Kühlvolumen für die Maschine nicht mehr aus. Deshalb lieber einen größeren Filter montieren. Siehe die Adressen der Motorenhersteller und der Firmen für Austauschfilter.

Kühlwasserschläuche

Die Kühlwasserschläuche zwischen dem Filter und der Umwälzpumpe sind eine weitere Ursache für einen zu geringen Kühlwasserdurchlaß. Durchsichtige Kunststoffschläuche, auch mit Polyester-Armierungslagen, können durch Abknicken und durch Alterung den Durchfluß stark beeinträchtigen. Die ausstrahlende Motorwärme in den meist engen Motorräumen läßt Kunststoffschläuche schnell altern. Der Germanische und Englische Lloyd erlauben solche Schläuche nicht. Die meisten französischen Yachten sind wegen der leichten optischen Kontrolle auf richtigen Durchfluß mit durchsichtigen Kunststoffschläuchen ausgerüstet.

Gummischläuche

Qualitative Unterschiede bei Gummirohren erfordern eine sachlich fundierte Beratung. Die Motorenhersteller liefern die passenden und qualitativ richtigen Schläuche. Im Gummiwaren-Zubehörhandel werden oft bis zu sechs verschiedene Ausführungen für

Turboaufgeladene Motoren reagieren besonders sensibel auf ungesunde Kühlwassertemperaturen. Der 6-Zylinder-Nanni-Mercedes-Reihenmotor (168 PS) wird von einem wassergekühlten Turbolader (rechts oben) auf seine Leistung gebracht.

den gleichen Schlauch-Durchmesser angeboten. Der optimale Gummischlauch ist mehrlagig und besteht aus öl- und benzinfester Gummi-Mischung. Er verträgt hohe Drücke und ist seewasserbeständig. Solch ein Schlauch kostet im üblichen 1-Zoll-Durchmesser rund 30 Mark je Meter. Ein benzinfester Schlauch ist auch beständig gegen Dieselkraftstoff. Letzterer läßt aber Kunststoffschläuche hart werden. Ein durchsichtiger Kunststoffschlauch kostet nur ein Zehntel von Gummischläuchen. Nach unseren Erfahrungen ist aber der beste Schlauch gerade gut genug für eine viel gefahrene Hochseeyacht.

Achterlicher Wind

Seegehende Menschen wissen natürlich, wann sie sich bedingungslos in Luv oder Lee aufzuhalten haben. Wir können diese Anweisungen erweitern: Halten Sie sich immer in Lee einer Dame auf, dann können Sie an ihrem feinen Parfüm teilhaben und notfalls den weniger feinen Dieselabgasduft vergessen. Der Auspuff also.

Verschleißteil

Gar nicht mal so selten: Jahrelang geht alles gut, aber dann strömt übel riechender schwarzer Auspuffqualm aus dem Motorraum. Die Auspuffanlage ist defekt.
Wie beim Auto ist die Auspuffanlage bei jedem Schiff ein typisches Verschleißteil. Vibrationen, Ruß, Hitze und das kühlende Seewasser sind eine aggressive Mischung, die Wirkung zeigt. Eine teure Nirosta-Auspuffanlage ist nach unseren Erfahrungen keineswegs haltbarer als z. B. Kunststoff-Ausführungen von Vetus und anderen Herstellern.
Beim gleichen Schiffstyp und identisch verlegter Auspuffanlage kann es dennoch zu unterschiedlichen Verschleißerscheinungen kommen. Das liegt an den Fahrbedingungen und der Lagerung von Motor und Getriebe. Eine schlecht gelagerte Maschinenanlage wird zwangsläufig zu einem Auspuffschaden führen.

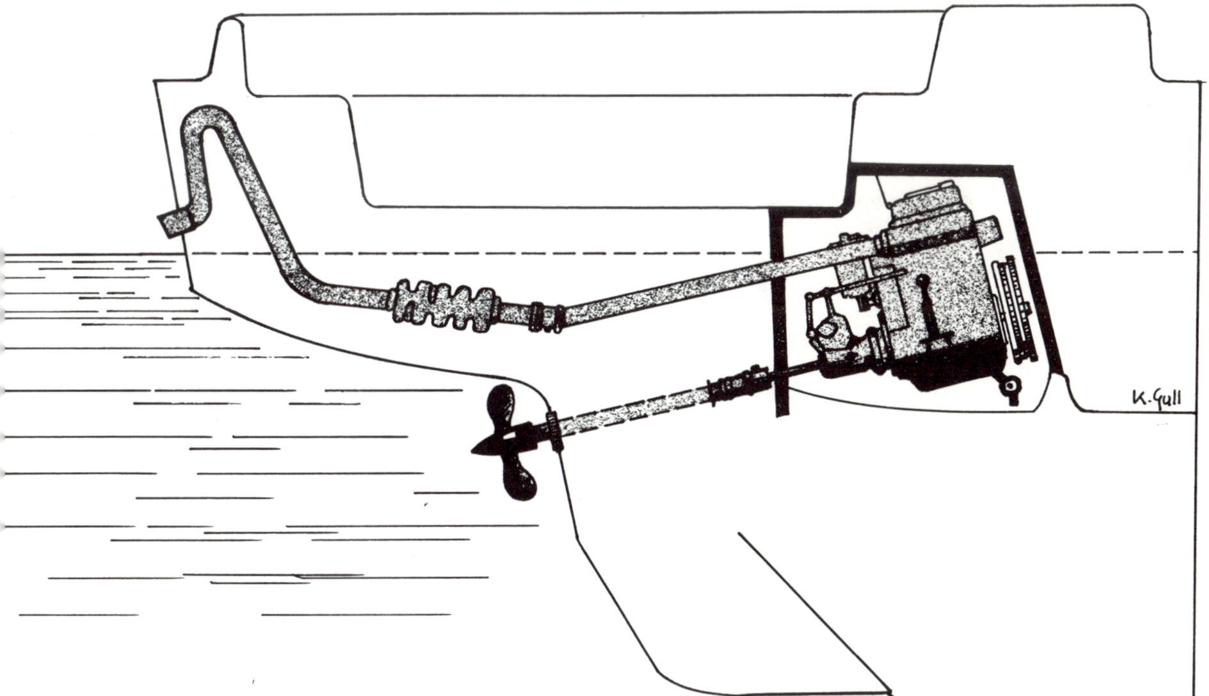

Aufgeschnitten. Die Einkreiskühlanlage mit kleinem Schalldämpfer aber ohne Wassersammler ist bei kleineren oder einfach ausgebauten Yachten üblich. Eine starke Heckwelle kann über den Auspuffausgang das ganze System überfluten. Dann schluckt der Motor Seewasser. Kolben und Pleuelschaden sind die Folge.

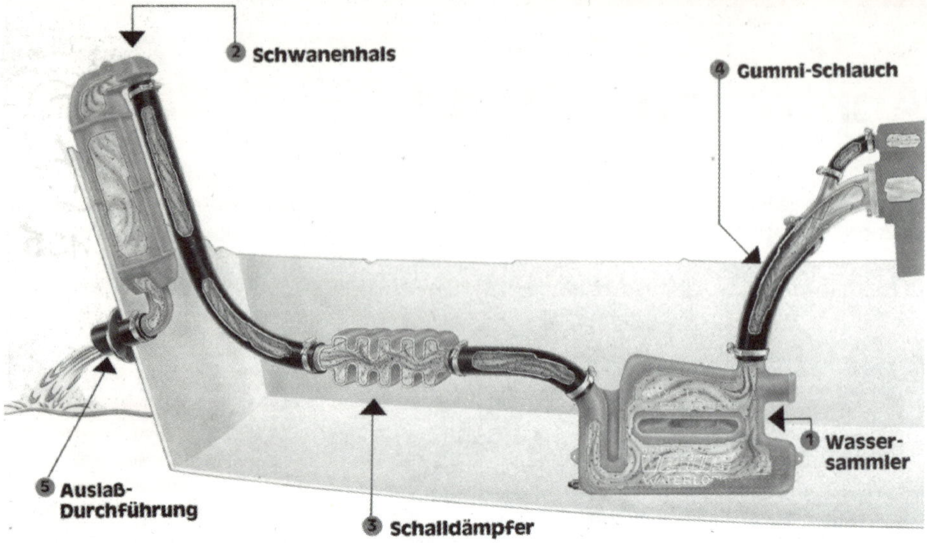

Modernes, praxisgerechtes Auspuffsystem von Vetus. Hitzefeste Gummischläuche und vibrationsfeste Wassersammler, Schalldämpfer und Schwanenhals. Solch eine Anlage ist preiswert und weitgehend rüttelfest.

Notreparaturen

Die Vibrationen von Motor und Getriebe werden über ein Dehnungsrohr, auch Dispersionsrohr genannt, aufgefangen. Wahrscheinlich wird dieses Rohr zuerst undicht werden. Mit einigen Schlauchschellen und einer mehrlagigen Asbestmattenschicht läßt sich ein fünf Zentimeter langer Bruch noch provisorisch reparieren.
Mit einem Stück Leder und einem darüber gelegten Blech aus einer Konservendose kann auf die Asbestmatten verzichtet werden, sofern der Auspuff an dieser Stelle schon wassergekühlt ist. Mehrere Lagen Kunststoffmatte wie für GFK-Rumpf-Reparaturen sind in Verbindung mit doppelten Schlauchschellen und einem Dosenblech eine gute Notreparatur. Ungeeignet sind Umwicklungen mit Stofflappen, weil die Hitze das Material natürlich angreift.
Ganz ohne abdichtendes Material kann ein Blechverband die ausströmenden Auspuffgase nicht verhindern. Auspuff-Pasten von Holt oder Teroson sind zur Abdichtung geeignet, eine zusätzliche Kunststoffmatten- und Blechbandage ist aber dennoch erforderlich. Die Vibrationen beim Schiffsdiesel sind höher als am Auspufftopf eines Personenwagens.

Gummirohre

Ein Nirosta-Dehnungsrohr läßt sich mit einem passenden Stück Gummiauspuffrohr vorübergehend ersetzen. Dazu muß allerdings das Nirostarohr abgesägt und ein Auspuffgummirohr übergestülpt werden.

Dehnungsrohre für die Auspuffanlage. Verhindern den Bruch von Edelstahlrohren. Kann mit GFK-Matten provisorisch repariert werden.

Auspuffgummirohre von Vetus sind mehrlagige, ruckfeste und weitgehend auch hitzefeste Gummirohre. Ein achtzig Zentimeter langes Gummirohr kostet schon 60 Mark, aber man kann damit wahre Wunder vollbringen.
Beim Perkins 4-108 eines der Verfasser ist das Nirosta-Dehnungsrohr direkt am Auspuffsammler angeflanscht. Der Kühlwassereinlaß für die Auspuffanlage beginnt erst 30 cm weiter unten. An sich müssen Gummiauspuffrohre immer wassergekühlt sein, denn die bis zu 600 Grad heißen Auspuffgase hält das beste Gummimaterial normalerweise nur für wenige Minuten aus. Aber es kam auf den Versuch an. Das Gummirohr hielt eine achtstündige Motorfahrt mit 2000 U/min aus, dann erst zeigte eine weiche Stelle im Material die ersten Ablösungserscheinungen im mehrschichtig aufgebauten Gummischlauch.
In äußerster Not kann ein durchgesägter Spinnakerbaum als provisorische Auspuffanlage zweckentfremdet werden. Mit zahlreichen Schlauchschellen und Gummimaterial kann ein geübter Bastler jeden Auspuffschaden flicken.

Reparatur-Material

Eine Reparatur durch Schweißen ist nach allen Erfahrungen fast sinnlos. Genügend Reparaturmaterial sollte man auf Langfahrt mitführen. Die inzwischen hinreichend bewährten Kunststoff-Wassersammler sind in Verbindung mit wassergekühlten Gummi-Auspuffrohren unempfindlich gegen Vibrationen. Eine saubere Reparatur des Kunststoffmaterials (Polyamid, ABS) ist allerdings schwierig. Glasfaserverstärkte Kunststoffmatten haften nicht auf ABS-Kunststoff. Mit Gummimatten und mehrfach zusammengesteckten Schlauchschellen kann der Wassersammler provisorisch gerichtet werden.

Motorschaden

Läuft Kühlwasser über die Auspuffanlage in die Zylinder des Motors zurück, wird der Motorschaden nicht lange auf sich warten lassen. Der Fall ist keine Seltenheit. Häufig fehlen bei nicht fachgerecht montierten Auspuffanlagen der Schwanenhals am Auspuffende und das Belüftungsventil in der Kühlwasserleitung. Dann kann bei abgestelltem Motor Kühlwasser die Auspuff-Rohrleitungen füllen. Vom Auspuffsammelkasten fließt Kühlwasser der Auspuffanlage in den Verbrennungsraum des Motors zurück.

Fehler oft verborgen

Vielleicht wird der Motor beim nächsten Starten etwas lahmer zünden. Der Fehler im Auspuffsystem bleibt verborgen, weil das eingedrungene Seewasser in den Verbrennungsräumen bald verdampft. In Wirklichkeit werden die Kolben und Zylinder schon vom Wasser, zumal vom Salzwasser, geschädigt sein. Bei häufiger Maschinenfahrt kann der Fehler jahrelang im Verborgenen blühen. Bei wenig benutzten Motoren wird nach einer halbjährigen Standzeit der Kolben im Zylinderraum blockiert sein. Die Kolbenringe sitzen unter Umständen wie festgeschweißt an den Zylinderlaufbuchsen fest. Mit einem großen Schraubenschlüssel kann die Kurbelwelle etwas bewegt werden. Ganz vorsichtig drücken, sonst sind die Kolbenringe gleich hinüber. Die Drehrichtung der Kurbelwelle muß Ihnen bekannt sein. Die meisten Dieselmotoren drehen, von vorne gesehen (Stirnseite), im Uhrzeigersinn.
Ein durch Wasserschlag blockierter Motor darf nicht mit dem elektrischen Anlasser gestartet werden: Der Anlassermotor brennt durch. Versuchen Sie zuerst, mit sanftem Druck auf den Schraubenschlüssel die Kurbelwelle ein paar Umdrehungen weiter zu drehen.

Zylinderkopf abnehmen

Wenn ein oder mehrere Kolben festsitzen, muß der Zylinderkopf abmontiert werden. Diese Arbeit sollte ein Mechaniker vornehmen. Bei abgenommenem Zylinderkopf liegen die Kolben-Oberseiten frei. Der Mechaniker wird ein rostlösendes Kriechöl wie Caramba aufsprühen und die Lösung einwirken lassen. Läßt sich die Kurbelwelle immer noch nicht drehen, wird der Mechaniker mit sanften Schlägen mit dem Gummihammer und viel Kriechöl die Kolben freiklopfen.
Scheitert auch dieser Versuch, steht eine aufwendige Motorüberholung ins Haus. Der Motor muß dazu ausgebaut werden. Kolben, Zylinderlaufbuchsen, Pleuel und viele Dichtungen müssen ersetzt werden. Schauen Sie die Fotos an, dann wissen Sie, daß die Seefahrt nicht immer die reine Freude ist.

Wie Wasserschäden vermeiden?

Auch bei einer ordnungsgemäß richtig installierten Auspuffanlage mit hoch liegendem Schwanenhals kann durch ein geschlossenes Belüftungsventil Kühlwasser in den Motor zurückfließen. Dieses Ventil ist am obersten Teil vom Schwanenhals plaziert. Fehlt dieses Ventil, kann bei großer Schräglage oder bei einer hohen achterlichen Welle ein Schlag Wasser durch das Auspuffendrohr über den Schwanenhals, zum Wassersammler und schließlich bis zum Motor gedrückt werden.

Auspuff verschließen

Bei hart gesegelten Rennyachten wird deshalb der Auspuff beim Segeln mit einer passenden Gummikappe abgedichtet. Jetzt kann von See her kein Wasser über die Auspuffanlage ins Schiff einsteigen. Auch Fahrtensegler sind mit dieser Vorsichtsmaßnahme gut bedient.
Die größte Gefahr sind falsch konstruierte Wassersammler ohne Rückschlagventil. Bei einer zu kleinen Dimensionierung des Wassersammlers fließt Kühlwasser ohne Rückschlagventil ganz automatisch zum Motor hoch. Abgesehen von der schädlichen Salzluft während der Liegezeiten im Hafen, wird das angestaute Kühlwasser bei grobem Seegang oder einer flott gefahrenen Wende bis zu den Kolben hochschlagen. Richtig konstruierte Wassersammler sind ausreichend groß dimensioniert und besitzen ein zusätzliches Ablaßventil für die Winterkonservierung.
Wer seinen Motor liebt, öffnet das Ablaßventil am Wassersammler regelmäßig, wenn der Motor für einige Tage stillsteht.

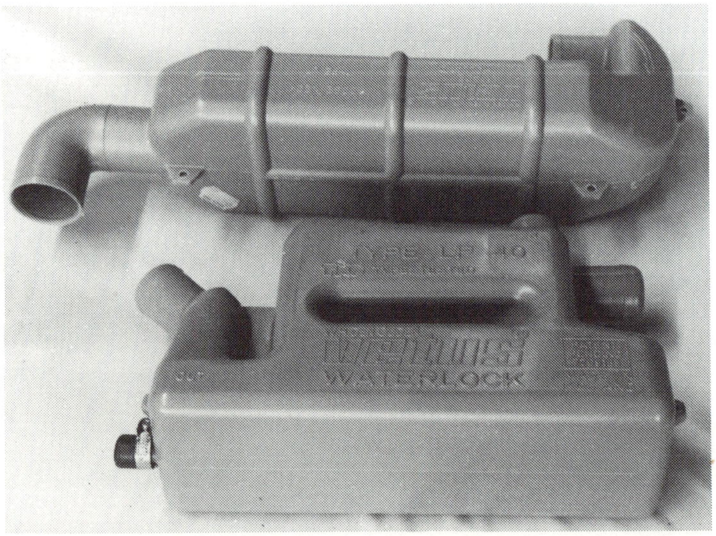

Wassersammler (unten) und Schwanenhals (oben) von Vetus. Kosten nur etwa 80 Mark und sollten als Ersatzteil auf Langfahrt mitgeführt werden. Eine Reparatur mit GFK-Matten ist nicht möglich, weil ABS-Kunststoff (Spritzguß).

Gleiten und Surfen

Eine interessante Situation: Das Schiff kommt ins Gleiten oder Surfen! Aber da gleitet oft auch Besorgnis mit, wenn die Rumpfgeschwindigkeit überschritten wird oder das Ruder freikommt. Aber in der christlichen Seefahrt gleitet noch mehr, nämlich Metall auf Metall in unserem Wind aus der Kiste. Auch da heißt es aufzupassen, daß die Angelegenheit immer auf der richtigen Woge abläuft – auf einer solchen aus meistens leider ziemlich teurem Öl.

Lohnt sich teures Öl?

Wenn Sie gern alle sechs Monate 150 Mark für den Ölwechsel in ihrem Dieselmotor bezahlen, dann können Sie dieses Kapitel vergessen. Dann bekommt man das teuerste synthetische, dieseltaugliche Motoröl in den Motor gefüllt und dazu noch einen neuen Ölfilter. Mehr kann der Motor nicht verlangen.

Kahn auf der Backe. Moderne Yachten erreichen hoch am Wind mehr Speed als klassische Langkiel-Yachten. Die Krängung (Schräglage) übersteigt schnell 15 Grad. Bei 20 Grad erhält ein mitlaufender Motor nicht mehr ausreichend Öl. Nur wenige Dieselmotoren dürfen mit über 20 Grad Lage über längeren Zeitraum gefahren werden. Kurzfristiges Aufrichten verhilft der Ölpumpe zu einem großen Schluck Öl. Besser sind zwei Ölpumpen oder eine Ölpumpe mit zwei gegenüberliegend angebrachten Ölansaugrüsseln. Die Motor-Betriebsanleitung sagt, mit wieviel Schräglage der Motor gefahren werden kann. Deshalb immer den Ölstand kontrollieren. Jeder Ölpeilstab muß auf die Einbauneigung des Motors geeicht werden. Alles richtig verklickert?

Doch die meisten Wassersportler müssen auf die Inspektionskosten achten. Zwanzig Mark für einen Liter Öl sind entschieden zu viel Geld. Bisher beklagten sich Motoren jedenfalls nicht über etwa fünf Mark billiges Öl aus dem großen 50-Liter-Faß. Was ist dran an der massiven Werbung für die immer teurer werdenden Motoröle? Braucht der genügsame Bootsdiesel den teuren Saft, oder genügt das etwas aus »der Mode gekommene« Einbereichsöl?

Einbereichsöle

Vorab zwei interessante Vergleiche. 1500 Lastwagen läßt ein Stuttgarter Transportunternehmer in Europa, Asien und im Orient laufen. Die durchschnittliche Lebensdauer seiner Daimler-Laster beträgt 6,8 Jahre mit einer durchschnittlichen Laufzeit von 2,1 Millionen Kilometer. Der Unternehmer benötigt jährlich einige hunderttausend Liter Motoröl. Seine Trucks fahren in Europa 30er Einbereichsöl und in heißen Ländern 40er Öl. Mehrbereichsöl kommt schon aus Kostengründen nicht in Frage: »Markenöle gibt es überall auf der Welt, wir haben gute Erfahrungen damit, wozu sollen wir Risiken mit einem neuen Produkt eingehen?«

Das gleiche Einbereichsöl (Shell Rotella) wurde von der Porsche-Rennabteilung vor zehn Jahren bei den 24 Stunden von Le Mans mit den 386 km/h schnellen Porsche 917-Langheck-Wagen benutzt. Es waren die stärksten Zwölfzylinder-Motoren, die je bei einer Langstrecken-Weltmeisterschaft gefahren wurden. Im Renngeschäft hätten ein paar Mark Ölkosten mehr keine Rolle gespielt im Vergleich zum Wert der Motoren. 120000 Mark müßten für den Ersatzmotor bezahlt werden.

Im stark frequentierten Nordseehafen Husum befragten wir 25 Fischkutter-Kapitäne. Alle bis auf drei Kollegen verwenden ausschließlich Einbereichsöle, die sie im 50-Liter-Faß kaufen. Den Liter für knapp drei Mark.

Einbereichsöl gezielt einsetzen

Die Beispiele zeigen, daß bei täglichem Einsatz und kostenbewußtem Denken gute Einbereichsöle nach wie vor ihre Berechtigung haben. Einbereichsöle schmieren optimal bei den von der Firma angegebenen Temperaturen. HD 30-Öl darf bis etwa 30 Grad Lufttemperatur benutzt werden. An der afrikanischen Küste muß auf HD 40-Öl umgestellt werden. Bei 20 Grad Wärme ist ein HD 20-Öl in seinem gesunden Betriebsbereich. Der Berufsseemann oder Lastwagenfahrer wird fast monatlich einen Ölwechsel vornehmen, da bereiten Temperaturdifferenzen keine Probleme.

Mehrbereichsöle

Ganz anders die Situation auf einer Yacht z. B. an der Ostsee. Im Frühjahr wird das Schiff zu Wasser gelassen. Außentemperatur 17 Grad. Der Motor erreicht kaum Betriebstemperatur. Der Schmierfilm mit Einbereichsöl HD 30 ist eine recht zähe Masse. Der Anlasser dreht schwer durch und erst nach zwanzig Minuten Fahrt ist die Öltemperatur auf dem gesunden Bereich von etwa 85 Grad. Während dieser ersten Laufminuten wurde der Motor noch genügend, aber keinesfalls nach dem Stand der Technik optimal geschmiert. Ein gutes Mehrbereichsöl mit der Viskosität 15–40 oder 20–50 wäre unter diesen Bedingungen dem Motor besser bekommen. Der Anlasser würde leichter drehen, die Betriebstemperatur im Motor wäre schneller erzielt worden. Deshalb empfiehlt die Ölindustrie beim Yachtbetrieb Mehrbereichsöle.

Die Schmierfähigkeit

Die Schmierfähigkeit bei unterschiedlich hohen Temperaturen ist ein Vorteil der Mehrbereichsöle. Wie ist die Alterungsbeständigkeit im Vergleich zum Einbereichsöl?

Die Motorenhersteller schreiben die Ölwechsel-Intervalle zwischen etwa 50 bis 400 Stunden Betriebsdauer vor, unabhängig vom Öl-Typ und der Viskosität (Flüssigkeits-

Auf die richtige Viskosität (Schmierfähigkeit) des Motoröls ist zu achten. Sie richtet sich nach den vorherrschenden Außen-Temperaturen und den besonderen Betriebsbedingungen, siehe die Betriebsanleitung. Diese Tabelle zeigt, welche Viskositäten zu verwenden sind, links für Einbereichsöle, rechts für Mehrbereichsöle.

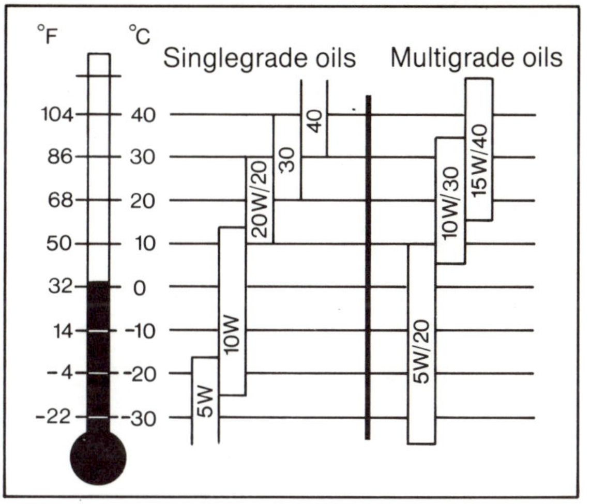

grad). Damit wurde ein Mittelwert festgehalten. Im Extremfall sind nach Aussagen von Motorexperten Einbereichsöle viskositätsstabiler als Mehrbereichsöle. Nach rund 200 Stunden Betriebsdauer wird das 30 HD-Einbereichsöl noch etwa 25 HD-Viskosität besitzen. Ein 20–50 HD-Mehrbereichsöl auf mineralischer Basis (Erdöl) wird am Ende der 200 Stunden Laufzeit im oberen Temperaturbereich nicht mehr mit 50er, sondern maximal mit 40er Viskosität schmieren.

Synthetische Öle

Die nachlassende Viskositätseigenschaft der bisherigen mineralischen Mehrbereichsöle hat zu den synthetischen (chemisch aufgebauten) Mehrbereichsölen geführt. Für schnellaufende Dieselmotoren gibt es derzeit kein besseres Öl. Die Ölwechsel-Intervalle sind bei Schiffsdiesel-Motoren deshalb nicht länger geworden – im Gegensatz zu Auto-Motoren. Dafür wird die Schmierfähigkeit über den gesamten Ölwechsel-Intervall auch tatsächlich aufrecht erhalten.

Verbesserter Schutz

Der größte Vorteil der synthetischen Mehrbereichsöle liegt im eindeutig besseren Rost- und Korrosionsschutz. Ein recht einfacher Versuch wird überzeugen. Streichen Sie zwei Blechstreifen dünn mit je einem mineralischen Mehrbereichsöl und einem synthetischen Öl ein. Die beiden Blechstreifen werden bei unserer chemisch stark verschmutzten Luft nach wenigen Tagen korrodieren. Der Blechstreifen mit synthetischem Ölschutz wird viele Tage länger blank sein.
Der wassergekühlte Auspufftopf und Wassersammler läßt aggressive Dämpfe über den Auspuffsammler direkt in den ungeschützten Zylinderraum dringen. Je nach Qualität des Schmieröls wird dort die Korrosion mehr oder minder schnell einsetzen.

Öltyp je nach Betriebsbedingungen

Deshalb unser Rat: Wer sein Boot täglich benutzt, ist mit einem guten Einbereichsöl und entsprechend häufigen Ölwechselintervallen gut bedient. Die weniger intensiv benutzten Motoren sollten möglichst zwei Mal im Jahr, unabhängig von den vorgeschriebenen Ölwechselintervallen, mit neuem Mehrbereichsöl und neuem Filter-Einsatz versorgt werden. Wer ganz wenig motort, kann auf synthetische Öle kaum verzichten, sonst nimmt der Motor durch die langen Standzeiten Schaden.

Der Ölwechsel

Diese nun einmal notwendige Arbeit ist eine Frage der Zugänglichkeit zur Ölablaß-Schraube. Läßt sie sich schlecht erreichen oder aus Platzmangel kein Ölauffangbehälter darunter stellen, muß das Öl abgepumpt werden. Dazu gibt es Handpumpen mit einem dünnen, biegsamen Absaugschlauch oder fest montierte Absaugpumpen. Die letztere kann man beim Kauf des Schiffes mitbestellen. Dennoch – das Ablassen des Öles (warm natürlich) ist immer die bessere Lösung, weil dann auch der unvermeidliche

Pump-Genie. Nur wenn wirklich kein Platz ist, um das Motoröl nach unten abzulassen, sollte eine Ölabsaugpumpe verwendet werden, die auch (nachträglich) fest eingebaut sein kann. Das Öl muß zum Ablassen warm sein, also vorher den Motor ca. 30 Minuten laufen lassen. Der Öleinfüllstutzen ist zu öffnen. Eine Restmenge kann oft nach Öffnen der Ablaß-Schraube noch abgelassen werden. Die genaue Ölfüllmenge (mit Ölfilter) verrät die Betriebsanleitung.

Ölschlamm mit entfernt werden kann. Zum Ablassen oder Abpumpen immer Verschlußkappe des Öleinfüllstutzens und den Peilstab entfernen.
Parallel mit dem Ölwechsel muß ein Wechsel des Ölfilter-Einsatzes gehen – ein Wegwerfteil, das nicht zu reinigen ist. Ältere Motoren haben noch weiterverwendbare Filter, die mit Petroleum oder Diesel gereinigt werden müssen. Ein starker Pinsel ist dazu nötig.
Für das Altöl gibt es in den meisten Häfen Altöl-Sammelstellen, sonst gibt man das Öl dort ab, wo man es eingekauft hat. Ein verschließbarer Behälter für das Altöl ist notwendig, wenn das Öl erst später an der geeigneten Stelle abgegeben wird.

Der Peilstab

Nach dem Auffüllen des frischen Öles in der vorgeschriebenen Menge (mit Ölfilter-Inhalt) kann am Ölpeilstab abgelesen werden, ob die obere Markierung zutreffend ist. Manchmal stimmt sie wegen einer schrägen Einbaulage des Motors nicht mit der genauen Ölfüllmenge überein.

Fingerzeig: *Bei dieser Gelegenheit zur Erinnerung: Bei starker Schräglage und mitlaufendem Motor muß der Segler sein Schiff hin und wieder aufrichten, damit die Ölpumpe Öl und nicht gelegentlich nur Luft ansaugt, was Maschinenschaden bedeuten würde.*

Das Abschrauben des Ölfiltergehäuses. Mit diesem Spannbandschlüssel geht es natürlich leichter, doch hilft auch ein alter Lederriemen, der um das Gehäuse geschlungen wird. Mit einer Zange kann dem Riemen nachgeholfen werden.

Die »Wegwerf«-Ölfilter-Einsätze sind schlimme Umweltverschmutzer. Der Hafenmeister kann Auskunft über die nächste Entsorgungsstelle geben. Weithalskanister eignen sich gut für das Aufbewahren von gebrauchten Ölfiltern (Bosch-Filter). Filtereinsätze sind oft gleich mit denen von Autos und dann billiger.

Andere Schmiermittel

An Bootsmotoren und Zubehör muß regelmäßig geschmiert werden. Dazu eignen sich nicht immer Pflegemittel aus der Auto-Branche. Der Grund: Auf Salzwasser-Revieren werden seewasserfeste Schmierstoffe verlangt.
Die scharfen Hersteller-Haftungsgesetze in den USA führen dazu, daß heute ausreichend erprobte Produkte angeboten werden. Preislich gesehen sind manche Bootspflegemittel geradezu sündhaft teuer. Die relativ kleine Menge, die an die Wassersportler verkauft wird, zwingt die Hersteller dazu. Schließlich möchte auch der Handel am Zubehör verdienen. Die nachfolgende Aufstellung soll die ganz spezielle Eignung für den Yachtmotor zeigen:

Seewasserfestes Universalfett

Damit werden die Gelenke und Übertragungsteile am Gaszug, an der Schaltung, aber auch Schlauchschellen und Lenzventile geschmiert. Wird von Volvo, Perkins und den bekannten Außenborder-Herstellern angeboten.

Konservierungsöl

Wird als Korrosionsschutzöl im Mischungsverhältnis 15–20 Liter auf einen Liter Konservierungsöl bei längeren Standzeiten in die Kühlkanäle von einkreis- und zweikreisgekühlten Motoren gefüllt. Nicht mit Kälteschutzmittel Glysantin zu vergleichen. Konservierungsöl hinterläßt einen Schutzfilm auf den Innenwänden der Kühlkanäle. Vertrieb z. B. über Volvo, Yanmar und andere Firmen, die einkreisgekühlte Motoren anbieten.

Stopfbuchsenfett

Sogenanntes Stauferfett für das Dichten und Abschmieren von Stopfbuchsen (Wellenanlage). Dieses Fett ist hoch belastbar und hitzebeständig. Normales Kfz-Abschmierfett würde bei der intensiven Reibung der Wellenanlage heißlaufen. Gibt es in seewasserbeständiger Ausführung bei jedem Bootshändler.

Barlow-Winschenfett

Spezielles Winschenfett mit Teflon-Beimischung: Seewasserbeständiges Fett für extreme Belastung. Absolut harzfrei auf synthetischer Basis. Eignet sich besonders gut für die Winschen-Mechanik und Übertragungskabel der Steuerung (Seilzugsteuerung).

Storage-Öl

Storage-Öl ist ein alterungsbeständiges Konservierungsöl, das anstatt des normalen Motoröls bei Langzeit-Stillegungen verwendet wird. Dieses Storage-Öl wird dann anstelle von Motor und Getriebeöl während der Ruhezeiten eingefüllt. Vor Inbetriebnahme muß das Storage-Öl gegen das übliche Motor- und Getriebeöl wieder ausgetauscht werden.
Mit diesem Konservierungsöl werden auch Oldtimer über Jahre hin eingemottet. Liefern Castrol und andere bekannte Ölfirmen.

Am Motor gibt es noch andere Schmierstellen, so die Gelenke für die Betätigung der Einspritzpumpe und den entsprechenden Drahtzug zum Gashebel. Drahtzüge oder Gelenke für das Schalten des Wendegetriebes sind ebenfalls mit einer kleinen Dosis Öl gängig zu halten.

Kontakt-Öl

Wasserabstoßendes Kontakt-Öl in Sprayform. Auch Waffenöl genannt. Harzfrei mit recht mäßigen Schmiereigenschaften. Gut geeignet für elektrische Kontakte gegen Korrosion. Nicht bei elektronischen Geräten verwenden. WD 40 ist das bekannteste Kontakt-Spray-Öl.

Bayer Marine-Spray

Wird dort eingesetzt, wo ölhaltige Mittel nicht geeignet sind. Beispiel Reißverschlüsse, Segel-Stagreiter, Rutscher, Endstück an Winschkurbeln. Führt jeder Bootshändler.

Rostschutz-Wachsspray

Erhöht den Korrosionsschutz auf lackierten Teilen am Motor. Entspricht etwa Motorkonservierungsspray im Kfz-Handel. Nicht in Verbindung mit gleitenden Teilen aufsprühen, z. B. bei Gaszug-Übertragungsteilen.

Flüssige Dichtung

Ersatz im Notfall für Papierdichtungen. Dichtet wasserdicht gegen Diesel, Benzin, Glykol und Lösungsmittel ab. Anwendung besonders gut für Wasserpumpen-Deckeldichtungen geeignet. Wird in Spritzenform z. B. von Volvo oder in Tuben von Loctide geliefert.

Sikaflex 221

Montage-Abdichtmasse aus einer Kunststoffmischung, die auch bei Seewasser aushärtet. Ideal für Lenzrohre und Kühlwasserschlauch-Reparaturen geeignet. Altert und versprödet nicht.

Klabautermanns Stunde

In Bayern wurde, so erzählt man sich, eine Kuh von einem abgesegelten Mast aufgespießt. Kein Wunder – auch auf bayerischen Revieren versuchen Seeleute ihr Bestes, um noch größere Störungen zu vermeiden. Aber vor Problemen – eingebaut oder selbst erzeugt – ist auf Booten niemand sicher. Es gibt Dieselmotoren auf millionenschweren Luxusyachten, die trotz bester Wartung Probleme bereiten. Die englischen Mechaniker schufen dafür den Begriff ›Specials‹. Zugegeben, die Specials sind die Ausnahmen von der Regel, aber so mancher Bootseigner könnte dicke Bücher über die leidvollen Erfahrungen mit Motoren verfassen.

Leistung ungenügend?

Mangelhafte Leistungsentfaltung kann an einer falsch dimensionierten Wellenlänge oder auch an ungenügender Belüftung liegen. Die Kraftstoffversorgung kann zu knapp sein, oder der Propeller ist verschmutzt oder falsch dimensioniert. Der Auspuff wird im Volumen zu knapp sein, oder die Einspritzdüsen sind verkokt oder falsch eingestellt. Das Folgende soll den Blick für diese eingebauten Probleme schärfen. Die Beseitigung der Fehlerquellen kann extrem teuer werden. Manchmal ist eine neue Maschinenanlage preiswerter als eine nicht endenwollende Fehlersuche. Manche Probleme sind mit einem Handgriff beseitigt, andere werden auch von einem guten Mechaniker nur nach tagelangem Suchen erkannt.

Landgang. Dieser hier hat meistens zwei Ursachen: Zu schwacher Motor, um das Freisegeln von einer Leeküste zu unterstützen. Oder ein Motordefekt in der gleichen Situation. Guter Rat ist ziemlich teuer. Strandung bei föhnigem Starkwind am Bodensee.

Maximaldrehzahl nicht erreicht

Ursachen:

- Ungenügende Luftzufuhr oder Ventilation im Maschinenraum.
- Propeller falsch dimensioniert, verschmutzt oder korrodiert.
- Auspuffanlage falsch bemessen (Rückstau).
- Reduktionsgetriebe falsch dimensioniert.

Abhilfe:

- Motorraumabdeckung öffnen, steigt Drehzahl an?
- Bei Motorhersteller anfragen, ob Dimensionierungen stimmen.
- Mit flexiblem Entlüftungsschlauch Auspuffanlage testen.
- Motorhersteller bzw. Getriebehersteller konsultieren.

Luftblasen bei halbvollem Tank

Ursachen:

- Falsch verlegte Ansaugöffnung im Tank.
- Tankanordnung zu flach. Gummitank?
- Leitungssystem falsch verlegt.

Abhilfe:

- Inspektionsöffnung vom Tank öffnen und Ansaugrüssel kontrollieren.
- Motor über Tagestank oder Außenbordertank laufen lassen.

Wasser im Kraftstoff

Ursachen:

- Kraftstoff-Decksöffnung kann bei Schräglage von Seewasser unter Wasser gesetzt werden. Dadurch dringt Wasser in den Tank ein.
- Entlüftungsöffnung von Tankanlage kann mit See- oder Regenwasser gefüllt werden. Dadurch kommt Wasser in den Tank.

Abhilfe:

- Dichtungsring in Tanköffnung installieren.
- Oder Tankanschluß auswechseln.
- In Entlüftungsöffnung muß Wasserabscheideventil eingebaut werden.
- Neue, höherliegende Entlüftungsöffnung mit Ventil und Schwanenhals montieren.

Starke Vibrationen am Motor

Ursachen:

- Flexible Motorlagerung falsch dimensioniert.
- Motorlager haben sich gesetzt.
- Wellenanlage nicht korrekt installiert.
- Stopfbuchse ausgeschlagen.
- Propeller (Schraube) hat Unwucht.

Abhilfe:

- Schraubenhersteller befragen.
- Hardyscheibe eventuell auswechseln gegen Aquadive-System (Antivibrations-Element).
- Stopfbuchse nachstellen oder auswechseln.
- Propeller zur Werkstatt geben zwecks Reparatur (nachjustieren, auswuchten).

Mit diesem erweiterten Störungsbeistand (nach Erfahrungen von Perkins) sucht man mit den hier angegebenen Zahlen in der nächsten Tabelle (»Störungsursachen«) nach den möglichen Fehlerquellen.

Störung	Mögliche Ursachen
Geringe Anlaßdrehzahl	1, 2, 3, 4.
Motor startet nicht	5, 6, 7, 8, 9, 10, 12, 13, 14, 15, 16, 17, 18, 19, 20, 22, 31, 32, 33.
Motor startet schlecht	5, 7, 8, 9, 10, 11, 12, 13, 14, 15, 16, 18, 19, 20, 21, 22, 24, 29, 31, 32, 33.
Mangelhafte Leistung	8, 9, 10, 11, 12, 13, 14, 18, 19, 20, 21, 22, 23, 24, 25, 26, 27, 31, 32, 33, 59.
Unregelmäßiger Lauf	8, 9, 10, 12, 13, 14, 16, 18, 19, 20, 25, 26, 28, 29, 30, 32.
Hoher Kraftstoffverbrauch	11, 13, 14, 16, 18, 19, 20, 22, 23, 24, 25, 27, 28, 29, 31, 32, 33.
Schwarze Auspuffgase	11, 13, 14, 16, 18, 19, 20, 22, 24, 25, 27, 28, 29, 31, 32, 33, 59.
Blaue/weiße Auspuffgase	4, 16, 18, 19, 20, 25, 27, 31, 33, 34, 44, 55, 60.
Geringer Öldruck	4, 35, 36, 37, 38, 39, 41, 42, 43, 57.
Motor klopft	9, 14, 16, 18, 19, 22, 26, 28, 29, 31, 33, 35, 44, 45, 58.
Motor setzt aus	7, 8, 9, 10, 11, 12, 13, 14, 16, 20, 21, 23, 26, 28, 29, 30, 33, 44, 58.
Motor vibriert	13, 14, 20, 23, 25, 26, 29, 30, 33, 44, 46, 47, 48.
Hoher Öldruck	4, 37, 40.
Überhitzen	11, 13, 14, 16, 18, 19, 24, 25, 44, 49, 50, 51, 52, 53, 56.
Kurbelgehäuse-Überdruck	25, 31, 33, 34, 44, 54.
Schlechte Kompression	11, 19, 25, 28, 29, 31, 32, 33, 34, 45, 58.
Motor startet und bleibt stehen	10, 11, 12.

Störungsursachen

1. Entladene Batterie
2. Schadhafte oder verschmutzte elektrische Anschlüsse
3. Schadhafter Anlasser
4. Zähflüssiges Schmieröl
5. Zu geringe Anlaßdrehzahl
6. Kein Dieselkraftstoff im Tank
7. Klemmender Stoppzug
8. Verstopfte Kraftstoffleitung
9. Schadhafte Förderpumpe
10. Verstopfte Kraftstoffilter
11. Verstopfter Luftfilter
12. Luft im Kraftstoff
13. Schadhafte Einspritzpumpe
14. Schadhafte oder falsche Düsen
15. Falsche Handhabung der Kaltstartanlage
16. Schadhafte Glühspirale der Kaltstartanlage
17. Unterbrochener Einspritzpumpenantrieb
18. Falsche Pumpensteuerung
19. Falsche Ventilsteuerung
20. Schlechte Kompression (unter 20 bar)
21. Verstopfter Tankverschluß
22. Ungeeigneter Kraftstoff
23. Hängendes oder klemmendes Gasgestänge
24. Verstopfter Auspuff, Staudruck?
25. Undichte Zylinderkopfdichtung
26. Überhitzen
27. Unterkühlt
28. Falsches Ventilspiel
29. Klemmende Ventile
30. Falsche Einspritzleitungen
31. Verschlissene Zylinderbohrungen

32. Verschlissene, beschädigte Ventile und Sitze
33. Gebrochene, verschlissene oder klemmende Kolbenringe
34. Verschlissene Ventile und Führungen
35. Verschlissene oder beschädigte Lager
36. Zu wenig Öl in der Ölwanne
37. Schadhafte Öldruckarmaturen
38. Verschlissene Ölpumpe
39. Klemmendes Überdruckventil, offen
40. Klemmendes Überdruckventil, geschlossen
41. Gebrochene Überdruckventilfeder
42. Schadhafte Ölsaugleitung
43. Verstopfter Ölfilter
44. Klemmende(r) Kolben
45. Falsche Kolbenhöhe
46. Unterschiedliche Einspritzleitungs-∅
47. Schadhafte Motoraufhängung
48. Nichtfluchtende(s) Schwungscheibe oder Gehäuse
49. Schadhafter Thermostat
50. Verstopftes Kühlsystem
51. Loser Keilriemen
52. Verstopfter Wärmetauscher
53. Schadhafte Wasserpumpe
54. Verstopftes Entlüftungsrohr
55. Schadhafte(r) Ventilschaft-Ölabweisring(e)
56. Zu niedriger Kühlwasserstand
57. Verstopftes Ölsieb in Ölwanne
58. Gebrochene Ventilfeder
59. Turbolader verkokt
60. Turbolader undicht

Schiff explodiert

Ort der Handlung: Westliches Mittelmeer im Sommer 1986. Ein acht Meter langes Sportboot gerät in Brand und explodiert. Der 32jährige Skipper kann nur noch tot geborgen werden. Die Versicherungsgesellschaft stellt folgende Explosionsursache fest: Die Werft verlegte die Kupferleitung der Benzin-Kraftstoffleitung in einem viel zu knappen Abstand neben dem Batteriehauptschalter. Der Leitungsabstand betrug nur zehn Zentimeter.

Anschauungsunterricht für Leute- und Motorschinder. Dieser robuste Stahlknickspanter wurde gegen die Hafenmole geworfen, weil der Motor durch Überhitzung blockierte. Eine Kunststoff-Yacht wäre innerhalb weniger Minuten in Stücke geschlagen worden. Ende eines Urlaubs am Mittelmeer.

Die wirksamste Lenzpumpe kann die Seewasser-Umwälzpumpe vom Motor sein, wenn ein Dreiwegehahn (1) eingebaut ist. Dann wird das Kühlwasser aus der Bilge über ein Bilgesieb (2) zu einem Wasserfilter (3) und durch den Motorkühlraum geleitet und über die Auspuffanlage nach außen gedrückt. Fördermenge etwa 150 Liter pro Minute oder 9000 Liter je Stunde. Elektrische Lenzpumpen fördern zwischen 1500 und 6000 Liter Wasser je Stunde. Ist die Bilge gelenzt, natürlich sofort auf Außenkühlwasser umschalten.

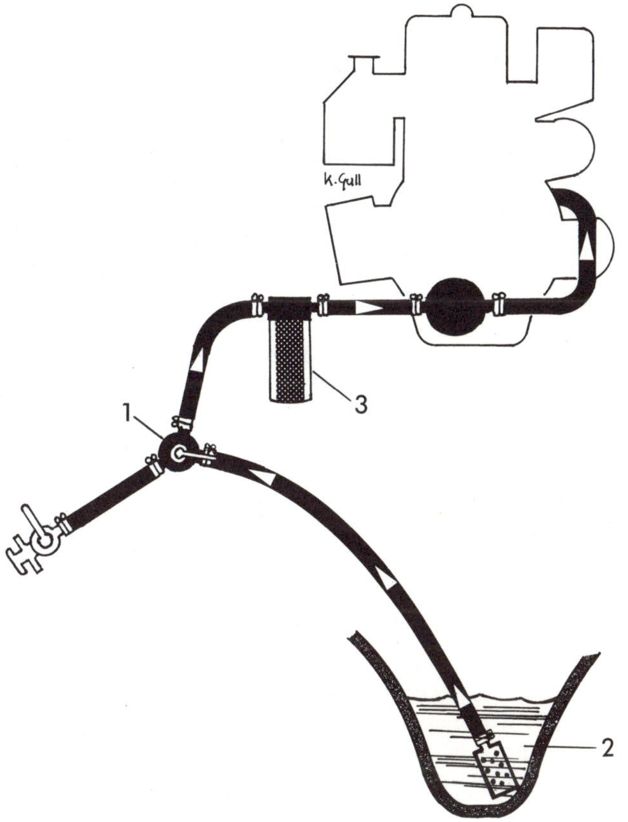

In Verbindung mit Seeluft kam es bei der Kraftstoff-Kupferleitung zu Elektrolyse (Lochfraß, siehe nächstes Kapitel). Benzin vermischte sich mit Luft, ein Funken aus der nicht ordnungsgemäß marinisierten Lichtmaschine dürfte den Zündfunken ausgelöst haben. Die Explosion war so stark, daß das ganze Mahagoni-Deck abgerissen wurde, dabei kam der Skipper ums Leben.

Heißer Turbolader

Dieselkraftstoff explodiert weniger schnell als Benzin, aber jeder Tanklastzug-Unfall beweist, daß auch Dieselkraftstoff explodieren kann. Dieselbrände sind schwerer zu löschen als Benzinbrände. Die Brenndauer von Diesel ist länger als die von Benzin.

Ein Handgriff mit zwei Saugnäpfen am Bootsrumpf angebracht, erleichtert das Tauchen zur Kontrolle am Unterwasserschiff, z. B. um den Seekühlwasser-Einlaß von Fremdkörpern zu befreien oder um ein defektes Seeventil von außen zu verschließen.

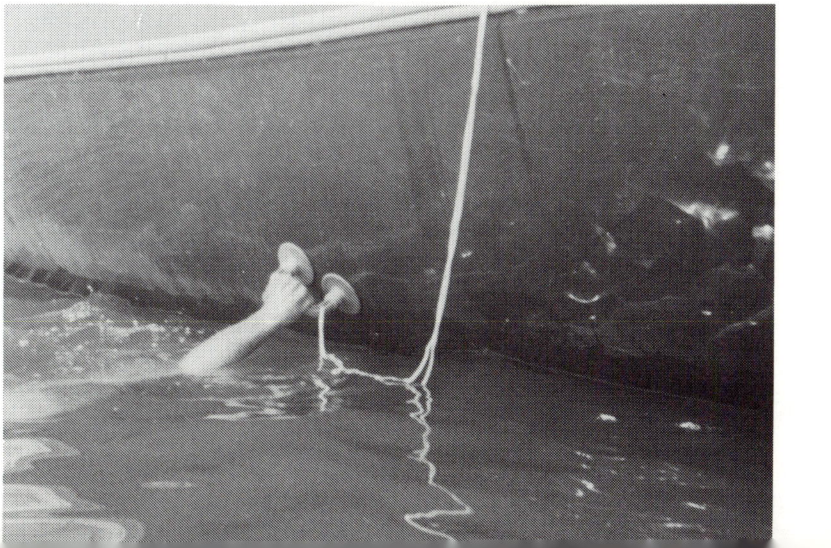

Eine deutsche Motoryacht brannte auf offener See bis zur Wasserlinie ab. Der Skipper kam dabei ums Leben. Die Versicherung stellte folgende Ursache fest: Motorisierung: Englischer turboaufgeladener 6-Zylinder-Dieselmotor. Der Turbolader war ohne die notwendige Luft- oder Wasserkühlung ausgerüstet.
Oberhalb des heißen Turboladers befanden sich Dieselkraftstoff-Leitungen. Eines dieser Kupferrohre brach, Diesel tropfte auf den heißen Turbolader und das nicht wassergekühlte Auspuffrohr. Dabei entwickelten sich Diesel-Luft-Gase, die durch einen elektrischen Funken explodierten. Für den Skipper kam jede Hilfe zu spät. Das Wrack wurde mit einem Bergungsfahrzeug in den nächsten Hafen geschleppt.

Elektrostatische Aufladung

Mit knapper Not überlebte ein Bootsmotoren-Mechaniker folgende Szene: Der Eigner einer 10 m langen Motoryacht holte den Mechaniker zu Hilfe, weil der Benzinmotor Zündaussetzer hat. Der Mechaniker steigt an Bord und zieht den Kunststoffteppich von den Bodenbrettern weg. Darunter befindet sich der Kraftstofftank. Es kommt zu einer Explosion, bei der unser Mechaniker durchs offenstehende Luk zum Schiff herausgeschleudert wird. Die anwesende Mechaniker-Gattin kann durch beherztes Eingreifen mit einem mitgeführten großen Feuerlöscher den Brand löschen.
Bis auf einige Brandwunden kam der Mechaniker wie durch ein Wunder mit dem Leben davon. Als Schadensursache ermittelte die Wasserschutzpolizei eine undichte Kraftstoffleitung. Die Benzindämpfe entzündeten sich durch das rasche Wegziehen des Kunststoffteppichs, der sich elektrostatisch aufgeladen hatte.

Moderne Hafen-Romantik: Ein korrodiertes Seeventil war die Ursache für diesen Abstieg auf den Grund des Hafenbeckens. Eine Versicherung bezahlt der Arche den Schaden nicht, weil Seeventile beim Verlassen des Schiffes geschlossen sein müssen (Sorgfaltspflicht).

Sicherheitsprüfung

Ein Liter verdampftes Benzin in der Bilge entspricht der Sprengkraft einer Handgranate. Die meisten Segler stauen den Benzinkanister für den Außenbordmotor in der Backskiste. Dort besteht ein direkter Zugang in den Motorraum. Kennen Sie einen Benzinkanister, der bei 50 Grad Temperatur noch absolut dicht ist?

Gas-Unfälle

Die Sprengkraft einer 11 kg schweren Gasflasche ist so stark, daß ein viergeschossiges Gebäude wie ein Kartenhaus zusammenfällt. Dennoch wechseln nur wenige Skipper die Zuleitungsschläuche alle zwei Jahre aus. Gummi altert in der salzgetränkten Luft viel rascher als auf einem Campingplatz im Schwarzwald. Millionenfache Vibrationen durch die Schiffsbewegungen rütteln die Leitungsverbinder lose. Kupferrohr bricht und Stahlrohre rosten wegen Elektrolyse durch.
Ein elffacher Atlantik-Soloüberquerer flog im vergangenen Jahr mit seinem Schiff ins Jenseits, weil die Gasleitung undicht war. Beim Anknipsen der Taschenlampe entzündete sich das Gas. Im Yachthafen von Bandol stand 1986 eine blaue Stahlyacht am Kai. Das große Achterdeck glich einem Krater. Hier flog ein französisches Ehepaar mit dem nicht zündgesicherten Warmwasserboiler in die Luft.

Fingerzeig: *Da das Brenngas schwerer als Luft ist und nach unten sinkt, sollte bei Gasbetrieb ein Bilge-Gebläse installiert werden.*

Andere Unfälle

Ein defektes Lenzventil kann eine 13 m lange Yacht innerhalb einer Nacht versenken. So geschehen im Hafen von Porto Christo, Mallorca, im Herbst 86. Welcher Segler schließt bei einem Marine-WC nach der Benutzung die beiden Ventile? Es gibt unzählige Möglichkeiten, sich selbst und das Boot in die ewigen Jagdgründe zu schicken. Wer sich gedanklich mit einem echten Notfall auseinandersetzt, fährt gelassener zur See. Hier der Sicherheits-Check für die wichtigsten Sicherheitseinrichtungen:

Lenzpumpen

- Vor Fahrtantritt auf Funktion prüfen.
- Bilgensieb säubern, Ventile reinigen.
- Elektrische Kabelanschlüsse kontrollieren.
- Bei längerem Gebrauch Motor mitlaufen lassen.
- Kühlwasserpumpe im Notfall abklemmen und Bilgewasser saugen (3-Wege-Ventil).
- Seeventil schließen.

Bei Wassereinbruch

- Sofort Motor starten.
- Alle Pumpen einschalten.
- Bei mehreren Batterien eine Batterie abklemmen und auf Deck oder hoch gelegener trockener Stelle lagern oder festlaschen.
- Ansaugluftstutzen vom Dieselmotor von Wasser freihalten.

Feuerlöscher

- Vor Fahrtantritt Plombe und Wartungsdatum prüfen (wichtig bei Charteryachten).
- Nur Halon- oder CO_2-Löscher verwenden.
- Zum Löschen: Luken nur wenig öffnen, anschließend mit Wasser kühlen. Nach der Brandbekämpfung auf Schwelbrände achten. Mit Wasser nachkühlen.

Starker Benzingeruch

- Sofort Halon-Löscher betätigen (besprühen).
- Keine elektrischen Schalter einschalten.
- Mit Wasser kühlen – dann erst Fehlerquelle suchen. Achtung: Elektrostatische Aufladung vermeiden.

Gasgeruch

- Sofort mit Halon löschen (besprühen).
- Mit Handbilgepumpe Gas absaugen.
- Alle Luken auf.
- Keine elektrischen Schalter betätigen.
- Gashahn an Flasche schließen.
- Nicht unter Deck gehen.

Trockendock

Ein gepflegter Diesel kann zwanzig und mehr Jahre gesund und störungsfrei laufen, sofern die Standzeiten kurz sind oder sinnvolle Konservierungsmethoden angewendet werden. Jeder Bootsmechaniker kann es bestätigen: Dieselmotoren altern am Liegeplatz.

Liegezeitschäden

Was passiert während der Standzeit? Äußerlich und innerlich korrodieren der Motor und seine Nebenaggregate. Er rostet an jeder nicht geölten oder geschützten Fläche. Seeklima fördert den Rostfraß, schon nach etwa vier Wochen Standzeit sind die Zylinderlaufflächen ohne Konservierungsmaßnahmen deutlich sichtbar angerostet. Nach sechs Monaten sind die meisten Motoren schon mehr oder minder blockiert.
Nach weiteren zwei Monaten Liegezeit gibt es nur wenige Motoren, die ohne Demontage und Auswechseln elementarer Teile betriebsbereit sind. Dies alles unter der Voraussetzung, daß der Motor vor der letzten eigenen Umdrehung nicht konserviert worden ist.

Einwinterung

In der Betriebsanleitung wird von den Motorenfirmen die Einwinterung beschrieben (siehe auch die Tabelle am Schluß des Kapitels). Darunter wird eine Standzeit von mehr als sechs Monaten Dauer verstanden. Diese umfangreichen Arbeiten können auch einer Vertragswerkstätte überlassen werden. In Deutschland werden dafür etwa 500 Mark mit Ölwechsel verlangt. An der Côte d'Azur lassen viele deutsche Bootsbesitzer einen deutschen Mechaniker kommen, der seine Motoren kennt und entsprechend fürs

Trockendock. Nicht zu vergessen die Versicherungshaftung im Winterlager. Der Bootseigner muß selbst für den Versicherungsschutz sorgen. Selbst wenn das Boot durch einen Sturm von den Aufpallstützen fällt, haftet die Werftversicherung nicht. Prüfen Sie darauf die Versicherungsverträge. Im Ausland hilft letztlich nur die eigene Vollkaskoversicherung.

Gut abgehangen. Bei großen Yachten eignet sich der Travellift besonders gut fürs Auf- und Abslippen. Beim Slippen muß die werfteigene Haftpflichtversicherung in Kraft treten wenn das Boot aus den Schlingen rutscht.

Hängepartie. Nach der winterlichen Verschnaufpause und vor dem Einwassern: Alle Seeventile frei und dicht? Lappen aus Ansaug- und Auspuff-Öffnungen entfernt? Seekühlwasser-Eintritt einwandfrei? Vorsichtiger Umgang mit Starthilfe-Mittel beim neuen Start des Diesels wird empfohlen.

Winterlager präpariert. Das ist preiswerter als eine 1000-Mark-Rechnung vom örtlichen Mechaniker. (Anschriften von erprobten Mechanikern, die auch im Ausland arbeiten, hinten im Buch.)
Für kürzere Standzeiten kann jeder Bootseigner die notwendigen Konservierungsmaßnahmen selbst durchführen.

Standzeit 7 bis 30 Tage

Die nachfolgenden Konservierungsmaßnahmen kann sich der Skipper ersparen, wenn der Motor mindestens ein Mal in der Woche bei mäßiger Drehzahl ein bis zwei Stunden am Liegeplatz ›gefahren‹ wird. Der Motor muß auf Betriebstemperatur kommen, sonst wird beim Zweikreissystem der innere, geschlossene Kreislauf nicht mit Kühlmittelflüssigkeit versorgt. Ablagerungen an der Umwälzpumpe und im Wärmetauscher können bei längerer Standzeit sonst auftreten. Der Thermostat öffnet sich erst bei Betriebstemperatur.
Im Standgas soll das Getriebe für ein paar Minuten auf Vorwärts- und Rückwärtsfahrt geschaltet werden, damit die Getriebemechanik durchgeschmiert ist.
In guten Marinas wird das »Laufenlassen des Motors«, Überprüfen der Bilge und die Batteriekontrolle für etwa 30 Mark angeboten. Hafenmeister können zuverlässige Leute mit technischem Verständnis vermitteln, sofern keine Motorenwerkstätte da ist. Langzeitsegler, die auf ihren Yachten wohnen, sind gerne bereit, die Maschine jede Woche laufen zu lassen.

Maßnahmen zur Konservierung

Wer kein rechtes Vertrauen zu fremden Freizeitmechanikern hat, muß folgende Konservierungsarbeiten durchführen (siehe auch die Tabelle am Schluß des Kapitels):

- Motor warmlaufen lassen.
- Ölwechsel und Filterwechsel bei fortgeschrittener Betriebszeit.
- Storage-Öl oder Konservierungsöl in Ansaugstutzen geben.
- Wassersammler der Auspuffanlage entwässern und konservieren.
- Kühl- bzw. Konservierungsflüssigkeit auffüllen.
- Elektrische Kontakte mit WD 40 (Kontakt-Spray) einsprühen.
- Batteriezustand überprüfen, aufladen:
- Bilgewasser abpumpen und Bilge reinigen.
- Stopfbuchse an der Wellendurchführung nachziehen.
- Für maximale Durchlüftung des Motorraums sorgen.

Zu den einzelnen Arbeitsabschnitten:

Wann Ölwechsel?

Auch im Zeitalter der synthetischen Leichtlauföle sollten unabhängig von der Betriebsstundendauer alle sechs Monate das Motoröl und der Ölfilter gewechselt werden. Synthetische Öle sind erheblich alterungsbeständiger als mineralische Öle, aber die Ablagerungen in Form von Metallpartikeln sind Gift bei längeren Standzeiten. Auf dem eigenen Boot tauschen Bootsmechaniker das Motoröl alle drei Monate aus. Die wenigsten Bootsmotoren-Fachleute fahren das Öl länger als 50 Stunden, obwohl 150 bis 400 Stunden lange Ölwechselintervalle vom Hersteller empfohlen werden.

Motor-Innenkonservierung

Storage-Öl oder Konservierungsspray sind harzfreie Öle, die nicht altern und bestmöglichen Korrosionsschutz bei stillstehenden Motoren bieten (erhältlich im Yacht-Zubehör oder an Tankstellen). Es gibt zwei Methoden für die Konservierung, hier die erste: Bei

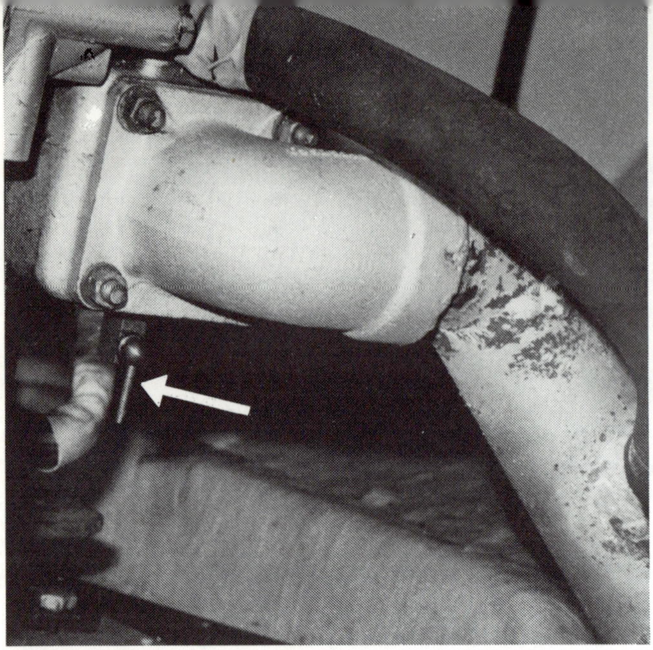

Bei einer 2-Kreis-Kühlwasseranlage muß für längeres Stillegen (Überwinterung) das Außenkühlwasser abgelassen werden. Die Ablaßhähne liegen oft etwas versteckt wie hier. Vergißt man sie zu öffnen, kann sich Eis bilden. Nach dem Ablassen sind die Hähne wieder zu schließen. Nicht vergessen: Auch den Auspuff-Wassersammler entwässern.

warmem Motor träufelt man etwa einen Eßlöffel Storage-Öl ganz langsam in den Ansaugstutzen. Der Motor wird dabei kräftig aus dem Auspuff qualmen. Damit ist sichergestellt, daß einschließlich Einspritzdüsen der ganze Verbrennungsraum konserviert ist. Vor den beiden letzten Tropfen Storage-Öl den Motor abstellen.

Zweite Methode: Einwinterungsspray von LM, Teroson oder Desolite bei warmem, laufenden Motor so lange durch den Ansaugstutzen einsprühen, bis blauer Rauch aus dem Auspuff kommt, dann den Motor abstellen. Diese Innenkonservierungsmethode ist sicherer als das Einträufeln von Storage-Öl.

Schüttet man zu viel Storage-Öl in den Ansaugstutzen, kann der Zylinder »einen Schlag abbekommen« – der Verbrennungsdruck ist für einen Moment zu hoch. Die Sprühmethode ist ganz unproblematisch, weil eine Überdosierung mit Kolbenschaden nicht möglich ist.

Auspuffanlage entwässern

Die Auspuffanlage muß bei Einkreis- oder Zweikreiskühlanlagen unbedingt entwässert werden. Dazu hat der Wassersammler an der tiefsten Stelle im Auspuffsystem ein Ablaßventil. Sonst dringen Seewasserdämpfe über die Auspuffrohre in den Kolbenraum ein.

Wo keine Ablaßschraube für den Wassersammler vorhanden ist, muß die Auspuffanlage vom Motor getrennt und mit einem ölgetränkten Lappen veschlossen werden. Es muß verhindert werden, daß Außenluft (Salzluft) über die Auspuffanlage oder über den Ansaugstutzen ins Motorinnere gelangt.

Elektro-Kontakte

Elektrokontakte werden mit einem Konservierungsmittel wie dem bewährten WD 40 vor Korrosion geschützt. Es gibt allerdings bessere Korrosionsschutzpasten, die nicht immer wieder aufgesprüht werden müssen.

Nur eine voll aufgeladene Batterie wird eine 30tägige Standzeit ohne Nachladen überstehen. Mehr darüber im Batterie-Kapitel.

Die Bilge

Die Bilge ist die Visitenkarte des Bootseigners, schrieb einmal der bekannte Weltumsegler Bobby Schenk. Da hat er recht. Bilgewasserdämpfe setzen der kalten, stillstehenden Maschine stark zu. Der tiefliegende Anlasser und seine Elektrokontakte werden durch Bilgewasser besonders angegriffen. Deshalb die Bilge leeren, austrocknen und sehr gut durchlüften. Am besten eignen sich dafür die schon erwähnten Solarlüfter, die absolut wartungsfrei bis zu 60 m^3 Luft in einer Stunde umwälzen. Die Stopfbuchse an der Wellenanlage muß bei längeren Standzeiten unbedingt nachgestellt werden. Hier dringt tropfenweise Wasser ein, das über die Bilge wieder zum Anlasser gelangen kann.

Ankerklüse

Über die Ankerklüse kann Regenwasser ins Schiff eindringen. Nicht jeder Ankerkasten ist selbstentwässernd. Manche Ankerkästen sind über ein Ablaßrohr mit der Bilge verbunden. Auch Süßwasser schadet dem Motor und der Elektrik.

Motorspülung mit Diesel

Im Vergleich zum Personenwagen werden Dieselmotoren auf Yachten viel zu wenig benutzt. In der Ölwanne sammelt sich eine dickflüssige Brühe, die unseren wertvollen Motor schützen soll. Selbst bei einem zweimaligen Öl- und Filterwechsel innerhalb einer halben Stunde Betriebszeit würde neuwertiges Motoröl gleich wieder schwarz sein. Die Schmierwirkung und der Korrosionsschutz sind beeinträchtigt. Bei älteren Motoren muß der Motor von alten Ölresten und Metallablagerungen gesäubert werden.

Betriebstemperatur wichtig

Dazu wird der Motor zuerst auf Betriebstemperatur gebracht. Anschließend wird das heiße, alte Motoröl an der tiefsten Stelle über die Ölablaßschraube abgelassen. Mit den bekannten aufsteckbaren Ölsaugpumpen läßt sich Altöl nicht restlos aus der Wanne abpumpen. Der schädliche ›dicke Rest‹ bleibt im Ölsumpf zurück.
Nachdem die Ölablaßschraube eingeschraubt ist, werden 3 Liter Dieselkraftstoff in den Öleinlaßstutzen eingefüllt. Der reine Dieselkraftstoff wird durch die Ölpumpe für etwa 15 bis 20 Sekunden bei niedriger Standgaseinstellung (800 U/min) durch die Ölkanäle gedrückt. Dadurch werden die Ölablagerungen verdünnt und in die Ölwanne transportiert.
Über die Ölablaßschraube wird das Diesel-Motorölgemisch vollständig abgelassen. Anschließend wechselt man den Filter-Einsatz und füllt das frische Öl ein. Wer seinen Motor einige Minuten lang, statt der 15 bis 20 Sekunden, mit Dieselkraftstoff statt Öl laufen läßt, riskiert einen Motorschaden. Eine Motorspülung mit Dieselkraftstoff kann deshalb nur mit Vorbehalt empfohlen werden.
Flugzeugmechaniker verwenden bei Propeller-Maschinen Petroleum zur Motorspülung. Formel-1-Rennmechaniker spülen die 150000 Mark teuren 900 PS-Maschinen nach jedem der etwa 300 Kilometer langen Rennen drei Mal mit frischem synthetischen Motoröl durch. Es ist eben alles eine Frage der Finanzen.

Impeller-Ausbau oder nicht?

Der aus Gummimaterial bestehende Impeller der Seewasserpumpe muß wenigstens ein Mal im Jahr ausgebaut und auf Verschleißerscheinungen überprüft werden. Der Verschleiß richtet sich nach den Betriebsstunden und der Reinheit des Seewassers. Wer viel in flachen Gewässern motort, wird wegen der möglichen Sandpartikel im Kühlwasserkreislauf eher zum Ersatzimpeller greifen müssen als der Hochsee-Segler. Die Ansichten über die richtige Impeller-Pflege im Winterlager sind unterschiedlich. Den

Impeller ausbauen und einen neuen Impeller mit Glysantin bestreichen und wieder einbauen – das ist die Ansicht vieler erfahrener Mechaniker.
Konservative Fachleute nehmen den Impeller im Winterlager aus dem Pumpengehäuse, bestreichen ihn mit Glyzerin, damit er elastisch bleibt, montieren ihn – falls er einwandfrei ist – zum »Frühlings-Stapellauf«.

Impellerflügel können festkleben

Grundsätzlich muß aber der Impeller – wenn er eingebaut bleibt – vor längeren Standzeiten mit einem wasserfesten Stoff wie Glyzerin oder Glysantin bestrichen werden, damit die Flügel am Pumpengehäuse nicht festbacken können. Salzwasserkristalle sind aggressiv und kleben den Impeller oft wie angeschweißt am Pumpengehäuse fest. Beim ersten Startversuch reißen dann leicht die Gummiflügel ab.

Abdeckung

Wird das Schiff auf einem Landliegeplatz abgedeckt, so muß die gute Durchlüftung aller Innenräume sichergestellt werden und dazu gehört der Motorraum. Seeventile sind zu öffnen. Durchsichtige Kunststoff-Abdeckplanen für das Schiff sind nicht zu empfehlen, da sich darunter bei Sonnenbestrahlung Hitzestau (Treibhaus-Effekt) und bei Abkühlung Kondenswasser bilden kann.

Längere Stillegung (Winterlager)

In der nachfolgenden Tabelle sind die Maßnahmen für das Stillegen des Bootes zusammengefaßt. Wird das Schiff auf dem Wasser stillgelegt, sind einige Unterschiede zu beachten. Einzelheiten werden in den entsprechenden Kapiteln näher erläutert. Und nicht vergessen: Die Betriebsanleitung des betreffenden Motors lesen.

Im Wasser

Bevor das Boot an Land kommt, bzw. stillgelegt wird:
- Kraftstofftank auffüllen, um Kondenswasserbildung zu vermeiden.
- Motor warmlaufen lassen.
- Bei Zweikreis-Kühlsystem inneres Kühlsystem spindeln: Prüfen auf Frostfestigkeit.
- Motoröl ablassen, bzw. abpumpen. Pausen machen, damit das Öl wieder zusammenlaufen kann. Vorher Deckel des Einfüllstutzens und den Ölpeilstab entfernen.
- Ölfiltereinsatz-Wechsel. Achtung: Heißes Öl läuft aus! Auf Dichtring achten.
- Frisches Öl einfüllen (Menge nach Betriebsanleitung), am Peilstab kontrollieren.
- Motor einige Minuten laufen lassen, damit frisches Öl an alle Schmierstellen gelangt.
- Bei Motorlauf etwas Konservierungsöl in Ansaugstutzen geben.

Besserer Motorschutz bei längerer Liegezeit:
- Konservierungsöl bis zur unteren Markierung am Ölmeßstab einfüllen. Hinweis auf dieses Öl am Motor anbringen.
- Konservierung des Einspritzsystems: In einem Behälter 2 Liter Diesel und 1 Liter Konservierungsöl mischen.
- Mit dieser Mischung den Motor ca. 10 Minuten laufen lassen (Schlauch vom Behälter an Kraftstoffleitung vor dem Kraftstoff-Filter anschließen).

An Land

Seewasserkühlung (Einkreiskühlsystem):
- Wasser aus dem Kühlsystem ablassen. Evtl. mit Draht in den Ablaßöffnungen Fremdstoffe entfernen. Ablaßhähne wieder schließen.
- Seewasserfilter reinigen.
- Etwa 4–6 Liter Wasser mit ebensoviel Frostschutzmittel in einem Behälter gut mischen.

● An Seewasserpumpe anderen Schlauch anschließen (evtl. mit Zwischenstück verlängern) und diese Mischung durch laufenden Motor ansaugen lassen und Motor abstellen. (Durchspülen wichtig, wenn vorher »Salzwasserbetrieb«.) Achtung: Impeller darf nicht trocken laufen!

● Zugehörigen Schlauch an der Seewasserpumpe wieder anbringen.

● Impeller aus Seewasserpumpe ausbauen, Einbaulage beachten (Drehrichtung). Auf Schäden (Risse) prüfen und mit Glyzerin einfetten, gesondert aufbewahren.

Zweikreiskühlung:

● Seewasserkühlsystem entwässern. Fremdstoffe in den Ablaßhähnen entfernen. Ablaßhähne wieder schließen.

● Impeller der Seewasserpumpe ausbauen und mit Glyzerin bestreichen (wie oben).

● Seewasserfilter reinigen.

● Inneres Kühlsystem mit Frostschutzmittel frostfest machen, falls dies nach dem Spindeln (Prüfung auf Frostfestigkeit) nötig ist.

● Für Fachkundige: Einspritzdüsen herausschrauben und einen kleinen Löffel Konservierungsöl in den Zylinder geben, Motor ganz kurz laufen lassen. Einspritzdüsen wieder einsetzen.

● Auspuffanlage entwässern. Ablaß-Schraube an der tiefsten Stelle des Wassersammlers nicht vergessen.

● Absperrhahn am Kraftstofftank schließen.

● Motor und Getriebe reinigen, mit Konservierungsmittel besprühen.

● Bedienungskabel und -gestänge schmieren.

● Elektro-Kontakte prüfen (fester Sitz), mit Konservierungsmittel schützen.

● Gummiteile (Schläuche) auf Risse prüfen, mit Glyzerin geschmeidig halten.

● Alle Schlauchschellen kontrollieren (verrostet, fester Sitz).

● Keilriemen kontrollieren (Risse, Spannung), evtl. entspannen.

● Batterie(n) ausbauen. Trocken und kühl lagern.

● Motorraumbilge reinigen. Ölreste? Woher?

● Landliegeplatz: Seeventile zur Durchlüftung öffnen.

● Ansaugöffnung (Luftfilter) und Auspufföffnung mit öligem Lappen zustopfen.

● Zinkanoden kontrollieren.

Inbetriebnahme:

● Impeller der Seewasserpumpe einbauen (Drehrichtung beachten).

● Batterien einbauen (Ladezustand? Destilliertes Wasser nötig?)

● Konservierungsöl aus Motor ablassen bzw. abpumpen und neues Motoröl in richtiger Menge einfüllen.

● Kraftstoff-Filter-Einsatz erneuern.

● Im Wasser gesamtes Schiff auf Dichtigkeit prüfen.

● Seeventil für Seewasser-Kühlung öffnen.

● Absperrhahn am Kraftstofftank öffnen.

● Motor starten. Falls Starthilfemittel verwendet wird: Vorsichtig dosieren und nur bei laufendem Motor (bei Betätigung des Anlassers).

● Öldruckanzeige für Motoröl beachten (empfohlener Druck muß erreicht werden).

● Bei laufendem Motor Kraftstoff- und Kühlwasserleitungen auf Dichtigkeit prüfen.

Fingerzeig: *Vor dem Einfüllen der Konservierungsflüssigkeit sollte der Thermostat ausgebaut werden. Mit geschlossenem Thermostat wird nur der kleinste Teil des Kühlwasser-Volumens von der Konservierungsflüssigkeit erreicht. Bei einem Langzeit-Konservierungs-Kälteschutzmittel entfällt der Ausbau des Thermostats, aber alle zwei Jahre sollten Konservierungs-/Kälteschutzmittel ausgetauscht werden.*

Laufendes Gut – elektrisch

Sagen Sie keinem Elektriker, Sie wüßten, wo seine kalte Lötstelle ist. Sie können ihm den Wackelkontakt auch schonender beibringen und vielleicht brauchen Sie ihn noch. Denn auch teure Yachten haben zumindest eine schwache Stelle – ihr elektrisches System. Lesen Sie weiter.

Das Bordnetz

Qualitätsunterschiede bei Yachten sieht der Fachmann an der Installation und Stärke der Elektrokabel. Schmelzsicherungen aus dem Kfz-Bereich korrodieren bald und sind auf Yachten Pfusch. Eine Verteilerdose vom Auto wird innerhalb von drei Jahren an den Kontakten durchkorrodieren. Automatische Sicherungen sind besser. Jeder Stromkreis sollte nur einen Verbraucher haben. Wer an der Elektroinstallation spart, bekommt den Ärger mitgeliefert.

Erprobte Teile

Grundsätzlich sollten Sie bei der Nachrüstung und bei Reparaturen nur folgende erprobte Teile einbauen:

- Kupferkabel mit ausreichendem Querschnitt.
- Silberkontakte.
- Quetschverbinder Qualität seewasser/tropenfest.
- GL-(Germanischer Lloyd) anerkannte Teile.
- DHJ-Zeugnis-Lampen.
- Sicherungsautomaten.

Kabel und Kleinteile liefern z. B. Bosch-Dienste und Hella, sowie gut sortierte Yachtausrüstungsgeschäfte. Im Autozubehörhandel sind seewasserfeste/tropentaugliche Teile nicht bekannt. Bei einem Versicherungsschaden (Brand, Explosion) kann es Probleme mit der Schadensregulierung geben, sofern die Elektroanlage nicht einwandfrei ausgeführt ist. Qualitätsbewußte Hersteller lassen ihre Produkte von einer anerkannten Klassifizierungsgesellschaft wie dem Germanischen oder Englischen Lloyd abnehmen. Eine Kopie darüber liefern die Generalvertretungen mit, sofern danach verlangt wird. Kaufbeleg und Attest sind bei den Versicherungsunterlagen aufzuheben.

Abhängig vom Strom

Mit der Größe der Yacht wächst die Abhängigkeit von der Stromversorgung. Durch den Einbau von immer mehr Kojen und damit geschrumpften Motorräumen wird vor allem die Wartung am Anlasser und an den Zuleitungen so erschwert, daß manche Wartungsarbeit hinausgeschoben wird. Die Rechnung muß der Eigner bezahlen. Schon aus Gründen der Sicherheit muß die elektrische Anlage regelmäßig überprüft werden. Ein zusätzliches Sicherheitspaket »Back up« kann die Abhängigkeit vom elektrischen System mildern.

Alternativen

Auch so können wichtige Stromverbraucher betrieben werden:

- Motorstart mit Handkurbel oder Federspeicherstarter.
- Funkanlage mit NC-Akkus oder UKW-Handgerät.
- Elektrische Lenzpumpen zusätzlich mit Handbetrieb.
- Klassische Navigationsgeräte mit Schlepplog, Sextant, Handfunkpeiler mit NC-Akkus.

Erfahrene Langstreckensegler, wie die dreimaligen Weltumsegler Wilfried Erdmann oder Rollo Gebhard, sind überzeugte Anhänger der ›keep it simple‹-Lehre. Seemannschaft ist keine Frage des Geldes, sondern der eigenen Fähigkeiten.

Stromarten an Bord

Mit drei Stromarten kann das Bordnetz versorgt werden.

- Gleichstrom aus der Batterie
- Drehstrom von Generator/Lichtmaschine
- Wechselstrom vom Land

Kontrollen

Bei Störungen sind nacheinander zu kontrollieren:

- Batterie
- Kabel
- Verbindungen
- Sicherungen
- Schalter
- Klemmen

Bei jeder Störungssuche muß die Funktionskontrolle von der Quelle zum Verbraucher durchgeführt werden. Stets eine Prüflampe, Piepser oder Ohmmeter benutzen. Geräte müssen durch Abklemmen vor Kurzschluß geschützt werden. Notstromversorgung durch Ersatzbatterie oder abgeklemmte zweite Batterie sicherstellen, sonst bricht das ganze Stromnetz bei einem Kurzschluß zusammen.

Klemmenbezeichnungen

30 – Batterieplus
31 – Masse (Batterie-Minus)
15 – Zündschloß (+)
50 – Starterrelais
17/19 – Vorglühen

61 – Ladekontrolle DF
85/86 – Steuerleitung Relais
DF
D+ Generator/Regler (Drehstrom)
D–

Keilriemen nachspannen

Beim Auto sind Keilriemen-Brüche selten geworden. Mit den thermostatisch geregelten Kühler-Ventilatoren halten Keilriemen fast ein Autoleben lang. Ganz anders sind die Anforderungen auf See. Salzwasser und Schmutz verkürzen die Lebensdauer. Zusätzliche Öl- und Dieselspritzer setzen dem Gummi zu. Bei einigen Yachten wird die Kühlwasserversorgung durch einen Keilriemenantrieb für die Pumpe hergestellt, dadurch wird die Belastung noch größer. Ein gut konstruierter Motor braucht den

Die richtige Keilriemenspannung ist elementar wichtig für die Lebensdauer des Keilriemens, der Süßwasserumwälzpumpe, die damit angetrieben wird und die Leistung der Lichtmaschine. Ein sicheres Zeichen für zu schwach gespannten Keilriemen ist das Durchrutschen des Riemens, wenn an den Belüftungsflächen der Lichtmaschine zum Drehen gedrückt wird.

Keilriemen nur zum Antrieb der Lichtmaschine. Zweikreiskühlsysteme sollten an sich unabhängig vom Keilriemenantrieb sein.
Bei manchen einkreisgekühlten Motoren setzt die Kühlung schlagartig aus, wenn der Keilriemen reißt. Wird die Kühlwasser-Umwälzpumpe über eine Welle direkt vom Motor aus angetrieben, fällt die Lichtmaschine aus, aber die Kühlung funktioniert weiter. Das ist vom Standpunkt der Sicherheit die bessere Lösung.

Keilriemen-Brüche

Der Keilriemen wird in der Regel nie ohne Vorwarnung reißen. Der Gummi wird im Laufe der Jahre spröde, fühlt sich hart an und bekommt an den Flanken feine Risse. Wer jetzt immer noch nicht den Keilriemen wechselt, braucht sich über einen baldigen pfeifenden Schlag im Motorraum nicht zu wundern. Der Riemen ist gerissen.

Das ist die optimale Keilriemen-Einstellvorrichtung (Wizeman-Mercedes). Mit der Stellschraube läßt sich die Spannung millimetergenau einrichten.

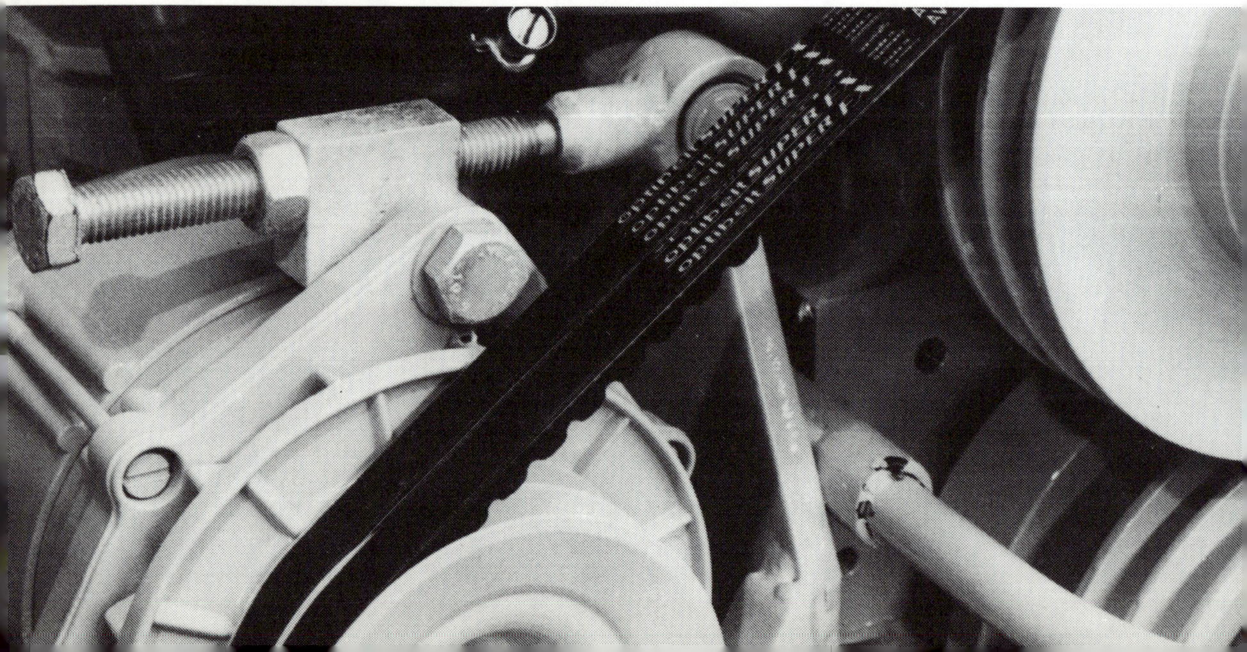

In jeder Betriebsanleitung wird die richtige Keilriemenspannung beschrieben. Je nach Typ variiert die Spannung zwischen 5 mm und 10 mm, eingedrückt zwischen Kurbelwellen-Riemenscheibe und Lichtmaschine.
Auf den Millimeter genau nachzumessen ist fast unmöglich. Bootsmechaniker ›messen‹ mit dem Ohr und viel Gefühl die richtige Keilriemenspannung nach. Pfeift der Riemen, ist die Spannung zu gering, der Riemen rutscht dabei über die Scheiben. Ein richtig angespannter Keilriemen sollte so fest sein, daß sich die Lichtmaschinen-Riemenscheibe mit aufgelegtem Keilriemen nicht mehr von Hand durchdrehen lassen kann.

Richtige Riemenspannung

Ein zu schwach gespannter Keilriemen nutzt sich durch die erhöhte Reibung recht schnell ab. Er wird heiß und reißt. Zudem wird bei manchen Motoren mit Zweikreiskühlsystem die Funktion der inneren Umwälzpumpe durch eine zu schwache Keilriemenspannung beeinträchtigt. Die Lichtmaschine wird einwandfrei laden, aber die Umwälzpumpe arbeitet mit geringeren Drehzahlen. Dadurch kann der Motor überhitzen. Bei machem Motor ist das die Ursache für zu hohe Kühlmitteltemperatur.

Zu schwache Spannung

Ein zu stark angespannter Keilriemen wird sich selbst zerstören und beschädigt unter Umständen die Lager der Lichtmaschine. Man sieht, der simple Keilriemen kann eine Menge Ärger verursachen.

Zu starke Spannung

Ersatz-Keilriemen

Der Ersatz-Keilriemen kostet ein paar Mark. Clevere Segler fahren den neuen Keilriemen ein paar Stunden ein und spannen ihn dann nach. Erst jetzt hat er die richtige Dauerbetriebsspannung. Rallyefahrer fahren jeden Ersatz-Keilriemen ein paar Stunden ein, weil dadurch das Nachspannen entfällt – schließlich dehnt sich jeder Gummiartikel. Als Keilriemenersatz galten einmal Nylonstrümpfe als ideal. Diese Zeiten sind vorbei. Heute gibt es universelle Keilriemen, die auf jede Länge zurechtgestutzt werden können. Ein Originalkeilriemen ist dennoch die bessere Lösung.

Wenn kein Ersatzkeilriemen auf dem Schiff ist, kann mit einer zwölf Millimeter starken vorgereckten Bootsleine (PU) ein Ersatzriemen gespleißt werden. Der Tauwerksriemen kann auch mit Segelgarn zusammengenäht werden. Der Ersatzriemen soll im Umfang etwa fünf Zentimeter kürzer sein als das Original, weil auch vorgerecktes Tauwerk nachgibt. Ein Yacht-Eigner fuhr damit etwa 32 Stunden lang in mäßiger Marschfahrt von Korsika nach Genua.
Wer eine elektrische Selbststeueranlage wie die Autohelm 3000 an Bord benutzt, kann diesen extrem reißfesten Zahnriemen im Notfall als Keilriemen für den Motor benutzen. Mit einer zusätzlich angebrachten Rolle (Block) kann fast jede Keilriemengröße angepaßt werden.

Provisorische Lösung

Feuer an Bord

Ganz problematisch sind Kabelbrände am Bordnetz-System. Schon manche Yacht ging in Flammen auf, weil der Skipper oder ein Ausrüster das falsch dimensionierte Kabel verwendet hat.
Feuer ist für die Besatzung viel gefährlicher als ein mittelschwerer Wassereinbruch. Selbst bei einem großen Leck bleibt meistens noch genügend Zeit für Rettungsaktionen. Eine 10 m lange Kunststoffyacht sinkt bei einem quadratmetergroßen Loch im Rumpf in 13 Minuten. Das geht auf eine Untersuchung der amerikanischen Küstenwache zurück. Eine 14 m lange Stahlyacht kann innerhalb von sechs Minuten untergehen, wie ein Schadensfall, gerichtlich belegt, in Griechenland zeigte. Die Versicherung

verweigerte zuerst die Zahlung der Vollkasko-Summe, weil die Sinkgeschwindigkeit ihr zu hoch erschien. Dafür gab es allerdings sechs Zeugen, die unter Eid den Schadensverlauf beschreiben konnten.
Die meisten Yachtbrände werden aber durch unsachgemäße Handhabung von Petroleum- oder Spirituskochern verursacht. In der Schadensstatistik der Versicherungen bieten Gasherde mehr Sicherheit als die vielfach gelobten Petroleumkocher.

Richtige Kabelstärken

Ein zu dickes Kabel gibt es nicht, aber ein zu dünnes Kabel erwärmt sich unter Last. Die Isolation schmilzt durch, fängt zu brennen an. Das weitere läßt sich ahnen.
Den richtigen Kabelquerschnitt z. B. für Ihre neue Tauchpumpe finden Sie in der Montageanleitung. Noch effektiver mißt ein etwa 40 Mark kostender Spannungsmesser den Leistungsabfall in der genau richtig bemessenen Kabellänge.

Rechenbeispiel

Ein Beispiel: Eine Leuchte an einem 11 Meter hohen Masttop würde mit einer 25 Watt-Birne für 3 m Kabellänge ein Kabel von 1,5 mm^2 Querschnitt benötigen. Dann wird die Birne mit ausreichend Strom versorgt. Ausreichend wären in diesem Fall 11 bis 11,5 Volt.
Die gleiche Lampe wird jetzt im 11 Meter hohen Masttop montiert. Mit dem 1,5 mm^2-Kabel werden bei gleichen Batteriebedingungen nur noch 9,5 bis 10 Volt oben an der Birne ankommen. Fazit: Die Lampe brennt dunkler als mit dem 3 m langen Kabel. Abhilfe schafft ein 2,5 mm^2-Kabel. Hier ist der Spannungsverlust meßbar geringer. Der Spannungsmesser wird etwa 11 Volt am Verbraucher feststellen. Jetzt hat die Toplampe die richtige Reichweite. Ein Kollionsblitzlicht würde bei 10 Volt nicht mehr funktionieren. Bei manchen Yachten brennt die Toplampe nur bei laufendem Motor. Hier dürfte ein gravierender Spannungsabfall beim Kabelquerschnitt und bei den Steckverbindungen vorliegen.

Brandgefahr

Brandgefahr besteht bei zu dünn gewähltem Kabelquerschnitt und leistungsstarken Verbrauchern. Eine elektrische Ankerwinsch stellt z. B. für die übliche Stromversorgung ein Problem dar. Bei einem Abstand von der Batterie zum Ankerspill von etwa 14 m müßte die Werft ein Zuleitungskabel von fast 35 mm^2 verlegen, damit der Spannungsabfall bei 1000 Watt Leistung ausgeglichen wird. Solche Kabel gibt es nicht bei den vielen Werften, die wir bisher besichtigt haben. Dickere Kabel kosten viel Geld, also wird ein 16 bis maximal 25 mm^2 starkes Anlasserkabel verlegt. Bei der Bundesmarine würde der Sachverständige von akuter Brandgefahr sprechen. Tatsächlich sind fast alle Yachten mit unterdimensionierten Ankerwinschen-Kabeln ausgerüstet. Amerikanische Charterfirmen bauen deshalb eine separate Batterie im Vorschiff ein, dann beträgt die Zuleitungslänge zur Ankerwinsch nur noch 3 m. Hier reicht das 25 mm^2-Kabel reichlich aus.

Oft zu kleine Kabelstärken

Auf einer 12 m langen Fahrtenyacht sind etwa 250 m Kabel verlegt. Eine 20 m Maxiyacht birgt runde 3000 m Kabel. Da lohnt das Rechnen. Eine Kabelstärke eingespart bringt Geld in die Kasse. Deshalb sind die Kabelstärken auf Großserienyachten nie überdimensioniert. Der Werftvertreter wird Sie mit großzügigen Längenangaben trösten. Die vielen Rundungen im Schiff erhöhen den Kabelbedarf leicht um 30% der frei gemessenen Länge. Deshalb braucht jeder Selbstverleger einen Spannungsmesser zur Kontrolle.

Für den groben Überblick sind hier die üblichen Kabelquerschnitte aufgeführt:

1,5 mm^2:	Kabelquerschnitt für Innenraumbeleuchtung.
2,5 mm^2:	Standardkabel für kleine Verbraucher bis 4 A und über 5 m entfernte Leuchten.
4,0 mm^2:	Für Lüfter, Tauchpumpen, Echolote, Navigationsinstrumente wie Satnav etc.
6,0 mm^2:	Halogen-Suchscheinwerfer, Umwälzpumpen, Bilgepumpen.
16,0 mm^2:	Lichtmaschinen-Zuleitung für Batteriestrom.
25,0 mm^2:	Anlasserkabel.
35–50 mm^2:	Ankerwinschen, Umformer, Bordgeneratoren.
bis 96 mm^2:	Spezialkabel für Berufsschiffahrt.

Verlegung von Kabeln

Am besten auf Hammerstiel-Länge mit Leitösen versehen. Die beste Lösung sind Spiralrohre mit Leerleitungen, die es im Wohnwagen-Zubehörhandel gibt.
Quetschverbindungen sind weniger elektrolysegefährdet als Lötverbindungen. Quetschverbindungen sind mit übergezogener Schutzhülse weitgehend vibrationsfest.

Strom aus dem Schapp

Lebt man für längere Zeit auf Nahdistanz miteinander, kann die Spannung an Bord ungeahnte Höhen erreichen. Anders ist es mit der Batterie. Ihre Spannung wird immer gern gesehen. Tendiert sie gegen Null, fallen auf dem Schiff viele, auch lebenswichtige Stromverbraucher aus, und die allgemeine Bordspannung steigt wieder an.
Kein Wunder, daß der vorsichtige Fahrensmann auch nach anderen Energiequellen Ausschau hält. Welche es sein können, wird noch erläutert. Schauen wir uns zunächst an, wie wir uns quälen müssen, um die richtige Batterie zu finden. Die Auswahl ist beachtlich.

Altes Hartgummi

Jahrzehntelang mußten sich Wassersportler mit den schweren Hartgummi-Batterien abplagen. Mit den hellen durchsichtigen Polypropylen (PP) konnte das Gehäusegewicht um 80% gesenkt werden. Die Wandstärken liegen jetzt bei 2 mm. Bei den alten Hartgummikästen war noch 5 mm üblich. Mit den dünneren Wandstärken konnte bei gleicher Batteriegröße etwa 20% mehr Batterie-Kapazität durch dickere Platten eingebaut werden.

Steuerersparnis. Batteriestrom macht Langstreckensegeln leichter. Eine elektrische Selbststeuerungsautomatik unterstützt die windabhängige Selbststeueranlage. Richtiger Umgang mit Generator und Batterien macht sich auch hier bezahlt.

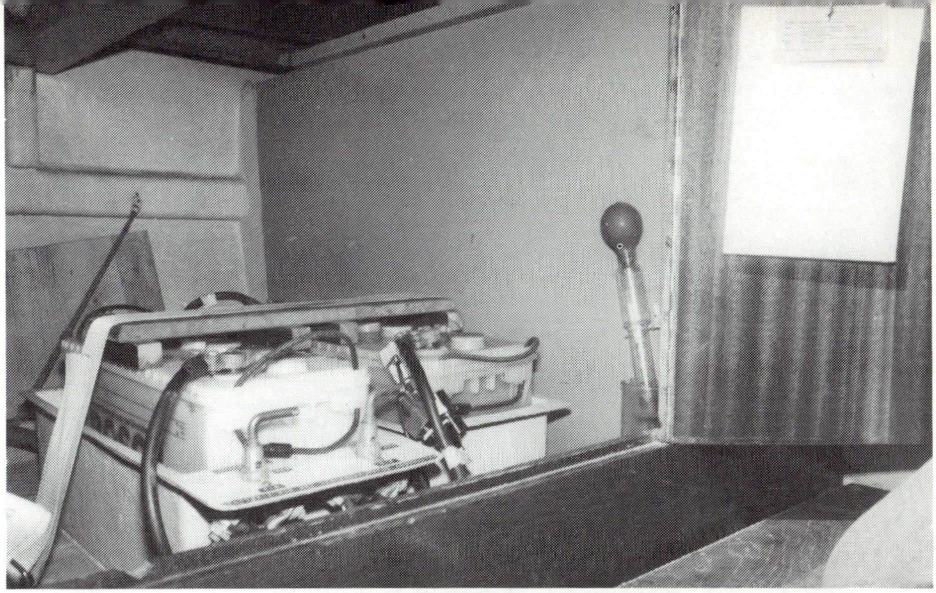

Zwei Batterien, die eine für den Motorstart, die andere für die übrigen Stromverbraucher, festgezurrt mit einem Spannband. Rechts ein Säureheber im säurefesten Gefäß für genaue Messung des Ladezustandes. Nach einer Batterieladung ist jedoch mit der Messung etwas zu warten, bis sich die endgültige Säuredichte ergibt. An der Tür des Batterieraumes hängen Motor-Checklisten. Wichtig: Der Batterieraum muß belüftet sein.

Qual der Wahl

Für den rüttelstarken Bootsbetrieb sind Polypropylen-Batterien besonders geeignet. PP-Gehäuse sind bruchfester und temperaturfester als Hartgummi-Gehäuse. Der Batteriedeckel ist mit dem Unterteil verschweißt. Dadurch wird ein Austreten von Säure zuverlässig vermieden. Bei Hartgummi-Batterien werden Gehäuse-Undichtigkeiten immer wieder die Ursache für einen Batteriekollaps.
In Deutschland werden kaum noch Hartgummi-Batterien angeboten, dagegen sind in Portugal oder in der Karibik nach unseren Erfahrungen immer noch alte Hartgummi-Batterien im Handel. Es sind meist regenerierte Altbatterien, die zu stolzen Preisen verkauft werden.

Hartschaum eignet sich gut für die rüttelfeste »Halterung« von Bordbatterien. Die kleine wartungsfreie Bosch-Batterie (oben) wird über Solarzellen geladen. Sie dient als Versorgungsbatterie für das Echolot und den Satnav, die empfindlich auf Spannungsspitzen von der Lichtmaschinenladung reagieren. Das 6 m lange Starterkabel (rechts außen) verhalf schon manchem Segler aus der Klemme, wenn der Motor nicht mehr starten wollte. Diese überlange Starterkabel werden in Truck-Shops verkauft.

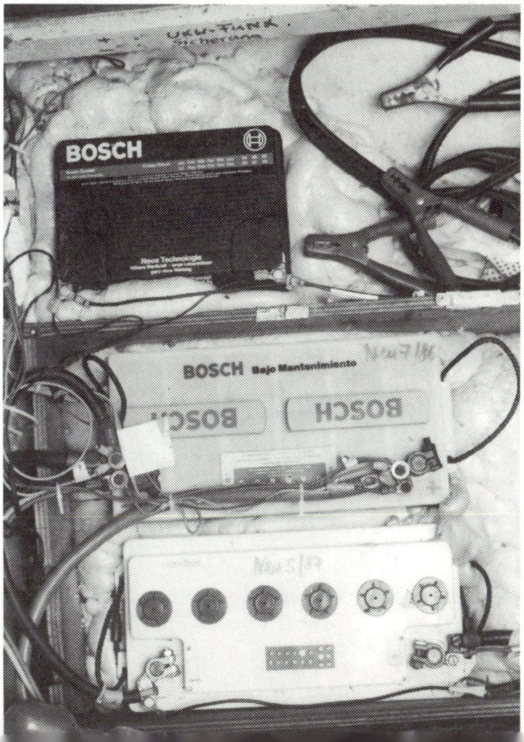

Trauriges Bild aus einer Mittelmeer-Marina: Schaden 8 × 260 Mark. Die nur ein Jahr alten Batterien müssen ausgewechselt werden, weil der Bootseigner sich auf einen ortansässigen Service-Betrieb verlassen hatte. Schon deshalb sind Solarzellen sinnvoll, die absolut wartungsfrei die Batterien in Schuß halten.

Vorgeladene Batterien

Langstreckensegler sollten sich mit vorgeladenen PP-Batterien eindecken, bevor sie zur Weltumseglung aufbrechen. Deren Lebensdauer beginnt erst mit dem Auffüllen der mitgelieferten Säurepacks. Davon später mehr. Die neuen PP-Batterien haben noch andere konstruktive Vorteile. Die in den Deckel eingespritzten Endpole schließen absolut dicht ab. Dadurch wird Oxydation zuverlässig vermieden. Schließlich kann der Säurestand in der Batterie an der durchsichtigen Säurestandmarkierung mit einem Blick kontrolliert werden.

Die einzelnen Zellen werden bei PP-Batterien über kurze Verbindungsstrecken miteinander verschweißt. Dadurch ergibt sich ein geringer Innenwiderstand. Trotz dieser wichtigen konstruktiven Neuerungen gibt es noch ganz erhebliche Leistungsunterschiede zwischen den einzelnen Batterietypen. Der aufgedruckte Firmenname sagt wenig über die Fertigungsqualität aus. VW oder Porsche bauen serienmäßig oft Batterien der Firma Moll aus Staffelstein bei Coburg ein, die mit ihren Produkten fast keine Werbung betreibt, dafür aber zahlreiche Patente auf die Batterie-Fertigung besitzt.

Hier die wichtigsten Batterietypen, die uns Wassersportlern angeboten werden:

Batterietypen

- Starterbatterien, wartungsfrei nach DIN 43539.
- Kaltstart-Hochleistungsbatterien.
- Heavy Duty-Batterien.
- Absolut wartungsfreie Batterien.
- Spezialbatterien für Langzeitentladung.
- Absolut kippsichere Batterien.

Auf fast allen Yachten werden in der Erstausrüstung die jedem Autofahrer bekannten, sogenannten wartungsfreien Starterbatterien nach DIN Norm 43539 eingebaut. DETA, Hagen, Hoppecke, Sonnenschein und Varta liefern diese Standard-Batterien mit Verschlußstopfen aus. Die Firmen Bosch, Delco mit der Freedom Batterie und Vetus verzichten auf die Nachfüllmöglichkeit von Säure bzw. destilliertem Wasser. Im Aufbau gleichen sich diese DIN-Batterien wie ein Ei dem anderen.

Wartungsfreie Batterien

Der Begriff ›wartungsfrei‹ ist aber irreführend. Eine alte Hartgummi-Batterie verlor etwa 1% Kapazität je Tag. Die wartungsfreien Batterien begnügen sich mit 0,2% Kapazitätsverlust je Tag bei 20 Grad Celsius.
Ohne Nachladen wird auch eine wartungsfreie Batterie schon nach wenigen Monaten Schrott sein. Deshalb sollten Sie bei den wartungsfreien »schwarzen« Bosch-, Delco- und Vetus-Batterien auf ein möglichst neues Fertigungsdatum achten. Nach spätestens drei Wochen ab Fertigung sollten diese Batterien in Betrieb genommen werden. Die anderen Batterie-Standardtypen der gleichen DIN 43539-Norm sind trocken vorgeladen und werden erst nach Einfüllen der Batteriesäure aktiviert. Hier kann eine Überlagerung nicht vorkommen.
Frisch eingekaufte, wartungsfreie Batterien ohne Verschlußstopfen sind nach den bisherigen Erfahrungen von drei Jahren ebenso zuverlässig im Bootsbetrieb.

Schäden beim Laden

Bei einem defekten Laderegler oder einer unkontrollierten Ladung durch ein ungeregeltes Ladegerät können wartungsfreie Batterien aber nachhaltig geschädigt werden. Über ein kleines, kaum sichtbares Ventil, tritt explosives Gas in geringer Menge aus. Dadurch verändert sich der Säurezustand in der Batterie. Ein Ausgleichen mit destilliertem Wasser ist an Bord nicht möglich. Fazit: Die komfortable wartungsfreie Batterie ist todkrank. Bevor Sie nun diese kranke Batterie endgültig abschreiben, sollte Sie bei einer Bosch-Werkstätte überprüft werden. Dort kann destilliertes Wasser nachgefüllt und ein neues Überdruckventil eingesetzt werden. Schließlich muß auch der defekte Ladestromregler überprüft werden, wozu die komplette Lichtmaschine zur Überholung ausgebaut werden muß.

Kaltstart-Batterien

Sie sind eine Sonderausführung für arktische Bedingungen. Im Gegensatz zur Standardbatterie ist die aktive Masse auf viele, mit sehr geringem Abstand eingebaute dünne Platten verteilt. Durch spezielle Separatoren mit besonders kleinem Widerstand wird die Spannungslage beim Startvorgang gesteigert. Kaltstart-Batterien sind für Yachten weniger geeignet. Die extrem dünnen, nur 1–1,2 mm starken Platten haben eine geringe mechanische Festigkeit. In den Kaltstarteigenschaften ist dieser Batterietyp allerdings unschlagbar.

Heavy Duty-Batterien

Sie werden auch als Taxi-Batterien bezeichnet. Dieser Batterietyp hat 2–2,5 mm starke Platten. Die mechanische Festigkeit ist besonders gut, deshalb werden Heavy Duty-Batterien in Baumaschinen, Taxen und Lastwagen eingebaut. Wer etwa 30 bis 50 Prozent Mehrkosten gegenüber einer Standardbatterie ausgeben kann, sollte sich als Bootsbesitzer zumindest als Starterbatterie den Heavy Duty-Typ besorgen. Der ständige Wechsel Laden/Entladen (Zyklenfestigkeit) gegenüber den Standardbatterien ist spürbar besser. Eine sechs Jahre alte 88 Ah-Heavy Duty-Bootsbatterie dient jetzt im siebten Jahr einem Kleinlastwagen als zuverlässige Starter-Batterie. Standardbatterien halten kaum länger als vier Jahre den rauhen Bordbetrieb aus.

Absolut wartungsfrei

Sie werden für Seenotsender der Berufsschiffahrt und in der Militär-Luftfahrt verwendet. Es sind Nickel-Cadmium-Batterien in Sonderausführung. Dieser Batterietyp hat keine Selbstentladung und kann bis zu zehn Jahre ohne Wartung auskommen. Nickel-Cadmium-Batterien, auch Stahlbatterien genannt, sind tiefentladungssicher und damit an sich ideal für den Wassersport. Dennoch werden nur ganz wenige Rennyachten mit diesen Batterien ausgerüstet. Sie kosten etwa achtmal so viel wie die Standard-Bleibatterien. Neben der mindestens doppelt so langen Lebensdauer gegenüber Bleibatterien verfügen die Nickel-Cadmium-Batterien noch über eine unterschiedliche Entladekennlinie. Bleibatterien verlieren ihre Spannung im Bereich zwischen 12 und 10,5 Volt nur sehr langsam. Danach sinkt die Spannung allerdings rasant ab. Der gefürchtete Tiefentladeprozeß ist da.

Nickel-Cadmium im Kommen

Bei Nickel-Cadmium-Batterien sinkt die Spannung kontinuierlich über den ganzen Entladevorgang ab. Ein Funkgerät sendet auch noch mit 9 Volt Spannung mit verminderter, aber immer noch akzeptabler Leistung. Deshalb sind Nickel-Cadmium-Batterien für die Bedingungen der Seenotrettung besser geeignet als die wartungsintensiven Bleibatterien. In wenigen Jahren werden auch die Langstreckensegler auf größere Nickel-Cadmium-Batterien für ihre Sicherheitsausrüstung zurückgreifen können. Film- und Fotoapparate und Millionen Transistorradios werden fast nur noch mit den wartungsfreien NC-Akkus betrieben. Bisher sind die Verkaufschancen für größere Nickel-Cadmium Akkus noch zu gering, aber das kann sich ändern.

Batterien für Langzeit

Sogenannte Spezial-Langzeitbatterien sind Bleibatterien herkömmlicher Grundkonstruktion, aber mit extra dicken Platten (2,6–3,2 mm stark) und einer aufwendigen Sonderisolation ausgestattet. Dadurch wird eine höhere kapazitive Festigkeit erreicht. Unter kapazitiv wird eine mittlere Stromleistung/Abgabe verstanden. Die Langzeitbatterien eignen sich deshalb nicht als Starterbatterie mit kurzfristig extrem hoher Strommenge. Für die elektrischen Navigationshilfen und Bordbeleuchtung sind die Langzeit-Entladebatterien besonders geeignet. Hier werden nur mittlere Strombelastungen verlangt, dafür sind die Batterien konstruiert worden.

Lebensdauer

Die Lebensdauer hängt primär von der schonenden Behandlung ab. Eine Schnelladung schadet diesem Batterietyp immer. Sanftes Nachladen mit dem Solar-Generator bekommt den Langzeit-Spezialbatterien sehr gut. Alle bekannten Batteriehersteller ver-

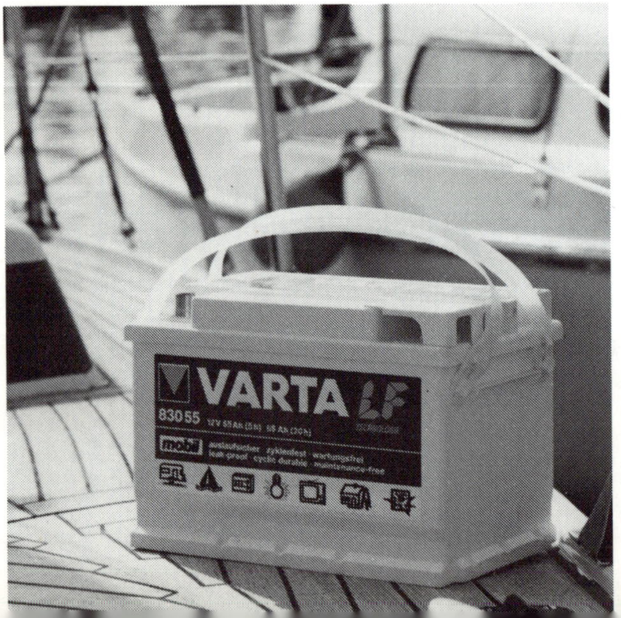

Auslauf- und kippsichere 65-Ampere-»Bordbatterie« von Varta. Gut für Trailerboote.

kaufen die Batterien als sogenannte ›Bordbatterien‹. Die Kosten sind fast doppelt so hoch wie bei den bekannten Starterbatterien in Standard-Ausführung.
Ob sich die Mehrkosten letztlich wirklich lohnen, hängt von den Bedingungen ab. Einen spürbaren Unterschied in der Lebensdauer konnten weder die Verfasser noch andere Langstrecken-Segler feststellen, sofern mit Solar- und Windgeneratoren der Stromhaushalt ständig in Ordnung gehalten wurde. Für eine kleinere Yacht oder ein Trailerboot sollte aber neben der normalen Starterbatterie eine zusätzliche Versorgungsbatterie vom Typ Langzeitentladung eingebaut werden.

Kippsichere Batterien

Im Aufbau sind kippsichere Batterien von Varta und anderen Herstellern den Langzeit-Bordbatterien fast gleichwertig. Der Unterschied liegt im Säurehaushalt. Hier wird meistens ein Elektrolyt statt der flüssigen Säure verwendet. Das geleeartige Elektrolyt kann nicht verdunsten, sofern Regler und der Einsatzbereich stimmen. Bei einer Überladung durch ungeregelten Ladestrom verschleißen die »Trockenbatterien« rasch. Bei Varta und Deta wird kein geleeartiges Elektrolyt verwendet, sondern normale Säure mit Nachfüllmöglichkeit durch abnehmbare Pfropfen. Dennoch können diese Spezialbatterien kurzfristig »auf dem Kopf stehen«, ohne daß Leistung verloren geht. Ein Kanalkammer-System im Deckel sorgt für die Säuredichtheit in der 180 Grad Stellung. Auf Trailer-Yachten sind die kippsicheren Batterien von Varta und Deta empfehlenswert, weil diese Bootstypen wegen des geringen Ballastanteils lange Zeit mit 15–25 Grad Schräglage segeln. Bei normalen Batterietypen wird die Batterie-Oberseite von austretender Säure verschmutzt. Dadurch wird die Oxydation an den Kabelenden beschleunigt. In der Lebensdauer und Leistung unterscheiden sich die kippsicheren Batterien mit Nachfüllmöglichkeit nicht von den Langzeit-Entladebatterien. Die Kosten liegen aber deutlich über normalen Starterbatterien.

Kennzeichnung

Damit der Käufer klar zwischen reinen Starterbatterien und Spezialbatterien unterscheiden kann, wurde folgende Kennzeichnung eingeführt. Starterbatterien werden mit Zwischenwerten angegeben. Also 88 Ah statt 90 Ah. Spezialbatterien für Langzeitent-

Diese 230-Ah-Batterie von Moll arbeitet in der Offshore-Technik. Verwendung: Ein Tiefseegreifer erforscht neue Rohmaterialvorkommen im Meer bis zu einer Tiefe von 8000 m. Herzstück der Stromversorgung sind diese tiefseefesten Batterien mit einem Druckausgleichssystem. Sie sind laufend vom Meerwasser umspült und funktionieren in jeder Lage.

lade-Anwendung (Versorgungsbatterien) werden immer mit geraden Kapazitätszahlen gekennzeichnet z. B. 120 Ah oder 240 Ah.

Batteriekauf oft Glücksache

Alle verkaufen gute Batterien: Der Fachhändler, die Tankstelle oder das Kaufhaus. Aber es gibt gewaltige Unterschiede beim Preis. 30 bis 50 Prozent Preis-Differenz bei normalen Starterbatterien sind leider die Regel. Neben den üblichen saisonbedingten Schwankungen kann eine Marken-Batterie aus dem Fachhandel besser oder auch schlechter sein, als im Kaufhaus. Das Herstellungsdatum für wartungsfreie Spezialbatterien ist wichtig. Maximal drei Wochen lang nach Herstellung dürfen diese Typen ungewartet im Regal stehen.

1.- und 2. Wahl-Batterien

Die wirklich großen Preisunterschiede ergeben sich bei den 1.- und 2. Wahl-Batterien. Hier lassen sich gut ein paar hundert Mark einsparen. Die großen Batteriehersteller fertigen die Standard-Batterien mit Roboteranlagen, dennoch gibt es Probleme mit Lötstellen und der Montage. Jede Batterie wird nach der Fertigung geprüft. Die guten wandern ins Lager, die nachbesserungsfähigen Batterien werden ausgesondert. Per Hand wird nachgelötet.

Die großen Hersteller verkaufen diese nachgebesserten Batterien als 2. Wahl an den Fachhandel oder mit neuem, anderslautenden Etikett über Vertriebsfirmen an den Handel. Diese Batterien kosten rund 50 Prozent weniger als die 1. Wahl der Markenbatterien und sind für den Verbraucher keinen Deut schlechter als die 1. Wahl. Im Kaufhaus werden diese 2. Wahl-Batterien nicht angeboten. Der Fachhändler verkauft sie, wenn Sie gezielt danach fragen. Unter dem Strich gesehen, ist es vernünftig, 2. Wahl-Batterien zu kaufen und diese Batterien vorsorglich alle drei bis vier Jahre gegen neue 2. Wahl Batterien auszutauschen. Die Gewährleistungshaftung ist bei 1. und 2. Wahl gleich, der Händler darf Ihnen nur einwandfreie Ware verkaufen. Ein Garantieausschluß ist vom Gesetzgeber ausdrücklich untersagt, auch wenn Ihnen der Verkäufer etwas anderes sagt.

Ordentlich Geld läßt sich manchmal auch mit ausländischen Batterien einsparen. Die Schweden, Norweger oder auch die DDR bieten gute Standard-Batterien preiswert an. Ob Sie letztlich eine erstklassige oder minderwertige Batterie erwischt haben, merken Sie nach etwa zwei Jahren Benutzung. Dann ist die Garantie schon abgelaufen. Beim Kauf einer deutschen Markenbatterie 1. Wahl können Sie vielleicht bei einem vernünftigen Fachhändler einen Preisnachlaß für eine neue Markenbatterie erzielen. Aber eine Garantie gibt es für diese Vergünstigung nicht.

Fingerzeig: *Die Montage der Kabelklemmen an die Batteriepole ist oft wegen beengter Platzverhältnisse umständlich. In diesem Fall können im Handel erhältliche Batterie-Schnellverbinder (Tridon) helfen, die das Werkzeug ersparen.*

Batterieladegeräte

Nach wie vor bieten viele Batteriehersteller auch elektrische Ladegeräte an. Oft schaden sie mehr als daß sie nutzen. Es sind die einfachen, ungeregelten Ladegeräte mit der Kennlinie »W«. Ladegeräte dieser Bauart laden ungezügelt die Batterie voll. Über 14,4 Volt beginnt die Knallgasbildung, der Wasserverbrauch steigt, und schließlich kann unter gewissen Umständen auch die Batterie platzen. Ein Kind verlor ein Auge durch einen Batteriestopfen, der außerdem unsachgemäß während der ungeregelten Ladung eingeschraubt war (während des Ladens Batteriestopfen abnehmen). Ohne laufende Kontrolle mit dem Säureheber sind Batterieladegeräte der Kennlinie »W«

Moderne Großmarinas wie La Grand Motte sind mit Stromkästen ausgestattet, die auch einmal versagen können. Charterbetriebe mit Fachpersonal übernehmen auch die Aufsicht für fremde Yachten.

(steht auf dem Typenschild) die technisch schlechteste Lösung zum Batterieladen. Langzeitbatterien und geschlossene Batteriesysteme ohne Nachfüllmöglichkeit dürfen mit Ladegeräten der Kennlinie »W« nicht geladen werden.

Konstantstrom-Kennlinie

Ladegeräte dieser Kennung werden als Schnelladegeräte verkauft. Für den Bordbetrieb sind sie nicht geeignet. Tankstellen benutzen diese leistungsstarken Batterielader, um altersschwachen Batterien noch ein letztes Lebenszeichen zu ermöglichen. Danach findet der Batterie-Exitus um so schneller statt. Die Schnellader arbeiten mit konstanter Spannung, der Strom bleibt ungeregelt. Ohne Zeitschalter wird jede Batterie damit überladen.
Sinnvolle Ladegeräte arbeiten mit der Kennlinie »Wae«. Diese Ladegeräte schalten sich beim Erreichen der Maximalspannung von 14,4 Volt automatisch ab. Ein Überladen wird also zuverlässig vermieden. Bei 12,75 Volt (Ruhespannungswert) wird die Ladung wieder automatisch eingeschaltet.
Batterielader mit der Kennlinie »Wae« kosten etwa 160 bis 240 Mark. Alle modernen Spezialbatterie-Typen können damit geladen werden.

Zusätzliche Ladekontrolle

Noch fortschrittlicher sind Ladegeräte mit einer zusätzlichen Temperatur- und Spannungskontrolle. Diese etwa 700 Mark teuren Lader überwachen neben der Spannung auch die Temperatur in den Zellen. Steigt die Temperatur über das Normmaß an, regelt der Lader die Spannung herunter. Dadurch wird ein besonders schonendes Laden ermöglicht. Auch Ladegeräte aus der Wohnmobilbranche, die etwa 280 bis 350 Mark kosten, haben sich für den Bordbetrieb bewährt. Die Lader können fest montiert werden. Mit einer Leistung von 7 bzw. 12 Ah können auch große Batterien relativ schnell und schonend geladen werden.

Ladestrom mit Kennlinie »Wae«

Der Ladestrom mit der Kennlinie »Wae« richtet sich nach dem derzeitigen Batteriezustand. Leicht entladene Batterien werden zügig mit hohem Ladestrom aufgeladen. Entkräftete Batterien mit geringer Spannung werden zuerst schonend mit geringem Ladestrom hochgepäppelt. Erst bei 12,5 Volt Batteriespannung steigt der Ladestrom dann stärker an. Bei 14,4 Volt Maximalladung schaltet sich das Gerät nicht vollständig ab. Jetzt wird die Batterie mit einem 60 mA **Entladestrom** auf 12,75 Volt wieder entladen. Dann schaltet der Lader wieder auf Batterieladung um. Durch dieses zyklische Be- und Entladen werden die Batterien am besten geschont. Es klingt widersprüchlich, aber jeder Batteriehersteller kann das bestätigen.
Wenn Ihr Ladegerät der Kennlinie »Wae« nicht die Entladeeinrichtung besitzt, können Sie über eine angeschlossene kleine Birne den gleichen Entlade-Ladeprozeß erreichen. Mit dem Entlade-Ladeprozeß wird die Sulfatierung und Plattenverhärtung vermieden.
Mit einem vollautomatischen »Wae«-Ladegerät kann die Batteriebank rund ums Jahr fast unbeaufsichtigt gelassen werden. Für Mittelmeer-Segler mit Landstromanschluß ist das die preiswerteste und sicherste Batteriewartung. Der Säureverlust ist so minimal, daß einmal in sechs Monaten etwas destilliertes Wasser nachgefüllt werden muß. Meistens ist der Wasserverlust kaum sichtbar.

Geeignete Flüssigkeit

Wichtig: Nach jedem Ladevorgang den Flüssigkeitsstand prüfen. Das beste Batteriewasser wird in der Apotheke oder im Chemiehandel unter dem Namen Aqua Demin verkauft. Aqua Demin ist absolut frei von metallischen Rückständen oder Verunreinigungen durch alte Kunststoffkanister und Metalltonnen. Mit Regenwasser sollten Batterien nie aufgefüllt werden. Unsere Luft ist heute schon so stark verschmutzt, daß auch Batterien davon krank werden.

Batterie-Trennschalter

Auch der kleinste 6-PS-Einbau-Dieselmotor braucht eine kräftige Batterie zum Starten. Der Handstart, der noch erklärt wird, ist eine ziemliche Plagerei und scheitert häufig an den ungünstigen Einbaubedingungen. Zum unverkrampften Drehen der Kurbel fehlt der Platz. Deshalb muß die Starterbatterie immer betriebsbereit sein. Meistens wird die Starterbatterie aber zusätzlich als Versorgungsbatterie für die Beleuchtung benutzt. Wer einmal schlechte Erfahrungen damit gemacht hat, ist bekehrt. Ohne eine zweite Versorgungsbatterie sollte auch der kleinste Seekreuzer nicht ausgerüstet sein.

Wechselweises Laden

Der Batterie-Trennschalter erlaubt das wechselweise Laden von zwei Batterien. Zudem kann jede Batterie für sich oder zusammen betrieben werden. Dazu gibt es die Stellungen 1–2 oder 1+2. International bekannt sind die Batterie-Trennschalter von

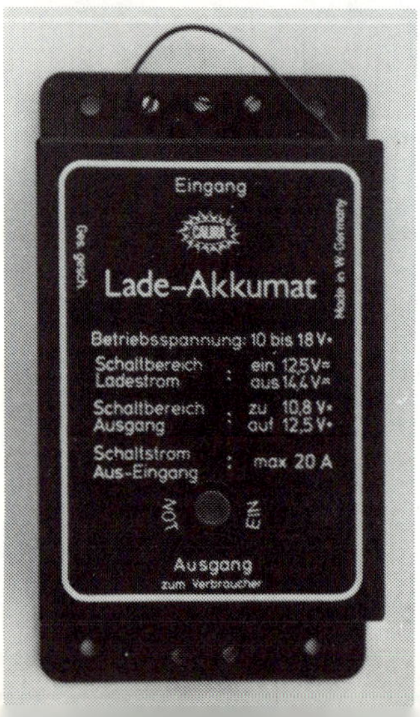

Ein preiswertes Gerät für die Umrüstung von alten, nicht geregelten Ladegeräten in ein automatisch regelndes »Automatik-Ladegerät«. Damit wird ein Überladen der Batterie vermieden. Quelle Calira. Wird bei Wohnwagenhändlern verkauft.

Sogenanntes Panzerrelais von Bosch. Hoch belastbar in der Stromstärke für die leistungsstarken Bordbatterien oder wenn zwei Batterien zusammengeschaltet werden. Bei einfachen Batterie-Hauptschaltern nur bei stehendem Motor von einer zur anderen Batterie umschalten.

Guest und Vetus. Hier lauten die Bezeichnungen: One, Two, Both (Eins, Zwei, Beide). An sich sind Batterie-Trennschalter eine fast perfekte Einrichtung, die sich immer bezahlt macht. Was nicht vollkommen ist, sind meistens die Benutzer.
Nur der Vetus-Trennschalter darf unter Motorfahrt, und damit bei Batterieladung, umgeschaltet werden. Am Guest-Schalter können die Dioden der Lichtmaschine beim Umschalten durchbrennen, weil Spannungsspitzen kurzfristig entstehen.

Umschalten kritisch

Ein Beispiel aus der Praxis: Ihre Starterbatterie ist voll aufgeladen. Nach dem Start möchten Sie die halbleere Versorgungsbatterie nachladen, also den vollen Lichtmaschinen-Ladestrom auf die Versorgungsbatterie. Beim Umschalten von der vollen Starterbatterie zur Versorgungsbatterie arbeitet die Lichtmaschine kurzzeitig ohne Belastung, die Dioden oder der Ladestromregler werden defekt. Manche Lichtmaschinen halten das einige Male gut aus, aber der Teufel will es, und Sie können mit einem defekten Regler oder defekten Dioden Ihre Batterien nicht mehr aufladen.
Deshalb sollte man nur einen Batterie-Trennschalter mit Überlastungsschutz einbauen. Wird der Trennschalter auf die Stellung OFF gestellt, sind beide Stromkreise unterbrochen.

Batterie-Trennrelais

Das Batterie-Trennrelais erlaubt eine gleichzeitige Ladung von Starter- und Versorgungsbatterie. Wird der Motor abgestellt und damit die Ladung durch die Lichtmaschine unterbrochen, schaltet das Trennrelais automatisch auf die Versorgungsbatterie um. Die meisten Yachten sind heute mit Trennrelais ausgerüstet. Der Vorteil liegt in der automatischen Trennung von Start- und Versorgungsbatterie. Der Nachteil überwiegt nach unseren Erfahrungen. Eine gezielte Einzelladung ist nämlich nicht möglich. Für große Batteriekapazitäten sind Trennrelais mit ihren Relaiskontakten nicht alterungsbeständig genug.

Diodenverteiler

Die Nachteile des Trennrelais werden beim Diodenverteiler umgangen. Beide Batterien werden parallel aufgeladen. Die angeschlossenen Verbraucher wie Lichter und Navigationsinstrumente belasten nur die Versorgungsbatterie. Diodenverteiler arbeiten vollautomatisch und absolut verschleißfrei. Als meist vernachlässigter Punkt sollte an sich die Lichtmaschinen-Reglerspannung um 0,5 Volt erhöht werden. Damit wird der Spannungsabfall an den Dioden wieder ausgeglichen. Nur wenige Diodenverteiler-Firmen weisen in den Einbauvorschriften auf diesen Nachteil hin. Ohne Nachregelung werden die Batterien nicht ganz voll geladen.

Hafenromantik

Man kann so schön im Hafen schlafen. Man kann aber auch mal an die Anlasserkabel fassen, ob sie sich nicht lockergerüttelt haben. Denn der Diesel ist ein starker Schüttler, zumal im Leerlauf. Das führte zu einem hübschen Stück Eigenerfahrung: Als der Motor fern des Hafens gebraucht wurde – und zwar dringend – schwieg er sich aus. Grund: Das dicke Anlasserkabel war abgefallen. Und in der Motorbilge lag die Mutter (mit Unterlegscheibe).
Auch bestand der Verdacht, daß bei einer vorzeitig defekt gewordenen Batterie einige Platten losgerüttelt wurden. Eine dämpfende Unterlage wurde seitdem vorgesehen.

Anlasserdefekt

Folgende dpa-Meldung ging vor einiger Zeit an die Presse:
»Nur von drei Apfelsinen und von Meeresalgen lebten zwei spanische Schiffbrüchige, die neun Tage lang in der Biscaya trieben und jetzt gerettet wurden. Die beiden waren am 30. August von Orio im Baskenland aus mit einem Motorboot aufs Meer gefahren. Als sie den abgestellten Motor wieder starten wollten, sprang er nicht mehr an, so daß ihr Boot hilflos im Meer trieb. Rund 30 Schiffe fuhren in Sichtweite der Schiffbrüchigen vorbei, die sich vergeblich bemerkbar zu machen versuchten. Erst am achten Tag stoppte ein Schiff und gab ihnen Lebensmittel, weigerte sich jedoch, das Boot abzuschleppen. Immerhin verständigte es über Funk die Küstenwache, die den abgemagerten Schiffsbrüchigen half.«

UKW-Gerät für den Notfall

Dieser Seenotfall beweist, daß – abgesehen von Binnenrevieren – auch auf die kleinste Yacht heute ein rund 600 Mark preiswertes UKW-Gerät als Teil der Sicherheitsausrüstung gehört. In einem wasserdichten Kunststoffbeutel verpackt kann das Sprechfunkgerät auch ohne Lizenz im Seenotfall von jedem benutzt werden. Mit 40 bis 100

Bosch-Anlasser in »wasserdichter« Ausführung für den Bordbetrieb. Für jeden Motor wird ein passender Anlasser geliefert.

Anker-Geschirr. Die Demontage des Anlassers ist mit Bordmitteln gut möglich. Spätestens alle zwei jahre Anlasser überprüfen lassen (Bosch-Dienst). Dann sind Anlasserdefekte kaum möglich.

Seemeilen Reichweite wird im Küstenbereich der Nord- und Ostsee und im ganzen Mittelmeer der Notruf von einer Küstenwachstelle empfangen. Der Schiffbrüchige kann von der Küstenwache angepeilt werden. Damit wird die Suche erheblich erleichtert.
Bevor ein Seenotruf auf Kanal 16 erfolgt, kann der Anlasserdefekt vielleicht repariert werden. Im folgenden Kapitel werden die Möglichkeiten dazu gezeigt.

Häufige Anlasserdefekte

Anlasserdefekte sind nicht selten. Bei manchen Yachten muß der ganze Motor ausgebaut werden, bevor der Anlasser demontiert werden kann. Leider wird Kontrolle für die elektrischen Zuleitungen von der Batterie zum Anlasser erst durchgeführt, wenn der Anlasser kein »Lebenszeichen« mehr von sich gibt.
Sitzen die Batteriekabel absolut fest? Ist der Hauptschalter eingeschaltet? Leuchtet die Öldrucklampe bzw. das Kontrollicht beim Drehen des Zündschlüssels auf?

Anschlüsse kontrollieren

Jetzt müssen die Kabelanschlüsse direkt am Anlasser kontrolliert werden. Das dicke Kabel ist für die Stromversorgung aus der Batterie zuständig. Das dünne, manchmal

So gut zugänglich wie dieser Anlasser mit Saildrive-Getriebe ist eine Seltenheit (Bukh-Motor).

Schlüsselerlebnis. Mit dem gekrümmten Schraubenschlüssel kann auch im engen Motorraum der Anlasser ausgebaut werden. Gekrümmte Schlüssel lassen sich mit einer Lötlampe selbst anfertigen.

sind es auch zwei dünne Kabel, versorgt den Magnetschalter mit Steuerstrom. Mit der Prüflampe oder einem preiswerten Meßgerät läßt sich der Stromdurchgang leicht überprüfen.
Bei absolut festsitzenden Stromleitungen, einer gut geladenen Batterie und einem intakten Zündschalter sollte jetzt der Anlasser drehen. Wenn nicht, liegt das Problem am Anlasser-Motor selbst oder an seinem Magnetschalter. Dieser Magnetschalter sitzt oben auf dem Anlassergehäuse. Der Magnetschalter rückt das Anlasserritzel ein.
Für die weiteren Kontrollen muß der Anlasser ausgebaut werden.
Dazu wird zuerst die Stromzuführung mit dem Hauptschalter oder durch Abklemmen der Batterie unterbrochen.

Anlasser-Demontage

Das Teilzerlegen des Anlassers ist einfach. Dazu werden die Gehäuseschrauben gelöst, die Schutzkappe wird abgenommen, der Stator vom Anker getrennt und herausgezogen. Die Kohlebrücke wird nun teilweise abgebaut und auf leichte Gangbarkeit überprüft. Die Kohlen werden mit feinstem Schleifpapier angeschliffen oder besser gegen neue Kohlen ausgetauscht. Die Kohlendicke sollte noch mindestens fünf Millimeter betragen.

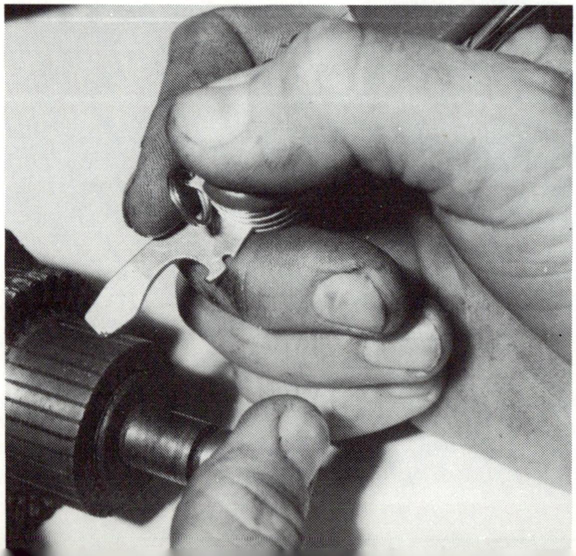

Universalgerät. Mit diesem Taschenmesser-Werkzeug läßt sich der feine Schleifstaub gut vom Anlasserkollektor entfernen.

Jetzt wird der Kollektor mit feinem Schleifpapier überschliffen, und anschließend werden die Lamellen mit einem Werkzeug (Messer) von Schleif- und Kohlestaub gereinigt. Danach wird der Anlasser wieder zusammengebaut.
Ein defekter Magnetschalter kann nicht repariert werden, er muß ausgetauscht werden.

Anlasser dreht kaum durch

Bei richtiger Batteriespannung muß der Anlasser kräftig durchdrehen. Ist dies nicht der Fall, sind die Anlasserkohlen stark verschmutzt. In jedem Fall muß der Anlasser, wie oben beschrieben, gereinigt werden.

Anlasser schmieren?

Kollektor und Kohlen dürfen auf keinen Fall geölt werden, sonst funktioniert der Elektromotor nicht. Die äußeren Lagerstellen der Kollektorwelle sollen nach Betriebsanleitung geölt werden.

Klemmender Anlasser

Wenn das Anlasser-Ritzel klemmt, ist ein helles Klicken am Magnetschalter beim Betätigen des Starterschlüssels zu hören. Ein klemmendes Anlasser-Ritzel läßt sich durch Drehen der Kurbelwelle mit einem großen Schraubenschlüssel vornehmen. Mit einem leichten Hammerschlag auf das Anlassergehäuse kann ein klemmendes Ritzel auch in die Schwungscheibe eingerastet werden.
Schadhafte Schwungrad-Verzahnung ist manchmal die Ursache für ein klemmendes Ritzel. Durch Weiterdrehen der Kurbelwelle kann das Anlasser-Ritzel auf einen noch »gesunden« Schwungscheibenzahn stoßen und einrasten. Klemmt das Anlasser-Ritzel beim nächsten Startvorgang wieder, sollte unbedingt ein Mechaniker aufs Schiff kommen. Bei abgebautem Anlasser kann die Schwungscheibe durch den Anlasser-Schlitz optisch überprüft werden. Dazu muß ein zweiter Mann mit geeignetem Werkzeug (Schraubenschlüssel) langsam die Kurbelwelle drehen.

Vorsorge für Langstreckensegler

Der Ersatzanlasser muß zum Motor passen. Auf keinen Fall sollte auf einen Ersatz-Magnetschalter verzichtet werden. Er kostet etwa 50 Mark und kann in kurzer Zeit durch Lösen der Gehäuseschrauben herausgezogen und ausgewechselt werden. Die Lebensdauer des Anlassers beträgt ohne Wartung etwa drei Jahre. Flußboot-Charterbetriebe wechseln jährlich den Anlasser aus. Er ist neben der Auspuffanlage das verschleißanfälligste Teil am Motor.

Zweite Hilfe

Wir sagten es schon – Seefahrer sind Künstler der Improvisation. Ein weiterer Beispielfall: Ein Skipper wollte sich zumindest auf zwei Faktoren verlassen, nämlich auf einen Ferrozementrumpf und auf Luftkühlung. Daraus wurden zwei Weltumsegelungen.

Ein Automotor

Für den Wind aus der Kiste sorgte der 20 PS starke Motor vom Citroen 2 CV, noch bekannter unter dem Namen Ente. Sein Vorzug war die Luftkühlung – durch ein Gebläse – und damit fiel schon einmal viel Gewicht und technische Mimik weg. Normalerweise war er in einem Holzkasten am Heck versteckt. Zum Antrieb wurde dieser zwecks kühlender Luft abgenommen. Die konventionelle Wellenanlage wurde über eine Motorrad-Kette angetrieben. Die Kosten der Idee: Rund 800 Mark.

Federspeicher-Anlasser

Wer sich nicht auf den stromfressenden Elektrostarter, bzw. auf dessen Stromquelle, die Batterie, verlassen möchte, dem steht eine interessante Starterkraft zur Verfügung. Damit sind z. B. viele offene Rettungsboote der Küstenwachen ausgerüstet. Der Federspeicheranlasser entspricht in den Abmessungen einem normalen Elektro-Anlasser und enthält eine starke Federeinheit, die mittels einer Kurbel vorgespannt wird. Nach etwa zehn Kurbelumdrehungen ist die Feder gespannt und kann jetzt mit einem Auslöseknopf gelöst werden. Das Anlasserritzel greift wie beim elektrischen Anlasser in die Schwungscheibe ein. Die Kurbelwelle beginnt zu drehen, der Motor startet. Zweifellos eine gute Idee!

Große Federkraft

Die Federkraft ist so groß, daß jeder Dieselmotor bis zu einem Liter Hubraum je Zylinder gestartet werden kann. Die Obergrenze liegt etwa bei 65 PS.
Die englische Firma Simms, im Lucas Konzern, baut die Federspeicheranlasser für offene Rettungsboote, Grubenfahrzeuge und Pumpanlagen in abgelegenen Gegenden, wo die Batterieversorgung ungewiß ist. Die Rettungsboote der deutschen Lebensrettungshilfe wurden früher mit Deutz-Zweizylinder-Motoren gefahren, die sowohl eine Handstartkurbel als auch den zusätzlichen Federspeicherstarter hatten. Der luftgekühlte Deutz-Motor verfügt über eine großdimensionierte Schwungscheibe, die zum Durchdrehen einigen Muskelschmalz erfordert.
Der Federspeicherstarter erleichterte das Anlassen auch bei tieferen Temperaturen. Allerdings zeigen sich auch prinzipbedingte Nachteile. Die Feder kann den Dieselmotor nur für etwa 3 Sekunden durchdrehen, dann ist die Federkraft erschöpft. Bei warmen Temperaturen wird der gut gewartete Dieselmotor sofort anspringen, aber bei fünf Grad Minus ist die entstehende Kompressionswärme im Motor zu gering für die Selbstzündung des Kraftstoff-Gemischs.

Direkteinspritzer starten besser

Dieselmotoren mit Direkteinspritzung starten nach den Erfahrungen eines Berufsskippers bei den üblichen ›segeltauglichen‹ Temperaturen spontan und äußerst zuverlässig, weil die Drehzahl des Federspeicher-Anlassers höher ist als beim Elektrostarter. Dieselmotoren mit Direkteinspritzung sind zum Beispiel solche von Volvo oder Perkins bis 65 PS. Die Mercedes 636-Vierzylinder mit 42 PS sind mit indirekter Einspritzung ausgerüstet und müssen deshalb auch vorgeglüht werden. Hier sind Federspeicheranlasser weniger geeignet.

Federspeicheranlasser wie dieser werden auf Rettungsbooten und im Baugewerbe eingesetzt. Die Einbaumaße sind mit normalen Elektro-Anlassern identisch. Mit dem Aufziehgriff werden die innenliegenden starken Federn gespannt. Auf Knopfdruck rastet das Anlasserritzel ein und die gespeicherte Federspannung dreht den Motor durch. Federspeicheranlasser sind etwas teurer als Elektro-Anlasser. Vertrieb über Firma Hoeckle/Perkins (Stuttgart-Vaihingen, Industriegebiet).

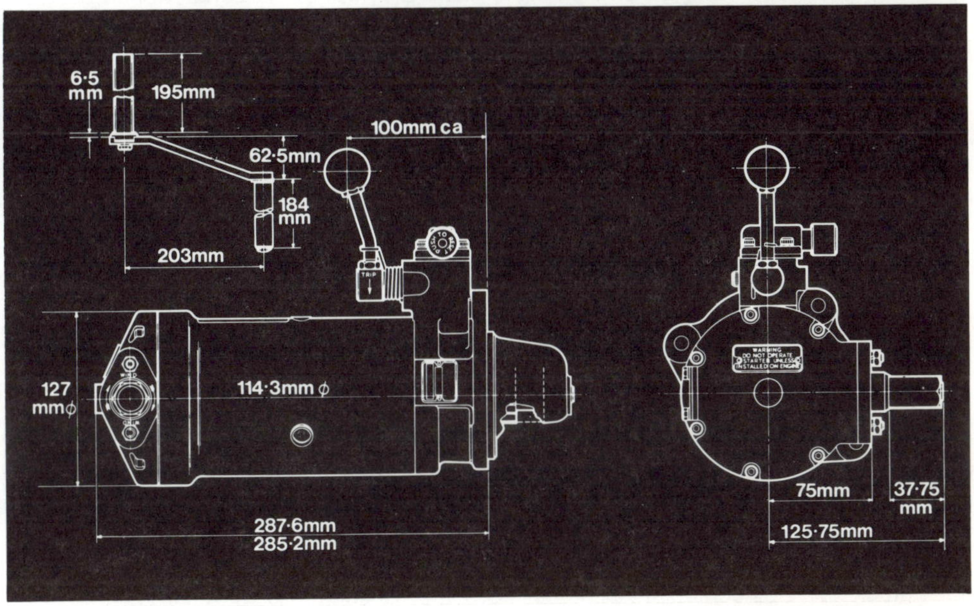

Das Preisverhältnis

Preislich gesehen, sind die robusten Federspeicheranlasser gleich teuer wie ein guter, seewassertauglicher Elektrostarter. Die Firma Hoeckle in Stuttgart verkauft Federspeicheranlasser für rund 1800 Mark z. B. für den 49 PS-Perkins 4-108-Vierzylinder. Teurer ist der Delco-Elektrostarter für den gleichen Motor. Faryman, Hatz, Deutz, Perkins, Volvo, Ruggerini, Ancona und Sabb-Dieselmotoren lassen sich auf Federspeicheranlasser umbauen. Der Service ist durch den weltweit eingeführten Lucas-Elektrokonzern gesichert.

Langstreckensegler sind mit dem Federspeicheranlasser der oft gewünschten Unabhängigkeit von Batterien ein Stück näher. Wir halten aber eine generalüberholte Ersatzlichtmaschine, Ersatzanlasser und eine vorgeladene Ersatzbatterie mit zusätzlichem Säurepack für die praktikablere Lösung für die Mehrzahl der Blauwassersegler. In exotischen Gegenden werden die offenen Rettungsboote der Küstenwache wohl noch einige Jahre lang mit Handstart- oder Federspeicheranlassern gestartet werden. An unserer Küste sind heute ausschließlich geschlossene Rettungsboote im Einsatz.

Ein Elektrostarter bringt die Motoren der kleinen Rettungsboote zum Laufen. Die Batterien werden konstant über den Stromgenerator nachgeladen. Statt der luftgekühlten Motoren sind heute fast immer wassergekühlte Motoren auch im kleinen Tochter-Rettungsboot eingebaut.

Andere Start-Hilfsmittel

Der Vollständigkeit halber möchten wir noch die druckluftbetätigten Anlasser und die Startpatronen erwähnen. Luftdruck-Anlasser gibt es nicht für Yachtmotoren, aber die meisten Großdieselmotoren werden damit gestartet. Start- oder Zündpatronen erwekken den Lanz-Bulldog zum Leben, moderne Yacht-Dieselmotoren können mit Zündpatronen nicht gestartet werden.

Der Handstart

Die meisten kleineren Fischereifahrzeuge werden jeden Tag mit der Handkurbel gestartet. Nach wenigen kräftigen Umdrehungen läuft der kleine Dieselmotor. Für das Anlassen braucht der Motor weder Batterie noch Elektrostarter. Was nicht eingebaut ist, geht auch nicht kaputt – das ist die logische Konsequenz der praktisch veranlagten Seeleute.
Bei unseren Yachten werden auch die kleinsten Dieselmotoren mit dem Elektrostarter ausgerüstet. Das ist bequem und verhilft zur kostenlosen Batterieladung während der Motorfahrt. Eine zusätzliche Handkurbel für den Handstart wird bei fast allen Motoren bis etwa 22 PS mitgeliefert. Leistungsstärkere Motoren können nicht mehr per Hand gestartet werden. Dann muß der Elektrostarter die Arbeit übernehmen.

Handstart probieren

Jeder Segler sollte den Handstart an seinem Motor im sicheren Hafen ein paar Mal ausprobieren. Bei schwacher Batterie ist der Handstart lebensverlängernd für die Batterie, zudem wird die Spannung schneller wieder aufgebaut. Bei einem totalen Batteriekollaps ist der Handstart die einzige Möglichkeit, den Motor wieder in Schwung zu bekommen.

Dekompressionsventil

Handstartgeeignete Kleindiesel-Motoren sind immer mit einem automatischen oder manuellen Dekompressionsventil ausgerüstet. Dieses Ventil baut den Kompressions-Innendruck der Zylinder beim Ankurbeln ab. Ohne Dekompressionsventil kann der Motor nur sehr schwer durchgedreht werden. Die nötige Drehzahl für die Selbstzündung des Kraftstoffgemischs kann ohne verminderten Kompressionsdruck auch vom stärksten Mann nicht erreicht werden. Das Dekompressionsventil ist eine feine Sache und läßt sich auch beim Elektrostart mit schwacher Batterie benutzen.
Beim Handstart wird die Kurbel in die dafür vorgesehene Führung an der Kurbelwellenscheibe eingesteckt. Jetzt wird der Dekompressionsventil-Knebel voll nach rechts gedreht (Betriebsanleitung nachlesen). Damit ist das Ventil offen. In dieser Stellung kann der Motor leicht durchgedreht werden.
Bei offenem Ventil dreht man die Kurbel mit beiden Händen so schnell wie möglich (Betriebsanleitung nachlesen, dort wird die Drehrichtung des laufenden Motors gezeigt). Bei jeder Umdrehung springt der Dekompressionsventil-Knebel um eine Raste in die Ausgangsstellung zurück. Nach vier Kurbelumdrehungen ist das Ventil geschlossen, der Motor wird bei der nächsten Umdrehung zünden. Gleichzeitig muß nun die Handkurbel ausrasten.
Mit einem automatischen Dekompressionsventil sind fast alle entsprechenden Motoren ausgerüstet. Das manuelle Dekompressionsventil muß nach den ersten fünf, sechs Umdrehungen einfach per Hand in die Ausgangslage zurückgedreht werden. Je

schneller gedreht wird, desto wirksamer wird die Schwungmasse, und der Motor springt auch bei zu schneller Rückstellung des Dekompressionsventils an.

Handstart vorführen lassen

Manche Wassersportler scheuen den Handstart-Versuch. Allerdings sind einige Yachten derart verbaut, daß sich die Handkurbel nur mit größeren Verrenkungen drehen läßt. Beim Kauf einer neuen oder gebrauchten Yacht sollte der Händler den Handstart vorführen. Dann merken Sie rasch, wo die Probleme liegen.

Der Kraftaufwand

Über den erforderlichen Kraftaufwand wird viel Falsches erzählt. Ein Zehnjähriger konnte z. B. einen 9 PS-Faryman-Diesel einwandfrei mit der Hand starten. Im Winter kann bei niedrigen Temperaturen das Motoröl sehr zäh an den Zylinderwänden sitzen. Dadurch wird das Kurbeln mühsam. Mit etwa 10 Umdrehungen an der Kurbel werden die Kolben schon geschmiert. Dann nimmt man den Lufteinlaßstutzen ab und spritzt beim zweiten Kurbelvorgang nach etwa 4 Umdrehungen etwas Starthilfe-Spray ein. Einspritzen und dann erst Kurbeln ist die falsche Methode. Der Motor muß vor dem Einspritzen drehen, sonst können die Kolben beschädigt werden (siehe auch »Tips für den Notfall«).
Einige der bekanntesten Weltumsegler verzichten lieber auf ein paar Mehr-PS gegenüber einem Motor, der mit Handkurbel gestartet werden kann. Von der Betriebssicherheit her ist diese Entscheidung durchaus logisch.

Batterie immer anschließen

Wichtig: Auch beim Handstart darf der Motor nur bei angeschlossener Batterie angekurbelt werden, sonst werden die Gleichrichter in der Lichtmaschine beschädigt und sie lädt die Batterien nicht mehr auf.

Ein Tief im Anmarsch

Da war die Yacht, die bei Steam in den Hafen einlaufen wollte. Erst kurz davor wurde der Motor gestartet – er antwortete mit eisigem Schweigen. Mit vollem Brass also durch die Einfahrt und hier wurde ein Aufschießer dringend nötig. Aber der reichte nicht aus und noch ein Vollkreis und noch einer. Das war meisterlich – aber noch besser wäre es gewesen, sich mal um die Batterie zu kümmern. Außerdem gibt es Rezepte, auch ohne diese den Motor zu starten.

Leistungsaufwand vermindern

Sofern der Motor nicht über einen Dekompressionshebel und Handkurbel verfügt, muß der Starter von zu hoher Startleistung entlastet werden. Dazu wird, falls vorhanden, der Luftfilter abgeschraubt. Jetzt drückt eine Person mit einem festen Handschuh fest auf den Luft-Einlaßstutzen. Wird nun der Starter betätigt, baut der Motor keine Kompression auf. Die Kurbelwelle wird sich trotz schwacher Batterie einigermaßen schnell drehen, die Schwungmasse tut ein übriges. Nach etwa drei Sekunden schneller Drehzahl gibt man den Lufteinlaß mit dem darübergepreßten Handschuh frei. Sobald der Motor Verbrennungsluft ansaugt, wird er bei intakter Kraftstoffversorgung starten. Die Gashebelstellung muß bei diesem Notstart-Manöver auf volle Leistung stehen. Sobald es im Motor zündet, muß die Drehzahl natürlich abgesenkt werden. Nach einigen Minuten leicht erhöhter Leerlaufdrehzahl kann der Luftfilter wieder aufgeschraubt werden.

Notstart mit Startpilot-Spray

Mit den Startpilot-Sprays verschiedener Hersteller lassen sich Benzinmotoren im Winter auch mit schwacher Batterieleistung noch starten. Nicht unproblematisch ist die Anwendung bei Dieselmotoren. Grundsätzlich dürfen Starthilfe-Sprays nur bei laufendem Motor und ausgeschalteten Glühkerzen benutzt werden.

Starthilfe-Sprays enthalten ein hochzündfähiges Gemisch, das in den Lufteinlaßstutzen in sanfter Dosierung (½ Sekunde etwa) gespritzt wird. Bei zu hoher Dosierung kann die ›Zündexplosion‹ auch in der Kurbelwanne stattfinden und zu einem Motorschaden führen.

Starthilfe. Der Luftfilter ist abgebaut. Jetzt wird der Starter betätigt und mit kurzen Starthilfe-Sprayschüben ein Äthergemisch in den Ansaugtrakt gesprüht. Wichtig: Der Motor muß unbedingt beim Sprühen drehen, sonst kann es zu einer »inneren Explosion« kommen mit Pleuel- oder Kolbenschaden. Faustregel für die Dosierung: 1 Sekunde bei drehendem Motor sprühen, dann vier Sekunden Motor drehen lassen. Erneut 1 Sekunde sprühen, dann wieder 4 Sekunden Motor drehen lassen. Wenn jetzt der Diesel immer noch nicht zündet, sollte der Startversuch erst nach etwa fünf Minuten wiederholt werden, sonst ist die Batterie- und Anlasserbelastung zu groß. Mit griffbereitem Lappen kann eine Verpuffung im Ansaugtrakt erstickt werden.

Dreht der Anlasser die Kurbelwelle beim Einspritzen, ist die Gefahr von einem Kolbenschaden praktisch ausgeschlossen. Deshalb empfiehlt z. B. Perkins die Anwendung ausdrücklich nur bei laufendem Motor, was natürlich für alle Dieselmotoren gilt.
Die Vorglüheinrichtung darf deshalb nicht betätigt werden, weil sich sonst das Starthilfegemisch schon im Glühkerzenraum entwickelt. Deshalb ohne eingeschaltete Vorglühung mit Starthilfe-Sprays starten.
Statt der bequemen Starthilfe-Sprays ist ein leicht benzingetränkter Lappen über dem Lufteinlaß ein mindestens so effektiver Starthelfer. Der Lufteinlaß darf aber nur zur Hälfte mit dem Lappen zugedeckt werden.
Nach dem Entlüften oder nach einer langen Winterpause kann ein Starthilfe-Spray die eventuell schon schwache Batterie stark entlasten. Aber Vorsicht ist immer angebracht. Es kann zu einer leichten Verpuffung kommen, wenn zu viel Starthilfe eingespritzt wird oder Benzindämpfe benutzt wurden. Mit einem Schutzhandschuh verbrennt man sich nicht die Finger am heißen Lufteinlaßstutzen.

Extrem schwache Batterie

Bootsmechaniker sind in der Lage, eine mehrzylindrische Maschine mit einer extrem schwachen Batterie zu starten.
Bei einem Vierzylindermotor müssen drei Zylinder vorübergehend ›stillgelegt‹ werden. Dazu wird der Ventildeckel abgeschraubt. Dann wird unter drei Kipphebel je ein Schraubenzieherblatt gedrückt (zwischen Kipphebel und Ventilschaft). Dann wird der Anlasser betätigt, und es passiert folgendes: Der vierte Zylinder wird starten, die drei auf diese Weise dekomprimierten Zylinder starten dann der Reihe nach, wenn die Schraubenzieher unter den Kipphebeln weggezogen werden. Diese echte Notstartmethode ist aber nichts für Anfänger. Der Profimechaniker kann damit allerdings auch noch mit einer extrem schwachen Batterie einen Vierzylinder-Motor zum Laufen bringen.

Notstart ohne Batteriestrom

Ganz ohne Batteriestrom kann ein 50 PS-Motor nur dann gestartet werden, wenn die Kurbelwelle etwa fünf Sekunden mit hoher Drehzahl drehen kann. Ein amerikanischer Weltumsegler benutzte dafür die zweite Riemenscheibe an seinem Westerbeke-Motor. In diese zweite Riemenscheibe feilte er eine schräge Nut. Dann hängte der Improvisa-

Mit einer zweiten Keilriemenscheibe läßt sich eine Notstart-Einrichtung herstellen. Dazu wird eine Riemenkante so ausgefeilt, daß eine Nut für eine starke Starterleine entsteht. Bis zu 30 PS starke Dieselmotoren lassen sich damit wie ein Außenborder anwerfen und man sieht wieder Land.

tions-Künstler eine zehn Meter lange und acht Millimeter starke Seglerleine als Starterkabel ein – ganz wie beim Außenbordmotor.
Jetzt mußte natürlich noch genügend Kraft und Schwung auf die Riemenscheibe gebracht werden. Dazu war der hintere Besanmast gerade recht. Dann wurde unterhalb der Saling ein Block befestigt und das zehn Meter lange Tau durchgezogen und der Tauwerkrest um die Riemenscheibe gewickelt. Das andere Ende befestigte er an seinem Bootsmannstuhl. Jetzt ließ er sich mitsamt der gespannten Leine vier Meter abwärts fallen. Der Schwung an der Riemenscheibe reichte aus, den Motor ohne Anlasser zu starten. Der verstauchte Knöchel war bald vergessen.

Notstart mit zwei schwachen Batterien

Nicht unbedingt empfehlenswert, aber im äußersten Notfall doch erfolgreich kann folgende erprobte Startmethode sein. Zwei fast vollständig entleerte Batterien geben zusammengeschaltet »hintereinander« statt der 2 × 12 Volt = 24 Volt nur etwa 16 Volt ab. Mit 24 Volt würde der Startermotor durchbrennen, bei 16 Volt hält der Starter diese Radikal-Methode einmal durch. Die Lichtmaschine wird durchgebrannte Dioden und einen defekten Regler haben, aber der Motor läuft. Die Methode geht folgendermaßen vor sich.
Der Plus-Pol der einen Batterie muß mit dem Minus-Pol der 2. Batterie verbunden werden. Wie gesagt, ist diese Notstartmethode nur im äußersten Notfall anzuwenden. Die Folgeschäden an der Lichtmaschine, dem Starter und der beiden nun völlig entladenen Batterien sind ein teurer Preis.

Notstart mit Starthilfe-Kabel

Nicht unbedingt ein Notstart ist das vom Personenwagen inzwischen gebräuchliche Notstartmanöver mit einer zweiten Batterie. Für Lastwagen gibt es extrem lange und auch hoch belastbare Starterkabel. Damit kann eine Batterieverbindung von einem zum

Notstart. Was hier demonstriert wird, ist nichts für Amateure. Der 50-PS-Perkins 4–108-Vierzylinder eines der Verfasser wird mit Hilfe von vier Schraubendrehern trotz schwacher Batterie gestartet. Die Schraubendrehenklingen werden unter die Kipphebel geschoben, dadurch wird die Kompression drastisch reduziert, der Anlasser dreht damit leicht durch. Bei genügend hoher Drehzahl wird eine Klinge nach der anderen herausgezogen. Jetzt zündet ein Zylinder nach dem anderen.

nächsten Schiff gelegt werden. Immer Minus-Pol zu Minus-Pol und Plus-Pol zum Plus-Pol-Kontakt legen. Die Lichtmaschine braucht in der Regel dazu nicht abgeklemmt werden. Der Motor des anderen Schiffes sollte laufen.

Notstart mit Funkbatterie

Amateurfunkgeräte sind mit etwa 40 Ampère starken NC-Akkus ausgerüstet. Eine 25 PS starke Dieselmaschine kann mit diesem Akku gestartet werden, wenn zuvor die Kompression vermindert wird (siehe den betreffenden Abschnitt). Der bekannte deutsche Solorennsegler Wolfgang Quix bekam mit Hilfe von zwei 6 Volt Batterieblöcken (für die Wasserversorgung) den 12 PS Diesel wieder zum Laufen.

Manöver mit Beiboot

Einige der bekanntesten Langstreckensegler, wie das amerikanische Weltumsegler-Ehepaar Lin und Larry Pardey, segeln mit ihrer 10 m langen und 7,5 Tonnen schweren Holzyacht ganz ohne Einbaumotor. Jahrhunderte lang wurden schließlich so die größten Windjammer bewegt. Ein 2 bis 4 PS starker Außenbordmotor sorgte bei totaler Flaute für genügend Vortriebskraft. Dazu wird das Beiboot leicht hinter der Mittschiffslinie mit einer Vor- und Achterleine parallel zur Yacht befestigt. Ziehen oder von achtern

Bei ruhigem Wetter kann jede Yacht mit einem solchen Westentaschendampfer zum sicheren Hafen bugsiert werden. Dazu wird das Beiboot leicht hinter der Schiffsmitte versetzt mit Vor- und Achterleine und zwei Springs festgemacht. Dieser rund 12 Tonnen schwere Langkieler läßt sich mit einem 2-PS-Yamaha-Außenborder bei glatter See im Fußgängertempo voranschieben. Mit 4 PS sind 3 bis 4 Knoten Fahrt möglich.

Schieben ist absolut zwecklos. Nur parallel angebracht wird die Vortriebskraft optimal aufs große Schiff umgesetzt. Die Steuerwirkung an der Yacht beginnt schon bei einem Knoten Fahrt. Auf diese Weise werden heute große Regattaschiffe an den Start gebracht.

Auch mit 1,5 PS

Mit dem 1,5 PS starken Yamaha-Einzylinder-Außenborder schob einer der Verfasser so eine 11 Tonnen schwere Yacht fast 2 Seemeilen weit in den Hafen von Toulon. Gechwindigkeit etwa 2 Knoten Fahrt. Ein 4 PS-Außenborder schiebt die gleiche Yacht mit 3 Knoten Fahrt durch glattes Wasser. Werden Sie von einer anderen Yacht in den Hafen geschleppt, empfiehlt sich auch die parallele Schiebemethode, dann kann der ›Bugsierdampfer‹ Ihre Yacht beschleunigen und abbremsen.
Wer zwei lange Riemen dabei hat, kann eine zehn Tonnen schwere Yacht mit gut zwei Knoten Fahrt rudern. Lange Riemen gibt es bei Rettungsboot-Ausrüstern zu kaufen. In Frankreich sind zwei Riemen für jedes Segelboot bis 8 m Länge sogar vorgeschrieben.

Notfalls bis zum Hafen segeln

Wenn Sie kein Beiboot mit Außenborder oder Riemen dabei haben, können Sie bis zum nächsten sicheren Hafen segeln. Dort werfen Sie bei einer engen Hafeneinfahrt in der Nähe der Ausfahrt den Anker. Der Hafenkapitän oder ein anderer hilfreicher Wassersportler wird Sie dann sicher in den Hafen bugsieren. Die wirklichen Probleme ergeben sich nicht immer aus einem streikenden Motor, sondern immer durch die Mannschaft, die unter Zeitdruck ein riskantes Anlegemanäver mit zu viel Segelfläche fährt. Deshalb lieber ankern, bessere Bedingungen abwarten und die richtige Entscheidung ohne Nervosität treffen. Die Welt kommt auch ohne Sie für ein paar Stunden oder Tage zurecht.

Notstart bei defektem Zündschloß

Eigene Erfahrung: In den vergangenen sieben Jahren mußte zweimal das Zündschloß ausgetauscht werden. Ein Ersatzzündschloß kostet etwa 30 Mark und kann einem anderen Skipper im Notfall weiterhelfen. Der Motor kann auch ohne Zündschloß sicher gestartet werden. Dazu wird direkt am Anlasser eine elektrische Verbindung zwischen der dicken und der dünnen Klemme hergestellt. Benutzen Sie dabei einen dicken, isolierten Schraubendreher oder ein ähnliches Werkzeug, das einen isolierten Griff besitzt. Zudem sollten Sie ihre Hand mit einem Gummihandschuh gegen Funkenschlag schützen.
Das Zündschloß läßt sich nicht reparieren. Der laufende Motor wird mit dem Stopknopf (Magnetschalter) abgestellt. Wenn der Magnetschalter defekt ist, kann der ›Gaszug‹ an der Verteiler-Einspritzpumpe so weit rückgestellt werden, bis der Motor steht. Wenn dies nicht möglich ist, kann die Luftzufuhr unterbrochen werden. Dazu schrauben Sie bei laufendem Motor den Luftfilter ab und drücken eine Hand mit einem Lederhandschuh fest auf den Lufteinlaßstutzen. Der Motor wird so oder auf andere Weise »erstickt«.

Austausch-zündschloß

Beim Austausch des Zündschlosses sollte der Batterie-Hauptschalter auf der Stellung OFF stehen. Wenn das Bordnetz nur über ein Trennrelais versorgt wird, muß die Batterie bei allen Arbeiten an der elektrischen Anlage abgeklemmt werden, sonst riskieren Sie einen kapitalen Kurzschluß.

Stromversetzung

Sicher ist sicher, sagte der Skipper und goß etwas Rum in die See, bevor er die Flasche an die Lippen setzte. Nun war Neptun befriedigt. Es gab Fälle, da dieses Mittel nichts half. Oder es war kein Rum an Bord. Um ganz beruhigt zu sein, kann man zum Beispiel eine zusätzliche Lichtmaschine (Generator) montieren. Sie wird von den meisten Motorenherstellern angeboten und ist eine durchaus sinnvolle Anschaffung für zusätzliche Sicherheit bei Langfahrten.

Vorteile

- Zweites, unabhängiges Ladesystem für große Batteriekapazität.
- Höhere Leistung gegenüber der Standardausführung.
- Stand-by Ladesystem bei Ausfall des Standard-Generators.

Nachteile

- Relativ hohe Anschaffungskosten.
- Einbauprobleme durch zu engen Motorraum.
- Mögliche größere Belastung des Kurbelwellen-Endlagers.
- Leistungsminderung der Antriebsmaschine.

Auf großen Motoryachten wird heute fast ausschließlich mit einem zweiten Ladegenerator gefahren. Die Vorteile überwiegen dabei weitem die Nachteile. Auf Segelyachten trifft man relativ selten auf eine zweite Lichtmaschine, weil dort die Einbaumöglichkeiten oft schlechter sind. Auch wenn genügend Platz für einen Zusatzgenerator da ist, kann die Zugängigkeit zur Einspritzpumpe oder zum Anlasser verbaut werden. Allzu häufig erhalten diese Aggregate nicht die vorgeschriebene Wartung. In der Regel werden nur alle zwei Jahre oder etwa nach 600 Betriebsstunden der Anlasser und die Einspritzpumpen ausgebaut. Der Ausbau der zweiten Lichtmaschine ist kein Hexen-

Verschiedene Motorfirmen, so Volvo, liefern Zusatz-Drehstromgeneratoren mit etwa 88 Ampere Leistung. Durch den integrierten Laderegler läßt sich eine von der Motorlichtmaschine völlig getrennte Batteriestrom-Versorgung einrichten. Der 2. Drehstromgenerator ist nur mit einer zweiten Batteriebank sinnvoll, weil nur maximal mit 10% der Batteriekapazität nachgeladen werden kann. Soviel leistung bringt aber schon die Hauptlichtmaschine.

werk und dauert nicht mehr als eine viertel Stunde Arbeit. Wo Platz ist, lohnt die Anschaffung eines zweiten Ladegenerators nach eigenen, guten Erfahrungen bei Langstrecken-Törns.

Hohe Kosten

Wenig angenehm sind die ganz beachtlichen Anschaffungskosten eines 50 bis 88 Ampère starken Zusatz-Generators. Das gute Stück kostet mit Anbaukonsole, Keilriemenscheibe, Keilriemen und Batterie-Zuleitungskabel rund 1300 Mark. Fürs gleiche Geld könnten auch ein recht leistungsfähiges Solarmodul (2 Ampère) oder ein 10 Ah-Windgenerator angeschafft werden.
Allerdings liefert kein preislich vergleichbares zusätzliches Ladesystem ähnlich viel Ladestrom für Ihre Batterien wie der zweite Ladegenerator.

Getrennte Batterien

Richtig sinnvoll ist der zusätzliche Generator dann, wenn die Versorgungsbatterien völlig getrennt von der Hauptlichtmaschine geladen werden. Im Notfall kann dann mit einem Trennschalter zum Motorstart auf die Versorgungsbatterien umgeschaltet werden. Bei allen bekannten Ladegeneratoren ist der Regler im Gehäuse schon integriert. Ein Überladen kann bei richtig eingestelltem Regler und der entsprechenden Batterie ausgeschlossen werden.
Fällt der Haupt-Ladegenerator durch einen Defekt aus, kann der zweite Ladegenerator genügend Leistung für die Start- und Versorgungs-Batterien aufbringen. Hier liegt der größte Vorteil eines zusätzlichen Generators.
Bei relativ leistungsschwachen Dieselmotoren kann eine zweite Lichtmaschine zu einer spürbaren Leistungsminderung führen. Ein 6 PS-Einzylinder Motor wird um etwa 2 PS in seiner Leistung reduziert, sofern beide Lichtmaschinen ihre Maximalleistung bringen.

Überbeanspruchung?

Schlüssige Beweise für eine Überbeanspruchung des Endlagers an der Kurbelwellenriemen-Scheibe gibt es bisher nicht. Aber die bekannten Motorenfirmen wie Volvo oder Yanmar bieten Umrüstsätze für den zweiten Ladegenerator erst ab der 10 PS-Leistungsklasse an. Drei- und Vierzylinder Motoren von 25 PS und darüber verkraften den 2. Generator ohne Probleme. Der Unterschied ist nach unseren Erfahrungen nicht wahrnehmbar.
Wer dennoch Probleme mit der Leistung und dem eventuellen höheren Verschleiß des Kurbelwellen-Endlagers befürchtet, sollte sich die Charter-Yachten ansehen. Dort werden alle leistungsfähigen Tiefkühlboxen über eine zusätzliche Riemenscheibe am Motor angetrieben. Der Kühlkompressor nimmt bei Maximalleistung 3 bis 5 PS an der Maschine ab. Die Belastungen des Kurbelwellen-Endlagers sind dort viel größer. Charter-Yachten sind meistens recht knapp motorisiert. An sich müßten damit Probleme auftreten, was aber nicht der Fall ist. Sofern es die Einbaubedingungen zulassen, kann eine 2. Lichtmaschine deshalb empfohlen werden.

Erneuerte Lichtmaschinen

Der hohe Anschaffungspreis läßt sich mit einer generalüberholten Lichtmaschine umgehen. Damit schlägt man zwei Fliegen mit einer Klappe. Beim Ausfall der Haupt-Lichtmaschine kann ohne Probleme mit einem eventuell nicht passenden Regler der zusätzliche Generator direkt an Stelle der defekten Hauptlichtmaschine montiert werden.
Wie bei allen Arbeiten an der Lichtmaschine darf der Bootsdiesel beim Austausch nicht laufen, sonst werden Regler oder Dioden beim Anschließen der Stromkabel unreparierbar beschädigt.

Dieser Bosch-Drehstromgenerator ist für den Bordbetrieb bestimmt. Wasserdichtere Ausführung als bei Autolichtmaschinen und seefestere Kontakte. Gibt es auch nachträglich für jeden Bootsmotor.

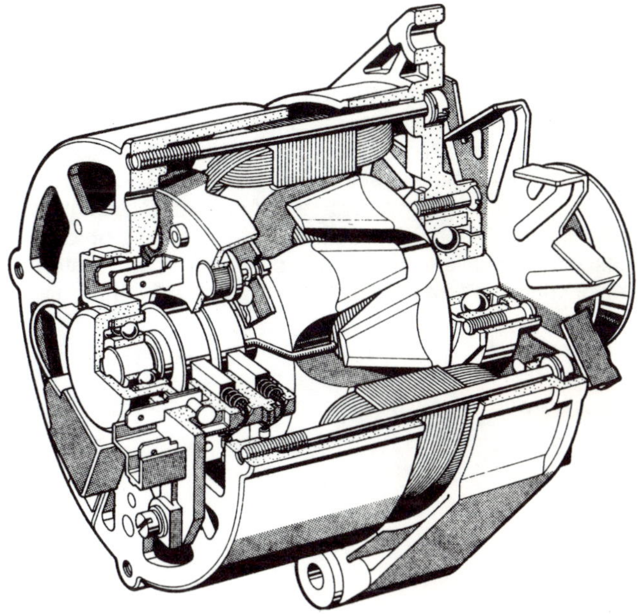

Marine-Lichtmaschinen

Seewassergeschützte Generatoren (Lichtmaschinen) kosten etwa das Dreifache der bekannten Kfz-Drehstrom-Lichtmaschinen. Es gibt immer noch genügend Umrüstbetriebe und Werften, die sich das Geld für die Marine-Lichtmaschinen einsparen und den Kunden »die Suppe auslöffeln lassen«. Das Innenleben der heute ausschließlich verwendeten Drehstrom-Lichtmaschinen ist gleich. Erhebliche Unterschiede gibt es unter dem Begriff Sicherheitsaspekte.

Marine-Lichtmaschinen sind prinzipiell explosionsgeschützt. Alle beweglichen Teile sind verkapselt, damit keine Funken nach außen dringen können. Benzindämpfe entweichen beim Personenwagen durch Luftumwälzung aus der Motorhaube, beim Schiff sammeln sich die explosiven Gase in der Bilge oder im Motorraum. Deshalb sind Motorraumentlüfter zum Explosionsschutz für Sportboote mit Benzinmotor Vorschrift, ja lebensnotwendig.

Explosionsschutz

Dieselkraftstoffdämpfe sind weniger explosiv, dennoch zeigt die Schadensstatistik der Versicherugnsunternehmen eine prozentual fast identische Anzahl von Diesel- und Benzinbränden auf Yachten. Die großen Bootsmotoren-Firmen rüsten ihre Benzin- und Dieselmotoren deshalb grundsätzlich mit explosionsgeschützten Marine-Generatoren aus. Das gleiche gilt für den elektrischen Anlasser. Hier sind die Preise noch gravierender. Ein Delco Remy-Startermotor beim Perkins 4-108 in Marinequalität kostet sage und schreibe 1990 DM ohne Mehrwertsteuer. Den leistungsmäßig vergleichbaren Bosch-Kfz-Anlasser gibt es neu für knapp 500 Mark.

Generalüberholte Lichtmaschinen und Anlasser sind so gut wie neu. Deshalb lohnt die Suche nach gebrauchten Marine-Aggregaten durchaus. Die läßt man im Fachbetrieb überholen und hat dann vernünftige Ersatzteile für den Notfall.

Marine-Anlasser

Marine-Anlasser sind gegenüber der Kfz-Ausrüstung neben der besseren Explosionssicherheit mit zusätzlichen Dichtungen und Abdeckteilen gegen Seewassereinflüsse geschützt. Bei hohem Seegang kann aus der überfluteten Bilge durchaus Wasser an die tief liegenden Motorteile schlagen. Lange hält das auch ein Marine-Anlasser nicht aus, aber Kfz-Anlasser sind eben eindeutig ›wasserdurchlässiger‹.
Ein interessanter Kompromiß sind Anlasser und Lichtmaschinen aus der Gabelstapler- oder Baumaschinen-Branche. Hier werden hohe Anforderungen an die Wasserdichtheit gestellt. Marinisierte Baumschinen-Motoren von Caterpillar oder MAN gelten als fast unverwüstliche Exemplare, die sich für den Yachtbedarf besonders gut eignen.

Fingerzeig: *Bei bestimmten Motoren kann man auch eine zusätzliche doppelte Riemenscheibe auf die Kurbelwelle montieren. Die eine Scheibe für den 2. Generator und die andere für eine Lenzpumpe, die auch zur Bootswäsche genützt werden kann.*

Richtig verklickert

Was wir brauchen, sind Informationen und da wir in der Epoche der Drucktasten und der Digitalisierung leben, erhalten wir sie auch – mehr als genug. Dennoch können wir hier nicht über alle Möglichkeiten berichten. Und am Bordcomputer, der uns auch das Denken abnimmt, wird noch gearbeitet.

Fehler erkennbar

Es gibt menschliche und technische Fehlerquellen. Pendelt z. B. der Zeiger des Drehzahlmessers bei konstanter Gasstellung um etwa 100 Umdrehungen hin und her, kann ein elektrischer Wackelkontakt in der Zuleitung vorliegen oder auch Luft in der Kraftstoffleitung sein. Selbst eine hängengebliebene starke Plastiktüte an der Antriebschraube kann Drehzahlschwankungen verursachen. Instrumente sind also nur so gut wie der Mensch, der sie abliest.

Drehzahlmesser-Anzeige

Er ist das wichtigste Instrument für die Motorüberwachung, er zeigt sozusagen den Puls des Motors an. Bei schnellen Segelyachten wird die Anzeige durch den Wellengang beeinträchtigt. Surft die Yacht eine Welle hinunter, wird die Drehzahl um etwa 300 U/min ansteigen. Bei Gegenströmung sinkt die Drehzahl deutlich ab, mitlaufende See

Luxusfloß. Offshore-Rennboote kosten eine runde Million Mark. Da spielen die Kosten für eine sinnvolle Motorüberwachung durch Instrumente keine Rolle mehr. Was zählt, ist die Betriebssicherheit unter schwersten Rennbedingungen. Hier sind die bekannten Zeigerinstrumente trotz der Digitalinstrumente immer noch die erste Wahl. Die Ablesbarkeit ist besser.

hebt die Drehzahl an. Schwankende Drehzahl bei ruhiger See läßt auf verunreinigten Kraftstoff schließen. Die Kraftstoffleitung ist durch Luft, Wasser oder Schmutz teilweise blockiert. Der fast leergefahrene Tank zeigt sich durch kurzfristig stark schwankende Drehzahlen an. In jedem Fall muß danach die Kraftstoffanlage vollständig entlüftet werden.

Mißtrauen angebracht

Kann der Drehzahlmesser falsch anzeigen? Grundsätzlich ja. Ein gesundes Mißtrauen ist aber bei jedem Instrument angebracht. Drehzahlmesser-Zuleitungen sind an der Klemme W der Lichtmaschine angebracht. Der Drehzahlausschlag richtet sich nach der Drehzahl der Lichtmaschine, nicht nach der Drehzahl der Kurbelwelle im Motor! Eine kleine oder größere Keilriemenscheibe für den Antrieb der Lichtmaschine verändert deshalb auch die Drehzahlmesser-Anzeige. Eine Ersatzlichtmaschine kann durchaus mit einer geringfügig größeren Keilriemenscheibe ausgerüstet sein, Dadurch wird dann wieder die Drehzahlanzeige verändert. Wichtig bei Nachrüstung mit Auto-Lichtmaschinen vom Schrottplatz.

Kühlwasser-Temperaturanzeige

Eine fehlerhafte Kühlwasser-Temperaturanzeige kann zu Überhitzungen im Motor und damit zum Motorschaden führen. Beim Einkreiskühlsystem (siehe Kapitel »Kühlung«) wird die Wassertemperatur im oberen Teil des Motors abgenommen. Hier am Zylinderkopf ist die Kühlwassertemperatur am höchsten.

Akustische Warnung

Bewährt hat sich ein akustischer Warnton. Viele Yachten werden mit diesem akustischen Warngeber ausgerüstet. Eine leicht ansteigende, über das gesunde Maß hinausgehende Temperaturerhöhung wird aber damit verschwiegen. Yachtmotoren laufen auch mit eingeschalteter Warnlampe oder mit Warnton weiter, Baumaschinen werden automatisch abgeschaltet, wenn Übertemperatur im Kühlsystem angezeigt wird. Manche Charter-Gesellschaften rüsten ihre Yachten jetzt mit dem Kühlwasser-Überhitzungs-Stop aus. Auf Legerwall kann eine automatische Abschaltung das Schiff kosten.

Hier eine Auswahl von Instrumenten. Die ersten 3 sollten möglichst auf keinem Schiff fehlen. Für die Wartung des Motors ist jedoch auch ein Betriebsstundenzähler anzuraten (VDO).

Öldruckmesser

Drehzahlmesser

Amperemeter

Ölthermometer

Voltmeter

Vorratsanzeiger für Kraftstofftank

Betriebsstundenzähler

Die beste Temperatur

Einkreisgekühlte Motoren sollen mit etwa 62–65 Grad Kühlwassertemperatur gefahren werden. Bei 75–80 Grad sollte das Kühlsystem durchgeprüft werden. Der Motor ist dann noch nicht überhitzt, aber die Kühlung ist an einer Stelle unterbrochen oder blockiert.
Zweikreiskühlsysteme werden mit etwa 85 Grad Wassertemperatur gefahren. Die Kühlwassertemperatur-Abnahme sitzt im Frischwasser-Kreislauf. Der Temperaturgeber wird im Zylinderkopf montiert sein. Hier ist die Temperatur am größten.

Zwei Temperatur-Anzeigen

Ideal sind zwei Temperaturmeßgeräte. Der innere Kühlwasserkreislauf und der äußere Seewasserkreislauf sind über zwei Anzeigegeber und Instrumente fortlaufend kontrollierbar. Dadurch kann eine Verstopfung oder Undichtheit augenblicklich erkannt werden. Die Nachrüstung kostet etwa 200 Mark. Steigt die Seewasser-Temperaturanzeige rasch an, wird das Einlaßventil verstopft sein, oder der Seewasserimpeller hat einen Schlag weg.

Das innere (geschlossene) Kühlsystem wird erst mit einer zeitlich versetzten Verspätung von etwa fünf Minuten auf die Verstopfung reagieren. Zeit genug, um den Fehler zu lokalisieren oder den Motor bis kurz vor der Anlegestelle/Hafen abgeschaltet zu lassen. Bei 110 Grad Wassertemperatur sollte ein Motor mit Zweikreiskühlsystem abgeschaltet werden.

Der Öldruckmesser

Er ist nach dem Drehzahlmesser das wichtigste Anzeigegerät. Ohne Öldruck würde der Motor innerhalb von wenigen Sekunden blockieren. Zwei Instrumententypen werden angeboten: Zeigerinstrument oder akustische Warnanzeige. Ideal ist die Kombination der beiden Systeme. Aber wie genau ist die Anzeige?

Die Druckanzeige schwankt: Die Meßgenauigkeit von Bordinstrumenten liegt bei einer Leistungsklasse von 2,5%. Diese Genauigkeit bieten nur die besten Bordinstrumente. Im Laborbereich wäre die Leistungsklasse 2,5 untauglich. Hier werden erheblich präzisere Meßwerte verlangt. Zeigt der Öldruckmesser an Bord 4 bar an, liefert die Öldruckpumpe durchaus 4,25 oder 3,75 bar.

Öldruck-Höhe

Der benötigte Öldruck variiert stark: Die meisten schnellaufenden Dieselmotoren benötigen etwa 4 bar, der neue Peugeot-Vierzylinder braucht nur 2 bar. Sechszylinder-Turbodieselmotoren sind erst bei 4,5 bis 6 bar Öldruck zufrieden. Alte Mercedes-Diesel sind erst bei 6–7 bar schmiertechnich versorgt.

Bei kaltem Motor und damit dickflüssigem Öl wird der Öldruck höher sein, als im betriebswarmen Zustand. Der Geber sitzt an der weitest entfernten Stelle – von der Öldruckpumpe aus gemessen –, damit auch hier genügend Öldruck vorhanden ist.

Der Ursache nachgehen

Schwankungen im Öldruck sind Anzeichen für eine gravierende Änderung im ›Gesundheitszustand‹ des Motors: Blasenbildung durch falschen Öltyp, Überhitzung des Öls oder durch Wasser im Ölkreislauf. Zylinderkopfdichtung beschädigt? Jetzt gelangt Kühlwasser ins Öl. Der Öldruckmesser wird auf diese Fehler in der Ölqualität hinweisen, sofern es ein Anzeigeninstrument ist. Der akustische Warngeber reagiert nicht auf leichte Schwankungen!

Öldruckabfall

Ein Druckabfall von gesunden 4 bar auf 2 bar deutet auf einen beginnenden Lagerschaden hin. Wird die Maschine sofort abgestellt, wird eine überteuerte Motorreparatur verhindert. Der akustische Warngeber wird, je nach Einstellung, den Druckabfall selten in ein Warnsignal umsetzen. Erst wenn der Druck gänzlich zusammenbricht, springt der Warngeber an. Ein Ölpumpenschaden wird von beiden Systemen registriert. Der Motor muß sofort abgestellt werden.

Öltemperatur-Anzeige

Nur wenige Yachten sind mit einem Öltemperaturmesser ausgerüstet. Dabei zeigt dieser schon vor dem Meßgerät für das Kühlwasser eine beginnende Überhitzung an. Der Öldruck sinkt gleichzeitig leicht ab. Überhöhte Öltemperatur kann durch falschen Öltyp, zu altes Öl, durch zu geringe Ölmenge oder durch Wasser im Öl verursacht werden. Steigt die Öltemperatur von etwa 100–110 Grad auf 140–150 Grad an, ist die Drehzahl zu reduzieren. Sinkt der Öldruck gleichzeitig ab, muß das Öldrucksystem überprüft werden.

Ölstand richtig?

Zu viel Öl in der Ölwanne kann zu Überhitzung und auch Lagerschäden führen. Deshalb muß der Ölmeßstab je nach Art des Motoreneinbaus (Schräglage) nachjustiert werden. Ein Getriebeöl-Temperaturmesser ist eine sinnvolle Ergänzung. Die meisten mechanischen Getriebeschäden sind auf falsche Ölqualität und Benutzungsfehler zurückzuführen. Überhöhte Getriebeöl-Temperatur verursacht Lagerschäden im Getriebe.

Ampèremeter

Das Ampèremeter mißt die Ladestromstärke, die aus der Lichtmaschine kommt und in die Batterie fließt. Zwei Typen werden verwendet. Das preiswerte Modell mißt nur die augenblickliche Stromdurchlaufstärke von der Lichtmaschine zur Batterie bei laufendem Motor. Das Kombiinstrument mißt den Ladestrom und Entladestrom. Für mehrere Batterie-Stromkreise kann durch einen Batterie-Trennschalter der jeweilige Stromkreis getrennt überprüft werden. Je ein Ampèremeter pro Batteriebank ist bei großen Motoryachten üblich.
Der Ampèremeter kann nicht den Ladezustand der Batterie kontrollieren. Dazu ist ein Voltmeter nötig.

Voltmeter

Das Voltmeter zeigt die Batterie-Spannung an. Die Batterie kann sinnvoll nur im belasteten Zustand gemessen werden. Bei eingeschaltetem Zündschloß zeigt das Instrument die noch vorhandene Batterie-Spannung richtig an. Eine optimal geladene neue Batterie dürfte zwischen 14 und 14,2 Volt anzeigen. Unter 11 Volt kann der Motor noch starten, aber eine Nachladung ist erforderlich. Ohne Belastung wird das Voltmeter etwa 12,5 bis 13 Volt Spannung anzeigen.
Nur ein Zeiger- oder Digitalinstrument informiert über die tatsächlich vorhandene Batteriespannung. Voltmeter, die mit grünen und roten Leuchtdioden arbeiten, sind für den Bordgebrauch viel zu ungenau. Nachlassende Batteriespannung kann nicht laufend überprüft werden. Die beste Auskunft über den Ladezustand einer Batterie gibt immer noch der Säureprüfer.

Anzeige störungsanfällig

Ein gesundes Mißtrauen gegenüber den Meßgerätern ist angebracht. Elektrokontakte korrodieren und verfälschen die Anzeige. Der Schiffsdiesel sorgt für erhöhte Vibrationen, dadurch sind Stecker- und Kabelbrüche keine Seltenheit.
Offshore-Rennboote, die mit 160 km/h zwanzig Meter weite Sprünge vollführen, sind mit stoßsicher gelagerten Instrumenten versehen, die aus dem Luftfahrtsortiment stammen. Diese Instrumente werden mit wesentlich schärferen Bauvorschriften gefertigt als im übrigen Bootsbau, wo es keine Lloyd Vorschriften bezüglich der Instrumentierung gibt. Beim Flugzeugbau werden zum Beispiel nur gummiabgepolsterte Kabelschellen verwendet, die gegen Vibrationen viel effektiver gesichert sind.

Elektro-Installation ist Qualitätsmerkmal

Im Bootsbau ist deshalb die Elektroinstallation ein Qualitätsmerkmal für die Güte der Yacht. Wenn die dringend notwendigen Anzeigeinstrumente versagen, liegt das Problem fast immer an der Installation von Elektrokabel und Geber. Eine miserabel verlegte Positionslampenbeleuchtung kann die Spannung derart absinken lassen, daß alle Instrumente jetzt falsche Werte anzeigen.
Deshalb sollen Volt- und Ampèremeter und der Drehzahlmesser beim Einschalten von

größeren Stromverbrauchern wie Bilgepumpe, Wasserversorgung oder Positionslampen vor und nach dem Einschalten auf eine tendenzielle Änderung in der Anzeige kontrolliert werden. Konstante Dauerbelastung wie die von Positionslampen sind für die Kontrolle vorzüglich geeignet.

Betriebsstundenzähler

Das Alter und die Beanspruchungszeit des Motors wird – anders als auf der Straße – nach Betriebsstunden gemessen. Und diese wiederum können nur mit einem Betriebsstundenzähler ermittelt werden. Wer sich nicht auf Schätzungen verlassen will, so zum Beispiel für verschiedene Wartungsabstände (Ölwechsel, Ventilspiel, Kraftstoffilter, siehe Betriebsanleitung) kann sich auch nachträglich dieses Zählwerk einbauen. Es ist praktisch eine Uhr, die an die Lichtmaschine angeschlossen wird und zwar zwischen Klemme D+/61 und Minus (Masse). Nicht schlecht ist ein Drehzahlmesser (falls noch nicht vorhanden) mit eingebautem Betriebsstundenzähler von VDO.

Fingerzeig: *Wer mehr über die zahlreichen, verschiedenen Bord-Instrumente, deren Einbau und Fehlersuche erfahren möchte, besorge sich das Buch »Motorüberwachung auf Yachten«, von Hans Donat, erschienen bei der VDO-Marine GmbH, Frankfurt.*

Chemiestunde

Der Mann im Cockpit stampfte zügig zur Rettungsinsel und zurrte sie vorbeugend los. Was war geschehen? Die berühmte Kleinigkeit: An der mechanischen Membran-Bilgepumpe hatte sich die Edelstahl-Rückschlagklappe chemisch nicht mit dem sie haltenden Messingbolzen vertragen. Die Folge: Metallfraß und Bolzenbruch. Bei starker Krängung war dann – zunächst unbemerkt – Wasser durch die nicht mehr dichte Pumpe eingedrungen. Äußerlich war dem Bolzen nichts anzusehen. Ein trauriges Beispiel, wie dilettantisch manche Werften ihre Schiffe ausrüsten.

Elektrolyse

Wenn also zwei unterschiedlich legierte Metalle mit Seewasser oder Luft zusammentreffen, entsteht Korrosion. Das schwächere Metall wird dabei zerstört. Der Fachmann bezeichnet diesen Prozeß als Elektrolyse. Dabei ist Seewasser oder die mit Seewasser angereicherte Luft das sogenannte Elektrolyt.

Zinkanoden

Es besteht kein Zweifel, daß Korrosion auf einer Yacht nicht zu verhindern ist. Korrosion kann aber kontrolliert und teilweise auch verhindert werden. Dazu gibt es sogenannte

Bad in der Sonne. Wir denken dabei auch an das Schiff. Nach langen Standzeiten, feuchten Wetterperioden oder im Salzwasserklima sollte es regelmäßig und gut durchlüftet werden. Auch Ausrüstung und Inventar werden es danken. Und eine trockene Motorraumbilge läßt Leckstellen erkennen.

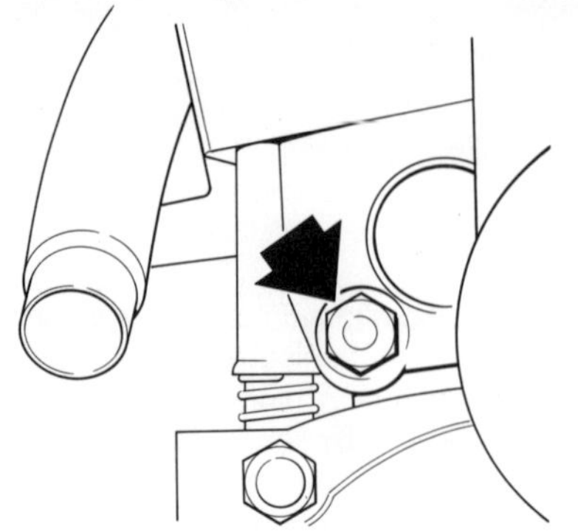

Zinkanoden sind der beste Schutz gegen Elektrolyse bzw. Korrosion. Die Motorhersteller plazieren diese Opferanoden im Zylinderkopf, am Wärmetauscher und im Getriebe. Ob Süß- oder Salzwasser, die Zinkanoden sollten einmal im Jahr herausgeschraubt werden. Bei manchen Yachten müssen die Anoden schon alle 3 Monate ausgewechselt werden. Dann sollte ein Bootsmechaniker hinzugezogen werden. Hinweis: Metallteile im Rumpf, so bei GFK-Schiffen, müssen zum Metall im Kiel geerdet sein, um nicht zu korrodieren.

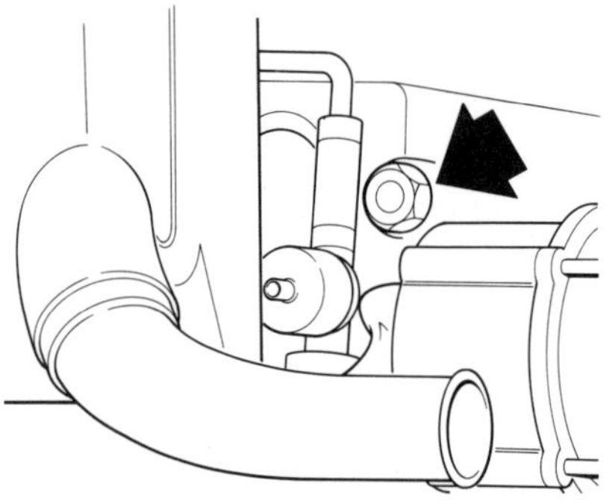

Zinkanoden. Als unedles Metall werden Zinkanoden vor den edleren Metallen zuerst beschädigt. Dadurch bleiben die edlen Teile des Motors intakt.
Die Motorenfirmen zeigen in der Betriebsanleitung die Position dieser Opferanoden. Meistens werden drei Anoden eingeschraubt, die den Zylinderkopf, Motorblock und den Wassersammler schützen. Weitere Anoden sind im Wärmetauscher, Getriebe und an der Wellenanlage montiert. Gute Werften rüsten ihre Yachten noch mit Anoden zum Schutz der Ruderanlage aus.

Anoden auswechseln

Alle Opferanoden müssen einmal pro Jahr ausgewechselt werden. Sind etwa 40 Prozent der Fertigungsgröße durch Korrosion abgenagt worden, muß die Anode ausgetauscht werden. Am Wärmetauscher wechseln die Mechaniker Opferanoden alle drei Monate aus! Was passiert, wenn die Anoden nicht regelmäßig kontrolliert werden?
Nach etwa zwei Jahren wird der Wassersammler aus Aluminiumguß an den Schlauchstutzen weißlich-graue Korrosionsnarben zeigen. Nach einem weiteren Jahr kann der Inspektionsdeckel an der Unterseite des Wassersammlers glatt durchgefressen sein – trotz der Materialdicke von oft 6 mm. Der neue Wassersammler kostet 800 bis 1500 Mark, die Opferanode gibt es für 20 Mark.

Wie die Galeerensträflinge – sie werden von Woche zu Woche weniger. Zinkanoden für die Propellerwelle (rundes Teil) und für die Ruderanlage (flaches Teil). Auswechseln nach 30- bis 40prozentigem Schwund.

Das war nicht der Klabautermann. Nach einem Jahr war diese Opferanode im Wärmetauscher völlig zerschlissen. Vermutlich haben Kriechströme von der Batterie die Elektrolyse beschleunigt.

Für einen kombinierten Auspuff mit Wassersammler bezahlen Sie mindestens 800 Mark. Der kleinste Wärmetauscher kostet 500 Mark. Ohne regelmäßige Wartung und Austausch der Opferanoden werden z. B. nach spätestens fünf Jahren Mittelmeerbetrieb diese wichtigen Motorteile irreparabel von Korrosion beschädigt sein. Der Austausch der Opferanoden dauert keine halbe Stunde. Nach unseren Erfahrungen verzichten manche ausländischen Monteure auf die Kontrolle der Opferanoden, wenn sie an einem Kunststoffschiff arbeiten. Stahl- und Aluminiumyachten sind mit Korrosionsproblemen ständig konfrontiert, aber unterschiedliche Materialien werden auf jedem Boot verwendet. Daß es auch hier Schäden gibt, zeigen die Erfahrungen eines bekannten Versicherungsunternehmens.

Kritisches Zubehör

Daß sich Korrosion mit Opferanoden eindämmen läßt, ist bewiesen. Problematisch gegen Korrosion sind aber auch die Zubehörteile wie Schlauchschellen. Billige Schlauchschellen aus Alumaterial korrodieren am Mittelmeer innerhalb von zwei bis drei Jahren durch. Edelstahlschlauchschellen können durch Korrosion ebenfalls brechen. Wer alle Kühlwasser- und Lenzventil-Schlauchschellen alle drei Jahre auswechselt, hat eine Sorge weniger. Bei meinem Schiff brach die Edelstahlschlauchschelle am Kühlwasserfilter. Eine 250000 Mark wertvolle Yacht sank im Hafen von Porto Christo (Mallorca) wegen exakt des gleichen Schlauchschellen-Bruchs.

Unfall-Beispiele

Wie gefährlich Korrosion auf Yachten im heißen Mittelmeerklima ist, konnten wir auf einer holländischen Suncoast 52 miterleben. Der äußerlich völlig intakte Ruderstock

◀ Wem schlottern da nicht die Seemannshosen! Gebrochene Schlauchschelle am Seewasserventil mit der Gefahr des Wassereinbruchs. Ursache: Elektrolyse.

▶ Kontaktprobleme. Das Wärmetauschergehäuse aus Messing kam in Kontakt mit Aluminium. Elektrolyse-Schaden!

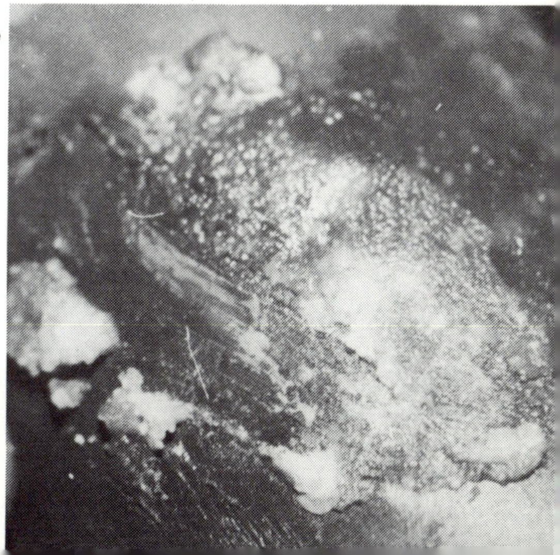

Weltenbummlers Freude. Drei Jahre im tropischen Seeklima: Der Anlasser ist äußerlich stark korrodiert. Frage: Wie sieht es innen aus?

brach am Lager durch. Bei einer sechs Jahre alten französischen Gib Sea-Kunststoffyacht bemerkte der Besitzer ungewöhnliche Motorvibrationen. Zwei von den vier Motorfundamentbolzen waren durch Korrosion durchgefressen. Die zwei anderen Bolzen zeigten nur geringe Korrosionsspuren. Das sind die Probleme, mit denen Salzwasser-Segler konfrontiert werden. Sechs Lenzventile können makellos sein, das siebente zerfällt beim Herausschrauben. Äußerlich wird dieser nicht seltene Schaden kaum sichtbar sein.
Bei einem Segler wurde der Edelstahl-Wassertank während einer Pazifik-Überquerung undicht. Das Trinkwasser für die 45 Tage Überfahrt floß in die Bilge des Langkielers. Erst als die automatisch einschaltende Bilgepumpe zu häufig in Aktion trat, bemerkte der erfahrene Weltumsegler den Schaden. Ein Kupferkabel lag direkt an einer Schweißnaht vom Tank und förderte so die Korrosion. An dieser Stelle trat das Trinkwasser aus. Man möge sich den gleichen Schaden am Dieseltank vorstellen.

Durchlüftung wichtig

Hohe Salzluftfeuchtigkeit fördert die Korrosion. Deshalb gehört gute Durchlüftung zu der Vorsorge für jedes Boot. Dorade-Lüfter waren bisher die effektivsten Belüfter, wenn das Boot für einige Monate ohne Aufsicht bleibt. Noch fortschrittlicher sind Solar-Lüfter, die bis zu 65 m^2 Raumfläche in einer Stunde mit frischer Luft versorgen. Auch bei diesigem Wetter arbeiten Nicro-Solar-Lüfter nach unseren dreijährigen Erfahrungen mit wirklich spürbarem Erfolg. Weiter hinten in diesem Kapitel mehr über die sinnvolle Ventilation auf Yachten.

Schutzmaßnahmen

Eine staubtrockene Bilge wird immer die Idealvorstellung auf einer Yacht sein. Je näher man diesem Ideal kommt, desto geringer sind die Korrosionsprobleme am Motor, an

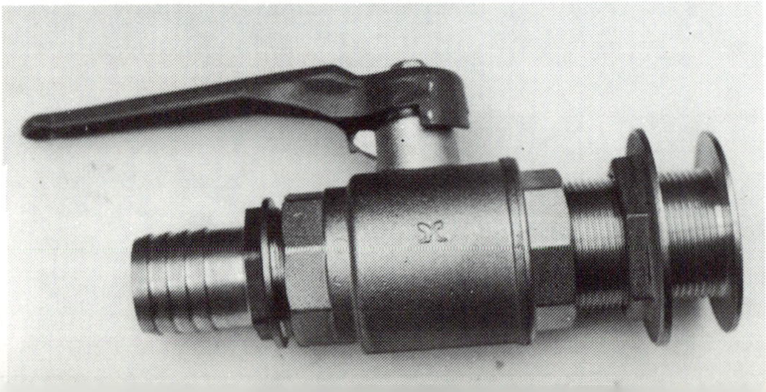

Seeventile sind extrem anfällig gegen Elektrolyse. Man geht leicht über die Kante, wenn sie nicht regelmäßig überprüft werden. Mindestens sollte ein Ausbau alle fünf Jahre im Winterlager erfolgen, wenn die Yacht vorwiegend in warmen Gewässern gesegelt wird.

Die Kombination von Hygrometer (Feuchtigkeitsmesser) und Thermometer spart Platz. Sollte auf keinem Schiff fehlen.

der Elektrik und an den anderen metallischen Teilen. Erprobte Korrosionsschutz-Sprays wie WD 40 helfen das Übel einzudämmen. Elektronische und funktechnische Geräte sollten damit allerdings nicht besprüht werden. Harzfreie, seewasserbeständige Fette (Außenbordfett) oder Vaseline schützen die beweglichen Übertragungsteile hinreichend gut. Motor und Getriebe sollten alle zwei Jahre mit der vom Werk angebotenen Reparaturfarbe lackiert werden.
Innerlich können Motor und Nebenaggregate nur durch das regelmäßige Auswechseln der Opferanoden vor dem Zerfall durch Korrosion geschützt werden. Eine allgemein gültige Schadenshäufigkeit und Ordnung der möglichen Schadenstandorte gibt es nicht, alle Yachten sind verschieden gebaut. Der kleinste Messing- oder Kupferdraht kann sich zum gefährlichen Schaden entwickeln, wie unsere Beispiele beweisen.

Luftfeuchtigkeit

Der Unterschied zwischen einem gemütlichen Schiff und einem feuchkalten Verließ liegt in der Luftfeuchtigkeit, die nicht nur den Menschen, sondern auch die Maschine plagt. Ein 100% dichtes Boot gibt es nicht, Feuchtigkeit wird durch Segelklamotten, durchs Kochen und durch die Stopfbuchse ins Schiff gebracht. Waren früher zwei Luken bei schönem Wetter offen, sind es bei den breiten Cruiser und Racer der Kunststoff-Werften heute mindestens vier.
Viele Luken bringen ein gesundes Bordklima, aber erhöhen die Probleme bei schlechtem Wetter. Dann sind die Luken dicht, und Feuchtigkeit kriecht ins Schiff. Die Kombination aus wind- und wasserdichten Dorade-Lüftern und zusätzlichen aufklappbaren Luken ist kostenintensiver, aber bordfreundlicher.
Während der Wintersaison regnet es in der Karibik mehrmals in der Nacht mit einer geradezu erstaunlichen Regelmäßigkeit. Dann müssen alle zwei Stunden die Luken dichtgemacht werden. Bei 90% Luftfeuchtigkeit und einer Durchschnittstemperatur von 26 Grad schwitzen Besatzung und der Maschinenraum aus allen Poren.

Nützlicher Ventilator

Hier ist ein sanft rotierender elektrischer Ventilator ein wahrer Segen. Korrosionsprobleme an der elektrischen Anlage und im Motorraum werden durch eine massive Durchlüftung stark gemildert. Das gilt für die kühle Ostsee genau so wie für tropische Gegenden.
Bisher scheiterte bei längeren Standzeiten die elektrisch betriebene Belüftung durch

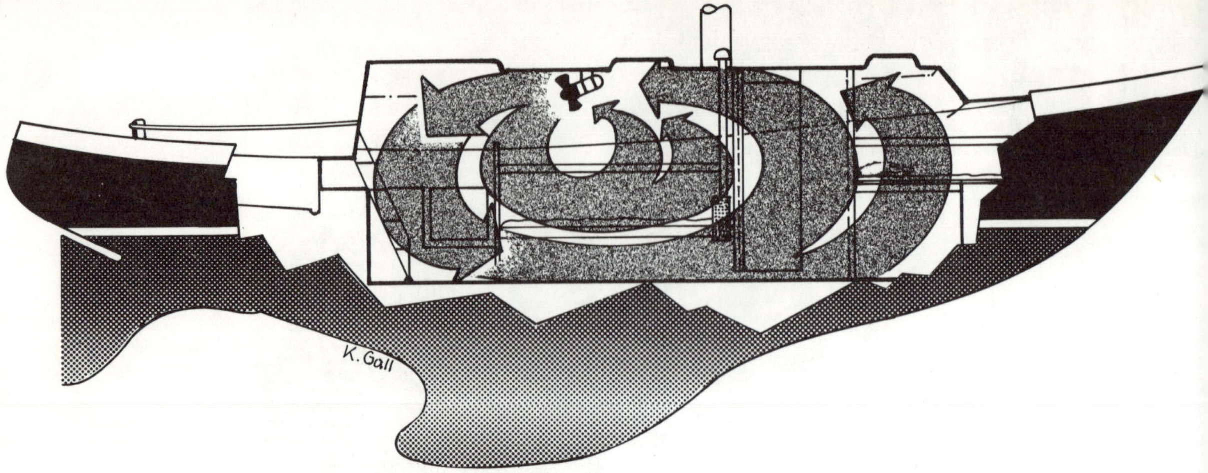

Zugluft. Die beste Vorsorge gegen Korrosion ist die gute Durchlüftung während der oft monatelangen Liegezeiten. Dafür eignen sich richrig plazierte Umlüfter (in der Mitte der Zeichnung), die mit Solarenergie betrieben werden.

Ventilatoren am hohen Strombedarf. Damit ist seit der Nutzbarmachung der Solarenergie Schluß.

In jede Makralon-Luke kann ein Solarlüfter eingebaut werden. Tagsüber wird ein Teil der elektrischen Energie für die Nachladung eines Nickel-Cadmium-Akkus benutzt. Während der Nacht wird der Solarlüfter-Motor durch diesen NC-Akku gespeist. Dadurch ist nach unseren positiven Erfahrungen ein 24stündiger Dauerbetrieb gewährleistet.

Solarlüfter werden als Saug- und Drucklüfter angeboten. Zwei Sauglüfter werden im Mittel oder Vorschiff plaziert, die Drucklüfter beim Niedergang. Mit dieser auch auswechselbaren Anordnung wird die Luftumwälzung optimiert. Ein Sauglüfter allein reicht für das Vorschiff einer 30 Fuß-Yacht aus. Kostenpunkt: Etwa 160 Mark in Edelstahlausführung.

Die amerikanischen Nicro-Solarlüfter werden mit einem wasserdicht verschließbaren Kunststoffdeckel geliefert. Bei wirklich schwerer See kann die Öffnung absolut dicht verschlossen werden. Bei Regen dringt kein Wasser ins Schiff ein, dafür sorgt ein raffiniertes Regenablauf-System.

Motorraum-Belüftung

Für den Motor ist eine effektive Motorraum-Durchlüftung erforderlich. Je Minute saugt der Dieselmotor etwa 160 m^3 Luft an. Ein Hitzestau im Motorraum läßt die Drehzahl und Leistung deutlich absinken. Ein 10 cm starkes Zuluft- und separates Abluft-Entlüftungsrohr versorgt einen 50 PS-Diesel gerade ausreichend mit genügend Ansaugluft. Nur ganz wenige Yachten sind mit einer entsprechenden Durchlüftung ausgestattet. Im Handel gibt es elektrische Lüfter für den Motorraum oder für die Bilge. (Siehe auch den Abschnitt »Belüftung nicht zukleben« im Kapitel »Motor-Praxis«.)

Elektrolyse bei Alu-Yachten

Aluminium-Yachten sind bei Hochseeregatten die erste Wahl der Spitzensegler. Eine »Rund um die Welt«-Maxiyacht von 23 m Länge läßt sich mit Aluminiumblechen leichter gestalten als aus Kunststoff, bei dem eine Negativform Millionen kosten würde. Aluminium ist bei Fahrtenyachten selten anzutreffen, hat aber steigende Tendenz. Obwohl leichter als Stahl, sind Alu-Yachten ebenso widerstandsfähig gegen Grundberührung und eignen sich gut für Einzelanfertigungen nach einem Konstruktionsentwurf. Aber das Stichwort ›Elektrolyse‹ hat schon viele Liebhaber von Aluminium-Yachten

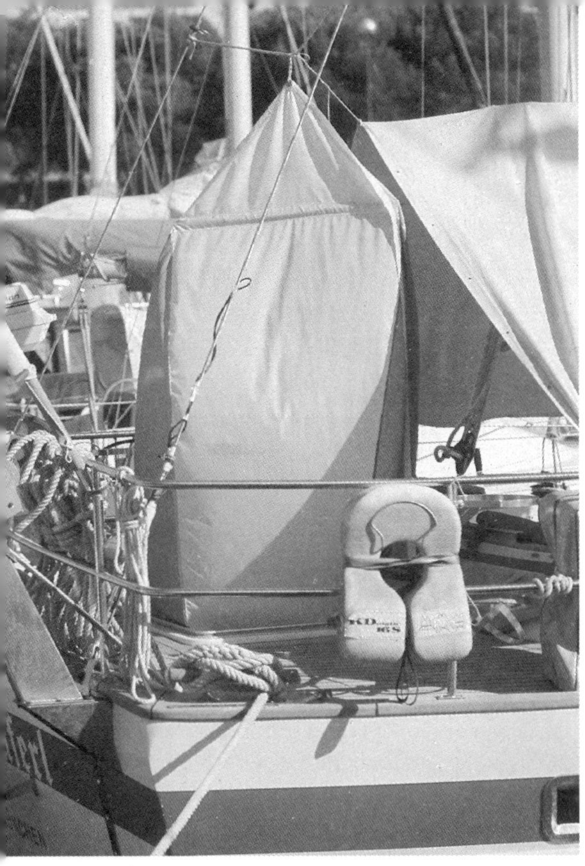

Gründlich versackt. Der Windsack gilt als wirksamster Helfer für eine gute Durchlüftung des Schiffsinneren.

Der vordere Doradelüfter wurde als Poller umgearbeitet. Gute Idee fürs Winterlager. Diese Yacht rundete schon Kap Horn.

Ein zuviel Belüftung gibt es nicht. Diese Yacht ist mit zwei aufstellbaren Luken und einem großen Doradelüfter ausgestattet.

Solarlüfter von Nicro/USA. Gibt es in fünf verschiedenen Stärken. Einsatz läßt sich herausnehmen und absolut wasserdicht verschließen. Ein Dorade-Aufsatz ist ebenfalls auf dem gleichen Adapterring möglich.

Hundekoje. Das ist das Ding wirklich, hier wird sie ihrem Namen gerecht. Und es ist keine Zusatzbelüftung. Denn die Besatzung auf diesem Schiff hat mehr Füße als Arme.

verunsichert. Tatsächlich sind sie aber bei alugerechter Konstruktion nicht korrosionsanfälliger als Stahlyachten. Alu-Yachten müssen schutzgasgeschweißt werden, dazu gehört viel Fachwissen. Eine Reparatur ohne Schutzgaseinrichtung ist im Ausland kaum möglich. Deshalb sieht man z. B. in der Karibik Alu-Yachten häufig mit aufgeklebten Kunststoffmatten.

Elektrolyse zwischen einer Stahl- und Alu-Yacht führt oft so weit, daß, wie in Holland, Stahl-Schiffe nicht mit Alu-Yachten im Päckchen über längere Zeit beieinander liegen dürfen. Die Alu-Yacht könnte durch Elektrolyse Korrosionsschäden erleiden.

Päckchen. Aber gleichgültig ist es nicht, welche Schiffe längere Zeit nebeneinander liegen. Stahlyachten z. B. vertragen sich nicht mit Alu-Yachten. Korrosion durch Elektrolyse ist möglich.

Vorsorge durch richtige Opferanoden

Die beste Vorsorge gegen Elektrolyse sind im allgemeinen Zinkanoden. Für Alu-Yachten aber müssen Opferanoden mit einer speziellen Legierung verwendet werden. In Amerika werden bevorzugt Magnesium-Anoden bei Alu-Yachten eingesetzt, weil Zink in der Spannungsreihe noch vor Aluminium steht. Normale Zinkanoden sind deshalb für Alu-Yachten ungeeignet. Nur wenige Yachtausrüster wissen das.

Alu-Teile und Stahl

Daß Alu-Yachten ein hohes Maß an technischem Know how erfordern, erkennt jeder Segler bei Alu-Teilen, die mit Edelstahlbeschlägen komplettiert sind. Spinnakerbäume z. B. verlieren die Edelstahlnieten der Endbeschläge. Alu-Masten knicken durch defekte Saling-Beschläge ohne Vorwarnung ab. Pulverbeschichtete Ankerwinschen zerfallen durch Seewassereinflüsse in heißen Gegenden innerhalb von wenigen Jahren. Die Liste könnte beliebig verlängert werden.

Den größten Fehler bei Opferanoden machen selbst bedeutende Werften. Anoden dürfen nicht mit Farbe überstrichen werden. Dadurch wird Elektrolyse nicht verhindert, sondern noch gefördert.

Wegen erhöhter Motorgeräusche verschließen viele Werften den ohnehin knappen Motorraum mit dicken Schallschluckmatten. Das Ergebnis dieser Bemühungen ist bekannt: Hoher Motorverschleiß bei reduzierter Leistung. Der Ölverbrauch wird deutlich ansteigen, was auch bei niedriger Marschfahrt auf ungesunde Betriebsbedingungen schließen läßt.

Zusatz-Belüftung

Unter solch ungünstigen Umständen, die sich häufig aus zwei doppelten Achterkajüten und einer damit verbundenen Verengung des Motorraums ergeben, muß der Motor mit zusätzlicher Ansaug- und Absaugluft versorgt werden. Bosch und Vetus fertigen Motorraum-Ventilatoren in jeder gebräuchlichen Leistungsklasse an. Der Betrieb wird über die Batterie gesichert. Bei längeren Standzeiten sollte der Motorraum zur Durchlüftung offen bleiben. Wenn das nicht möglich ist, kann ein autoarker Solarlüfter, der senkrecht ins Cockpit eingebaut wird, für die nötige Durchlüftung sorgen.

Im Vergleich zur teuren elektronischen Navigationsausrüstung ist ein wirkungsvolles Motorraum-Ventilationssystem spottbillig. Der Motor dankt es durch mehr Leistung bei spürbar geringerem Spritverbrauch und makellosem Aussehen.

Sonnenanbeter

Das Jahr 1954 ging in die Geschichte der Solarenergie ein. Die amerikanischen Weltraumexperten Chapin, Fuller und Pearson stellten die erste Silizium-Solarzelle vor. Mit ihrer Entwicklung konnte die Energie des Lichtes auf direktem Weg in Elektrizität umgewandelt werden.

Die Sonne wird angezapft

Vier Jahre später umkreisten die ersten russischen und amerikanischen Satelliten die Erde. Als Energielieferant für die Sendeanlage mußten herkömmliche chemische Batterien herhalten, ein zusätzliches System wurde nur von den neuen Solarzellen versorgt. Nachdem die normalen Batterien längst ihren Dienst quittiert hatten, gaben die Solarzellen noch jahrelang konstante Leistung ab. Weltraumforscher Wernher von Braun entwickelte die These vom ›Sonnenzeitalter‹, deren Energie alle bisherigen Energiequellen übertreffen würde.

Bis dahin wird leider noch einige Zeit vergehen. Dennoch sind die Vorteile der Solarzellen-Systeme für das Bordleben nach unseren eigenen Erfahrungen so überzeugend, daß jeder Langstrecken-Segler sich damit beschäftigen sollte.

Vorzüge der Solarzellen

Die Vorzüge der Solarzellen:

- Kostenloser Strom.
- Wartungsfrei.
- Geräuschlos.
- Verlängern die Batterielebensdauer.
- In fast jeder Leistungsklasse verfügbar.
- In der Anschaffung immer preiswerter.
- Auf eine Lebenserwartung von 20 Jahren konstruiert.
- In Betrieb und Herstellung umweltfreundlich.

Die Nachteile

Von den Skeptikern der Solarzellen-Versorgung auf Yachten werden folgende Nachteile genannt:

- Kosten-Nutzungsverhältnis nicht befriedigend.
- Zu geringe Leistung für praxisgerechte Stromversorgung.
- Zu großer Bordflächenbedarf.
- Rutsch- und Stolpergefahr auf dem gewölbten Oberdeck.
- Ladekontrolle der Batterien schwierig.
- Hohes Diebstahlrisiko der Solaranlagen.

Tatsächlich eignen sich Solarmodule nicht für jedes Boot und jedes Revier. Binnensee-Segler mit eigener Stromversorgung an der heimatlichen Steganlage sind mit einem automatischen elektrischen Ladegerät gut bedient. Sie brauchen keine zusätzliche Stromversorgung für kurze Tagesfahrten. Dazu reicht die Batteriekapazität immer aus.

Für größere Reviere

Bei den Ostsee- und Mittelmeer-Marinas stellt sich das Problem einer zusätzlichen Stromversorgung durch Solarmodule oder Windgeneratoren schon eher. Bisher sind

Den dritten Platz beim berühmten Ostar-Solorennen belegte Mike Birch mit dem Trimaran »Third Turtle«. 1980 gab es noch keine flexiblen Solarpanele, deshalb stehen hier die Seitenkanten hoch.

nur 23% der französischen, italienischen und spanischen Häfen und Marinas mit einer Stromversorgung an den Liegenplätzen ausgerüstet. In Jugoslawien, Griechenland und der Türkei sind Steganlagen mit Stromversorgung eine Rarität.
In diesen Fällen lohnt die eigene, von der Hauptmaschine völlig autarke Stromversorgung immer, dies auch aus Gründen der zusätzlichen Sicherheit und des gesteigerten

Sonnenfreunde. Durch die Solo-Atlantik-Rennen wurden Solargeneratoren beim »normalen« Seglervolk bekannt. Der futuristische Trimaran Gautier I war 1980 mit 60 m^2 Solarfläche bestückt. Damit wurden die elektrische Selbststeueranlage, Funk und Navigationsgeräte gespeist. Einhand-Rennyachten verzichten aus Gewichtsgründen in der Regel auf den Motor.

Komforts. Eine Kurz- und Grenzwellen-Funkanlage läßt sich ohne zusätzlichen Stromgenerator oder eine rund 250 Ampère große Batteriebank nicht betreiben. Elektrokühlschränke ziehen 1 bis 2 Ampère Strom aus der Batterie, da geht jede Versorgungsbatterie innerhalb weniger Tage in die Knie.

Fingerzeig: *Biegsame Solarpanele werden seit Ende 1988 in den USA angeboten. Daraus lassen sich Persenninge und Sonnensegel basteln – eine interessante Perspektive für Langzeitsegler. Großabnehmer können die flexiblen Solarmatten als Meterware beziehen. Über die Lebensdauer der Kunststoff-Folien gibt es bisher nur Vermutungen: Wahrscheinlich 15 Jahre.*

Oft unentbehrlich

Elektronische Navigationshilfen wie Satnav, Loran C, Echolote oder Radargeräte verschlingen ebenfalls viel Batteriestrom. Wer ausgedehnte Blauwasser-Fahrten unternehmen will, kommt ohne eine unabhängige Stromversorgung durch Solar- oder Windenergie, langfristig gesehen, nicht aus. Im Hinblick auf konstruktiv bedingte Nachteile der solaren Stromversorgung hat die Industrie bemerkenswerte Fortschritte erzielt. Vieles davon gibt es jetzt in Amerika und Japan zu kaufen, in Deutschland werden die neuesten Solarmodule erst mit einer Verzögerung von etwa zwei Jahren verfügbar sein.

Silizium-Zellen

Bisher wurden von allen großen Solarzellen-Herstellern wie die Marktführer Solarex und Arco-Solar/USA und AEG/Siemens in Deutschland Zellen aus Silizium hergestellt. Der Rohstoff ist Sand, der in vielen Reinigungsprozessen zum hochreinen Silizium verarbeitet wird. Derzeitige Weltproduktion: 60 Millionen Solarzellen. Die Oberschicht ist blau bis blaugrau. Diese Solarzellen aus amorphem Silizium lassen sich nur ganz geringfügig biegen. Der Wirkungsgrad liegt derzeit bei ca. 11%. Im Laborversuch wurden bei multikristallinen Siliziumzellen für die Raumfahrt schon 18 Prozent Wirkungsgrad erzielt.

Neues Material Pyrit

Als neues Material wird jetzt das fotoempfindliche Pyrit für die Solarzellen-Fabrikation von einigen amerikanischen Herstellern wie Arco-Solar verwendet. Pyrit ist eine Folie und kann in jede Form gebogen werden. Mit einer wetterfesten Kunststoffolie abgedeckt und verschweißt, werden seit Ende 1987 in den USA Solarmodule angeboten, die wie ein Teppich in beliebiger Größe gefertigt werden.

Vielseitige Solarmatten

Amerikanische Segelmacher fertigen aus diesen Solarmatten Segelpersenninge, Sonnensegel und Relingskleider. Ein entsprechendes Sonnensegel liefert 15 Ampère bei optimalen Bedingungen! Bisher liegt der Wirkungsgrad der Folien-Solarzellen nur bei 3 bis 5 Prozent, also knapp halb so viel wie bei gebräuchlichen, in Deutschland angebotenen, multikristallinen Solarzellen.
Die Lebensdauer der Folien-Solarzellen soll nach Angaben der Hersteller genauso gut sein, wie bei den bisherigen multikristallinen Solarzellen, aber Skepsis ist angebracht. Dafür sind die Preise aller Solarzellen in der vergangenen Zeit kräftig nach unten gerutscht.
Heute werden 1 Ampère Solarenergie für 400 Mark angeboten. Ein Solarpanel mit 2 Ampère Leistung reicht für die Mehrzahl der Fahrtenyachten gut aus. Dafür muß etwa ein Quadratmeter Bordfläche gefunden werden.

Montage an Deck

Der Idealfall ist eine gut belüftete ebene Fläche, die fortlaufend schattenfrei von der Sonne angestrahlt werden kann. Dieser Idealzustand ist aber reine Utopie. Der Mast, die Segelpersenning und die Wanten werden immer für eine Leistungsminderung sorgen. Der Decksabstand zwischen Modul und Deck sollte mindestens 1 cm betragen. Besser sind 3 cm, dann wird ein Wärmestau und damit eine Leistungsminderung vermieden.
Die Solarmodule von AEG, Siemens, Arco-Solar und Solarex sind nach unseren Erfahrungen mit Bordschuhen begehbar. Dennoch sollte man es vermeiden, denn Rutschfestigkeit ist kaum vorhanden.
Die Solo-Rennsegler sind fast ausschließlich auf die solare Stromversorgung angewiesen. Hier wird schon bei der Deckskonstruktion der Einbau der Solarmodule vorgeplant. Auf einer 12 Meter-Yacht wurde das Solarmodul auf dem Niedergangsluken-Dach montiert. Gut bewährt hat sich eine abnehmbare, rechteckige Solaranlage am Seereling oder auf Salinghöhe, wo eine Abdeckung weitgehendst vermieden wird. Dafür ist der Spannungsabfall durch die lange Leitung zur Batterie größer. Je kürzer die Zuleitung, desto geringer ist der Verlust.

Die richtige Leistungsgröße

Bislang ist es den Batterieherstellern noch nicht gelungen, die Selbstentladung ihrer Produkte gänzlich zu vermeiden. Dennoch gibt es große Unterschiede in der Selbstentladung. Normale Starterbatterien entladen sich mit etwa 2% der Batteriekapazität pro Monat unter optimalen Temperatur- und Einbauverhältnissen. Ideal sind Temperaturen von 5 bis 15 Grad Celsius. Bei höheren Temperaturen steigt die Selbstentladung einer ältleren Batterie auf etwa 4% an. Nachladung ist also bei jeder Batterie notwendig und verlängert die Lebensdauer erheblich. Eine unbeabsichtigte Tiefentladung verkürzt die Lebensdauer der Batteriebank um 30 Prozent. Es gibt unabhängige Fachleute, die eine tiefentladene Batterie als nicht mehr regenerationsfähig bezeichnen.

Schont die Batterie

Schon ein rund 150 Mark preiswertes 6 Watt- oder 0,5 Ah-Solarmodul kann bei 1–1½ Ampère Ladestrom je Tag 30 Ampère (Ah) monatlich liefern. Eine 120 Ah starke Batterie wird damit auch unter ungünstigen Witterungsverhältnissen »randvoll« aufgeladen, sofern kein Strom aus der Batterie entnommen wird.

Vermindert Selbstentladung

Eine ständig eingeschaltete Alarmanlage und die mit einem Schwimmerschalter ausgerüstete elektrische Bilgepumpe ziehen bei einem relativ ›dichten‹ Kunststoffschiff etwa 10 Ah im Monat aus der Batterie. Ein Vollholzschiff bedeutet eine etwa fünffache Einschaltzeit der Bilgepumpe. 50 Ah Batteriestrom und die Selbstentladung von 3,6 bis 4 Ah belasten die Batterie ohne Nachladung mit fast 50% der Batteriekapazität. Eine Tiefentladung ohne Nachladung ist absolut sicher. Deshalb werden die meisten Solarmodule auch an Holzboot-Liebhaber und an Solosegler verkauft.
Ein kleines 0,5 Ampère-Solarmodul kann also die Selbstentladung der Starterbatterie verhindern. Einen noch besseren Nutzeffekt erzielen aber erst Solarmodule mit 1–2 Ah Leistung. Damit können Starter- und Versorgungs-Batterien bis etwa 240 Ah Leistung vor der Selbstentladung geschützt werden. Zusätzlicher Batteriestrom steht dann auch für die elektrische Bilgepumpe, die Alarmanlage und ein automatisch bei Dunkelheit einschaltbares Ankerlicht zur Verfügung.

Fehlkauf möglich

Eigene Erfahrung: Zuerst der Einbau eines 0,5 Ah-Solarmoduls. Es war nicht leistungsstark genug für die 255 Ah Batterie-Bank. Die Leerlaufspannung betrug nur 14 Volt. Schon bei einer geringen Abdeckung sank der Ladestrom auf unter 12 Volt ab, die Batterie wurde nicht mehr geladen. Ein typischer Fehlkauf durch eine ungenügende

Fußabtreter. Europäischer Marktführer für Solar-Zellen ist AEG. Zusätzlich zu den Standard-Modulen in Glaseinbettung wurde eine neue Solarmodul-Familie in Leichtbauweise entwickelt. Unter der Bezeichnung MQ 10/18/1 ist das Modul in Kunststoffeinbettung für die dezentrale und mobile Stromversorgung gedacht. Das Gewicht beträgt nur 2 kg pro m² Modulfläche. Der Zellenwirkungsgrad liegt bei rund 12%.

Beratung in einem renommierten Bootsausrüstungsgeschäft in Hamburg.
Das zweite Solarmodul versprach 1 Ampère Leistung. Ein Direktanschluß an Batterien über 80 Ampère Kapazität sollte ohne zusätzlichen Ladestromregler möglich sein.
Auf einem längeren Urlaubstörn im Mittelmeer funktionierte das neue Solarmodul prächtig. Obwohl der Kühlkompressor bei über 30 Grad Celsius fast ständig eingeschaltet war, zeigten die 240 Ah-Batterien keine Ermüdungserscheinungen. Jeden Tag wurde etwa eine Stunde motort.

Ladestromregler wichtig

Nichts deutete darauf hin, daß nur drei Monate später zwei rund 600 Mark teure Heavy Duty-Batterien völlig am Ende ihrer Lebenszeit waren. Die Yacht war in der Marina von Estepona/Malaga vom Solarmodul »bewacht« allein zurückgeblieben. Vorher wurde der Säurestand in den Batterien kontrolliert. Bei der Rückkehr nach drei Monaten war kaum noch Säure weit unter der Plattenoberseite zu sehen. An der Versorgungsbatterie vom Typ »Absolut kippsicher« war die Oberseite völlig deformiert: Ein sicheres Zeichen für eine radikale Überladung und tödliche Gasung der Batteriesäure.
Unter der viel intensiveren Strahlung der Mittelmeersonne hätte das Solarmodul nicht ohne Ladestromregler betrieben werden dürfen. Der deutsche Prospekt ging von trüben Ostsee-Bedingungen aus. Nach unseren negativen Erfahrungen sollte auch die kleinste Solaranlage mit einem Solar-Laderegler und einer zusätzlichen Entladeschutz-Diode ausgerüstet sein.

Die passende Größe

Das jetzige 2 Ampère starke Solarmodul reicht auf wochenlangen Atlantik-Überquerungen für den Betrieb der elektrischen Selbststeueranlage (Autohelm 3000), den Kühlschrankbetrieb mit Kältespeicherplatte und der Dreifarbenlampe bei Nachtfahrten aus, sofern optimale Lichtverhältnisse vorhanden sind. Jeden zweiten Tag der etwa 20tägigen Überführungsfahrt lief der Perkins 4-108 Dieselmotor eine Stunde mit. Ohne Solarmodul müßten die 240 Ah Batterien jeden Tag für zwei Stunden nachgeladen werden.

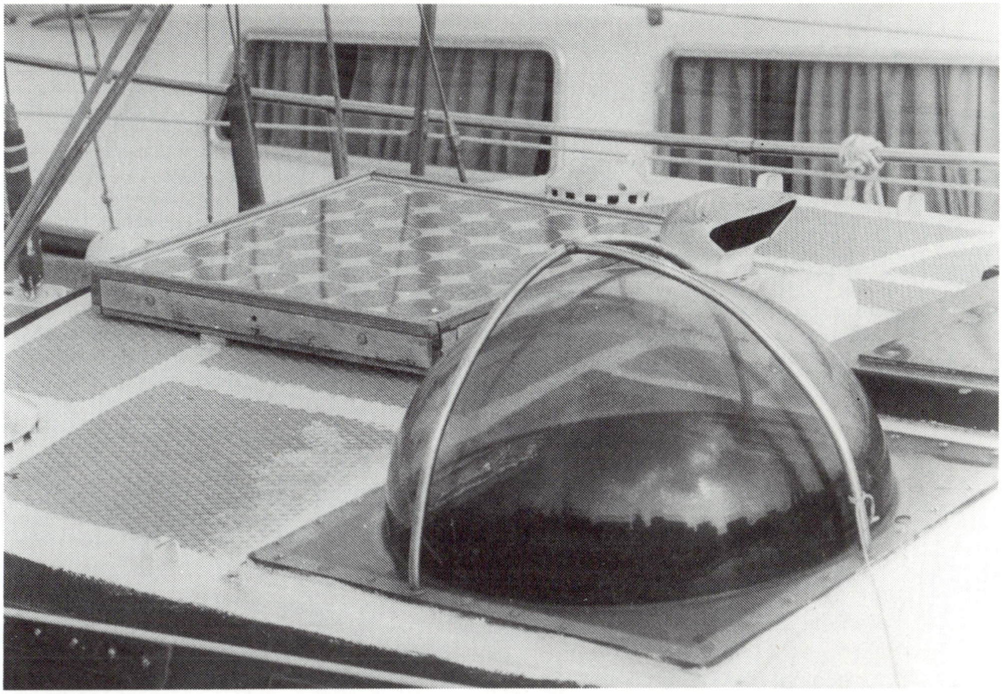

Kuppelbau. Ältere Solarzellen erkennt man an der runden Form. Im Vergleich zu den rechteckigen Modulen wird hier viel Platz und Leistung verschenkt.

Die Preise

Noch ein paar Worte zu den Preisen. Ein weltweit gut verkauftes Solarmodul von Arco-Solar kostet bei 0,5 Ah Leistung zwischen 200 und 300 Mark, je nach Einkaufsquelle. Elektronic-Großversender sind besonders preiswert in dieser Leistungsklasse. Das M 20/1200 Solarmodul von der bekannten Hamburger Firma Solaris wird mit 1,2 Ah Leistung und einer Größe von 56 × 46 cm für 650 Mark angeboten. Dieses Modul eignet sich für die Mehrzahl der Ostsee- und Mittelmeer-Segler.
AEG- und Siemens-Module kosten mit 2,2 Ampère Leistung etwa 790 Mark in der Industrieausführung. Der Aufbau gilt als besonders robust (Maße 1076 × 462 mm). Solaris und andere Firmen fertigen auch Solarmodule mit erheblich größerer Leistung und in jeder Größe an. Damit können Mehrfamilienhäuser völlig autark von der städtischen Stromversorgung elektrisch versorgt werden.

Solarmodul und das Zubehör

»Schließen Sie die beiden Minus- und Plus-Kabel an die Batteriepole an, stellen Sie das Modul gegen die Sonne und schon wird Ihre Batterie geladen. Ab sofort können Sie Ihre Batterieprobleme vergessen.«
So einfach stellt der geschickte Werbetexter sein Produkt dem staunenden Leser vor. Ohne eine Entladeschutzdiode würde in der Nacht die Batterie wieder entladen werden. Der Strom fließt »rückwärts« aus der Batterie, wenn das Modul angeschlossen ist. Die Entladeschutz-Diode verhindert diesen Rückfluß. Der am Tag gewonnene Ladestrom bleibt in der Batterie. Entladeschutzdioden gibt es in drei gebräuchlichen Leistungen: 1,2 Ampère für DM 3,40, ferner 3 Ampère für ca. 10 DM und eine 6 Ampère-Diode für 22 DM. Sie können diese jeweils zur Leistungsklasse ihres Solarmoduls vom Händler ins Plus-Zuleitungskabel zwischen Modul und Batterie anlöten lassen.

Solar-Laderegler

Damit Ihre Batterie nicht überladen wird, benötigen Sie einen Solar-Laderegler, den es bei Conrad-Elektronic für etwa 35 Mark zu kaufen gibt. Beim Solarmodul-Zubehörhandel bezahlen Sie bis zu 160 Mark für einen vollautomatischen Laderegler. Diese Geräte reduzieren fortlaufend den Ladestrom bis zur Maximalspannung von 14,1 Volt. Die einfachen Laderegler schalten bei 14,1 Volt ab, lassen aber bis zu dieser maximalen Batterieladegrenze ungehindert Strom durch. Älteren Batterien bekommt diese »ungezügelte« Ladung schlecht – die Batterie fängt zu gasen an.
Wir empfehlen deshalb einen vollautomatischen Ladestromregler, der für Solarmodule konstruiert wurde.

Leerlauf-Ladestrom

Bei relativ geringer Batteriekapazität, aber leistungsstarkem Solarmodul kommt man ohne diesen Solar-Regler nicht aus. Noch ein paar Anmerkungen zum Leerlauf-Ladestrom und zur Lastspannung. Manche Hersteller werben mit der hohen Leerlauf-Ladestrom Spannung von 16 Volt. Unter Last sinkt die Leerlaufspannung auf 12 bis 12,5 Volt ab. Die Batterie wird nur ungenügend geladen. Bei einer Leerlauf-Ladestromspannung von 20 Volt wird unter Last mit 16 Volt geladen. Deutsche Solarmodule arbeiten mit diesen letztgenannten Daten. Manche Billiganbieter verkaufen Module mit ungetesteten 2. Wahl-Sollarzellen. Mit einem Voltmeter können Sie vor dem Kauf die Leistung leicht überprüfen.
Laut deutschen Gewährleistungs-Bestimmungen müssen die Prospektdaten mindestens erfüllt werden. Sie dürfen nicht unterschritten werden, sonst können Sie innerhalb von sechs Monaten den Händler zur Nachbesserung oder zum Umtausch verpflichten.

Seemannsmelodie

Die Freunde trauriger Seemannslieder kommen bei Windgeneratoren voll auf ihre Rechnung. Sie singen melancholisch vor sich hin, und wenn der Wind abflaut oder auffrischt, ändert sich auch die Tonlage erfreulich. Großen Chorgesang gibt es schon in den windreicheren Ländern Dänemark und Holland. Über 25000 »Windmühlen« liefern Strom für etwas über 90000 Menschen. Auch an der deutschen Nordseeküste wird eine große Windfarm in Betrieb gehen.

Stark verbreitet in Übersee

In Nord- und Mittelamerika, aber auch in England sind Windgeneratoren für Segel- und Motoryachten ebenfalls schon stark verbreitet. An den Passatwind-Ankerplätzen der westindischen Inseln dreht auf jeder dritten Blauwasser-Yacht ein Windgenerator. Dafür gibt es Gründe.

Düsenzeitalter. Maximale Leistung unter Segeln bringen Windgeneratoren, wenn sie im Spalt zwischen Vorsegel und Großsegel aufgeriggt werden: Düseneffekt.

Windgeneratoren von etwa 5 Ampère Leistung kosten nur ein Drittel so viel wie die Solarmodule. Größere Windgeneratoren von 10 bis 15 Ampère Leistung sind relativ gesehen nur noch ein fünftel so teuer wie Solarpaneele. Viel Strom für wenig Geld ist für Langstreckensegler das wichtigste Kaufargument.
Je nach Revier kann auch für Binnen-, Ostsee- und Mittelmeer-Segler ein kleiner Windgenerator interessant sein.

Die Vorteile

- Kostenloser Strom zur Batterieversorgung.
- Praktisch wartungsfreier Dauerbetrieb.
- Höhere Leistung im Betrieb als Solargeneratoren.
- Preis-Leistungsverhältnis besser als bei Solaranlagen.
- Einfache optische Kontrolle der Betriebssicherheit.
- Können als Wassergeneratoren benutzt werden.

Die Nachteile

Die Nachteile waren bisher ein Kaufhindernis bei den meisten Seglern, die sich letztlich für eine Solar-Modulanlage entschieden haben:

- Dauergeräusch der Generatorenblätter im Betrieb.
- Unfallrisiko durch wegfliegende Blätter.
- Stromausbeute bei Flaute oder wenig Wind zu gering.
- Umständlicher Auf- und Abbau der Anlage.
- Begrenzte Lebensdauer der Anlage.

Strom ab etwa 2 Windstärken

Eigene Erfahrungen mit dem englischen Ampair-Windgenerator waren nach einer zweimaligen Atlantik-Überquerung und einem dreijährigen Mittelmeer-Betrieb gut. Mechanische Probleme gab es nicht, weil bei den 5 Ampère-Anlagen die Rotorfläche bewußt klein gehalten wird. Erst bei 2 Windstärken dreht sich der Rotor. Beim Ampair-Generator besteht die Rotorfläche aus acht Flügeln.
Leistungsfähigere amerikanische Windgenerator-Konstruktionen liefern schon bei einer Windstärke 3 Ampère Strom und steigern sich bei 6 Windstärken auf maximal 15 Ampère. Diese Anlagen gehören zum Zweiblatt-Typ. Sechs- und Achtblatt-Generatoren sind in der Geräuschentwicklung akzeptabel. Bei fünf Windstärken entsteht an Deck ein Windgeräusch wie bei einem zweistufigen Heizungsgebläse im VW Golf. Die großen amerikanischen Zweiblatt-Rotoren pfeifen unter Maximalleistung wie ein Staubsauger, für manche Leute eindeutig zu viel Lärm, trotz der beeindruckenden Generatorleistung.

Bei mehr Wind als Sonne

In England wurden bisher über 250000 Windgeneratoren für Yachten verkauft. Dort liegen die meisten Boote vor Anker oder einer Mooring. Bei jeder Winddrehung dreht sich das Boot in die optimale Windrichtung für die Rotorblätter. Mit übermäßig viel Sonne sind die Engländer auch nicht gesegnet, deshalb sind die preiswerten Windgeneratoren hier die vernünftige Lösung.
Langstreckensegler sind meistens auf der Passatwind-Route unterwegs. In der Karibik und der Südsee weht immer genügend Wind. Eine Steganlage mit Stromanschluß gibt es fast nirgendwo, bis auf ganz wenige Ausnahmen muß immer geankert werden. Die meisten Ankerplätze werden von den Passatwinden noch gut erreicht. Dadurch sind die Temperaturen angenehm, und der Windgenerator kann sich frei drehen.

Windmühlen. Es gibt verschiedene Möglichkeiten, den Windgenerator anzubringen. Im Masttop ist die Windgeschwindigkeit höher – rund doppelt so hoch – als an Deck. Dafür ist die Wartung oben im Mast natürlich schwieriger und der Spannungsverlust durch die lange Zuleitung zehrt die höhere Leistung wieder auf. Der Generator am Heckkorb liefert bis zu 15 Ampere Strom je Stunde. Dann muß es aber mit 6 Beaufort blasen. Vor Anker läßt sich der Windgenerator auch am Vor- oder Achterstag anbringen.

Vom Wind- zum Wassergenerator

Während einer Überführungsfahrt wurden die Windgeneratoren vom Besanmast abgebaut und am Heckkorb befestigt. Dann wurde ein 2 kg schwerer Propeller an einem Führungsstock und einer etwa 25 m langen vorgereckten Leine abgesenkt und am Gehäuseteil befestigt. Der Umbau vom Wind- zum Wassergenerator war nach Anschluß der Stromzuführungskabel zur Batterie schon erledigt. Dieser Wassergenerator-Anbausatz kostet etwa 250 Mark.
Bei 4 Knoten Fahrt erreicht ein Ampair-Generator schon fast die maximale Leistung von 5 Ampère. Eine feine Sache, sofern alles funktioniert. Oft hat sich die Leine aber in der Nacht vertörnt. Zudem muß man bei Motorfahrt auf die nachgeschleppte Leine aufpassen – zu viel Ärger für den Umbau. So wurde der Windgenerator dann ausschließlich am Besanmast bei größeren Langfahrten montiert. Sonst liefert der Solar-Generator genügend Batteriestrom.

Eigenbau möglich

Der Eigenbau eines Windgenerators ist mit Hilfe einer Motorrad-Drehstromlichtmaschine mit eingebautem Regler und einem Kleinflugzeug-(Ultralight)-Propeller leicht möglich. Ein Kunststoff-Blumentopf bildet eine wassergeschützte Ummantelung für den Generator. Luftschlitze für die Kühlung nicht vergessen. Am besten fährt man den selbstgebastelten Windgenerator auf Salinghöhe oder an einem separaten Windgenerator-Mast am Heckkorb.

Galeerensträflinge

Da gibt es noch manche Arbeitswillige, die sich für uns in die Riemen legen. Wind und Sonne hatten wir schon. Hier folgt das schnell strömende Wasser.

Wellengenerator

Vor etwa 15 Jahren galten Wellengeneratoren als fortschrittlich. Die Grundidee war gut, aber im Detail steckt noch manches Problem. Derzeit werden nach längerer Pause neue, wesentlich überarbeitete Wellengeneratoren angeboten, deshalb sollten wir uns damit beschäftigen.
Wie der Name schon sagt, arbeiten Wellengeneratoren mit Hilfe der freidrehenden Wellenanlage. Schon ab 3 Knoten Fahrt dreht bei einer größeren Segelyacht die Wellenanlage frei mit, wenn die Yacht nur unter Segeln fährt. Die Kraft, die hinter der freidrehenden Welle steckt, ist ganz beachtlich. Mit der Hand läßt sich die Welle nicht mehr abbremsen.

Wellenbremse

Wirksame Wellenanlagenbremsen sind kleine Scheibenbremsen, die hinter der Hardyscheibe (Kupplungselement aus Hartgummi) zwischen Getriebe und Stopfbuchse eingebaut werden müssen.

Lichtmaschine

Statt der Bremse wird über eine kleine Übersetzung eine zweite Lichtmaschine an gleicher Stelle eingebaut. Ein Keilriemen treibt die Riemenscheibe an. Bei 5 Knoten Fahrt liefert ein Wellengenerator leicht 20 Ampère. Damit lassen sich auch größere Batterien wirkungsvoll aufladen.

Die Stopfbuchse

Der Haken an den alten Wellengeneratoren war die Überbeanspruchung der Stopfbuchse. Bei Atlantikfahrten wurden die Stopfbuchsen stark undicht, und schließlich schlugen die Lager aus. Mancher Getriebeschaden durch die ständig mitdrehende Wellenanlage geht auf Rechnung des Wellengenerators. Die meisten Getriebe, ob mechanischer oder hydraulischer Bauart, dürfen nur für einige Stunden frei mitdrehen. Das Problem mit den Getrieben und den Stopfbuchsen sprach sich bei Langstrecken-Seglern herum. Deshalb verschwanden die Wellengeneratoren wieder in der Versenkung. Neuentwickelte Drehstromlichtmaschinen mit geringer Ladedrehzahl von 400 Umdrehungen werden von Motorola angeboten. Damit ist die Belastung auf Getriebe und Stopfbuchse geringer. Bisher liegen aber noch keine Langstrecken-Erfahrungen vor.

Welle vom Getriebe abkoppeln

Ein deutscher Weltumsegler ging einen Schritt weiter und koppelte das zu stark beanspruchte und deswegen störanfällige Getriebe direkt an der Hardyscheibe ab. Er kann nun bei mehrwöchigen Ozeanfahrten seinen Wellengenerator fleißig arbeiten lassen. Ohne mitlaufendes Getriebelager dreht die Wellenanlage schon ab 2 Knoten Fahrt. Der Mann ist von seiner Bastelarbeit überzeugt und hat damit ohne Probleme schon eineinhalb Mal die Welt umsegelt.

Generator außenbords

Die Firma Wattas liefert einen außenbords befestigten Wellengenerator, der wie ein Außenborder aussieht, aber nur eine große Schraube und einen oben liegenden Generatorteil besitzt. Wattas hat sich hervorragend bei Solar-Rennseglern bewährt.

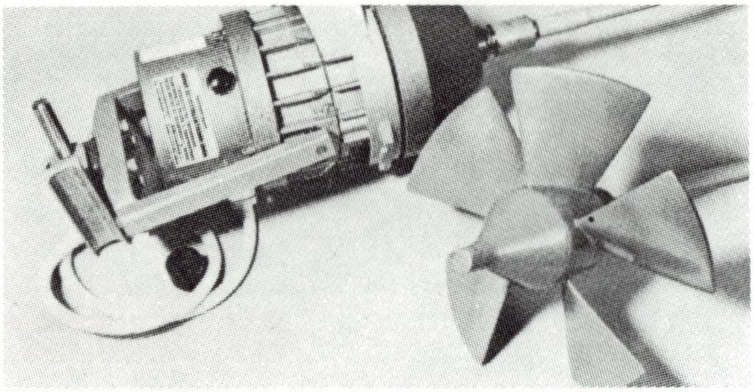

Wasserwirtschaft. Die Firma Mörer Schiffselektronik in Hamburg entwickelte den Schleppgenerator »Yacht Power«. Leistet bei 6 Knoten Fahrt stolze 12 Ampere. Kostet allerdings rund 3400 DM. Hat sich bei Hochseerennen bewährt.

5–10 Ampère sind eine gute Ausbeute. Weniger schön ist das ständige Mahlgeräusch der Wellengeneratoren, gleich welcher Bauart.
Die Fahrtminderung durch den leicht erhöhten Fahrtwiderstand liegt bei einem viertel bis halben Knoten. Bei einer Atlantiküberquerung bedeutet die geringere Fahrt schon eine rund zwei Tage längere Reise. Die meisten Rennsegler benutzen den Wattas-Außenbordgenerator deshalb neben der Solar-Anlage nur als zusätzliches Stand-by-Gerät für den Notfall.

Benzin-Stromgenerator

Immer häufiger werden handliche Viertakt-Stromgeneratoren auf Yachten benutzt. Honda, Yamaha oder Kawasaki liefern für rund 1100 Mark 500 bis 600 Watt leistende Generatoren, die maximal nur 25 kg schwer sind.
Die Start- und Laufeigenschaften sind nach unseren Erfahrungen gut. Im Vergleich zu einem kleinen Außenborder sind die Viertakt-Stromgeneratoren wirklich kultivierte, anspruchslose Maschinen. Mit der 220 Volt/500 Watt Leistung können alle gebräuchlichen Werkzeugmaschinen betrieben werden. Ein großes Batterieladegerät läßt sich wie an der Steckdose anschließen. Der fest eingebaute 12 Volt-Stromkreis liefert zusätzliche 8–15 Ampère Ladestrom, wenn ohne zwischengeschaltetes Batterieladegerät nachgeladen werden soll.

Ungeregelte Ladung

Die putzigen Kraftzwerge eignen sich dennoch nur als zusätzliche Alternative zum Batterieladen. Wie bei den ganz billigen und kaum tauglichen Batterieladern mit der Kennlinie W (siehe das Batterie-Kapitel) wird ungeregelter Ladestrom in die Batterien gepumpt. Die Ladungskontrolle muß durch den Säureheber erfolgen oder ein Voltmeter, sonst wird die Batterie überladen. Zudem entwickeln die kleinen Generatoren keinen ganz konstanten (spannungsstabilen) Strom. Auf Dauer bekommt das den Batterien nicht gut. Ökonomisch ist die Batterieladung durch einen zusätzlichen »Benzinfresser« auch nicht. Für eine vierstündige Nachladung müssen etwa sechs Mark Sprit investiert werden.

Batterie-Ladegerät zwischenschalten

Wenn schon eine große Batteriebank mit dem Stromgenerator nachgeladen werden muß, sollte man ein zusätzliches, elektrisches Batterieladegerät mit der Kennlinie Wae (siehe das Batterie-Kapitel) an die Generator-Steckdose anschließen. Dann fließt ordentlich geregelter Ladestrom den Batterien zu. Mit 10% der Batteriekapazität kann nachgeladen werden.

Maschinenproviant

Nehmen wir an, es reizt Sie das Besondere, und Sie wünschen sich starke Gegenwinde, riffverseuchte und auch schon mal verminte Ankerbuchten. Dann empfehlen wir Ihnen dringend die Blauwasserfahrt vom Mittelmeer durch den Suezkanal zum Roten Meer und weiter entlang der afrikanischen Küste zum Kap der Guten Hoffnung.

Teile und Bücher

Dieser auch stark salzhaltige Törn wäre z. B. ein besonderer Grund, sich gut mit Ersatzteilen zu versorgen, da auch der Diesel tagelang, wenn nicht wochenlang gefordert wird. Ersatzteile gibt es in dieser Ecke der Welt nicht – aber Naturtalente von Mechanikern, die schier Unglaubliches leisten. Dafür aber braucht man nicht nur Teile, sondern auch in englischer Sprache abgefaßte Reparatur-Handbücher und Teile-Kataloge mit Systemzeichnungen. Ohne diese sind manche mitgeführte Teile ziemlich wertlos, und das trifft sinngemäß auch auf ähnliche abgelegene Winkel dieser Welt zu.

Atlantik-Route

Ganz anders die Motorbeanspruchung bei einer Atlantik-Überquerung in die Karibik und von dort aus weiter zur amerikanischen Ostküste. Hier wird fast ausschließlich gesegelt. Die Wartung der Maschine ist relativ einfach, sonfern sinnvolle Konservierungsmaßnahmen für einen oft wochenlangen Landurlaub eingeplant wurden.
Ohne Ersatzteile wird aber auch ein Atlantik-Segler kaum über die Runden kommen. Eigene Erfahrung: Ein Getriebeschaden, weil die Welle bei der 19tägigen Überquerung frei mitlief. Die Betriebsanleitung erlaubte aber das freie Mitdrehen. Tatsächlich wurde das Endlager beschädigt. Nach der Atlantik-Überquerung wurde dadurch eine 1800 Mark teure Reparatur auf St. Lucia fällig.
Ein deutscher Borg & Warner-Vertreter meinte dazu: »Das hätten Sie wissen müssen, unser Getriebe darf nur acht Stunden ohne Schmierung mitlaufen.« Die Betriebsanleitung jedoch erlaubt ein zeitlich unbeschränktes Drehen der Wellenanlage ohne Motor. So ist das mit manchen, nicht praxisgerechten Betriebsanleitungen.

Wichtige Ersatzteile

Die folgende Ersatzteil-Liste für Langfahrtensegler kann nur eine Empfehlung sein, die wir aber durch eigene, nicht immer gute Erfahrungen für dringend erforderlich halten.

- Kompletter Satz von Dichtungen und O-Ringen für Motor und Getriebe.
- Formschlauch-Satz für Wasser- und Ölschläuche oder Tubano-Schläuche.
- Mindestens 20 Schlauchschellen V2A verschiedener Größe.
- Kompletter Kühlwasser-Pumpensatz. Dazu Ersatzimpeller und Dichtungen.
- Doppelter Anoden-Satz für Motor und Kühlsysteme.
- Je zwei Ersatzkeilriemen.
- Ersatzlichtmaschine.
- Universalregler für Lichtmaschinen (Bosch).
- Sicherungssatz doppelt.
- Öl- und Benzinfilter vierfach.
- Glasbehälter-Ersatz für Wasserabscheider.
- Ersatzpropeller (Schraube).

Links: Sprechen Sie, wir hören Sie! Auch ohne den empfehlenswerten Funksprech-Kurs kann jeder Ewerführer im Notfall mit dem Funksprechgerät einen Notruf absetzen. Auf Kanal 16 wird man auf den europäischen Küstengewässern immer empfangen. Rechts davon ein kleines, aber leistungsstarkes Rettungsblitzgerät aus Amerika. Gut für die Nachtwache.

Rechts: Lochtechnik. Mit Glasfaserspachtel, Asbestband und Schnur sowie Auspuffkitt lassen sich Auspuffschäden vorübergehend reparieren.

Verschluß-Sache. Lenzpropfen fehlen auf den meisten Fahrtenyachten, obwohl sie einen Untergang verhindern können. Dieser Satz kostet 18 Mark bei Plastimo.

- Drei Dichtungssätze für Stopfbuchse.
- Schrauben, Muttern, Gewinde-Stangenmaterial, Unterlegscheiben etc. (ca. 2 kg).
- Zwei Sätze Glühbirnen für alle Beleuchtungseinrichtungen.
- Isolierungsbänder bester Qualität (Retonda-Band, Tesaband).
- Epoxidharz, Matten für Auspuffreparaturen etc.
- Nirostreifen, Bleche etc. zur Anfertigung von Teilen.
- Alustreifen, Bleche für Schnellreparaturen.
- Asbestmaterial. Matten und Bänder.
- Gummiplatten-Material zur Anfertigung von Dichtungen.
- Neopren-Dichtungsstreifen.
- Sikaflex 221 Dichtungs-PU-Kleber.
- Kupfer-, Messing- und V2A-Draht.
- Magnet für V2A-Materialprüfung.
- Messingrohre verschiedener Stärke für Kraftstoffleitungen.
- Kupplungsendstücke dafür, Dichtmaterial.

Zusätzliche Teile

Zu dieser etwa 30 kg schweren Grundausstattung sind folgende Ersatzteile für den Motor in außereuropäischen Ländern erforderlich:

- Einspritzdüsensatz komplett.
- Dichtmaterial dazu.
- Zwei Kraftstoffleitungen komplett mit fertig montierten Anschlüssen zwischen Einspritzpumpe und Einspritzdüsen für eine Vierzylinder-Kraftmaschine.
- Ersatzdichtungen für Kraftstoffleitungen (Oliven).

Kraftstoffleitungen, die hoch belastet werden, sind mit normalem Dichtmaterial nicht auf Dauer zu reparieren. Deshalb soll die Hälfte der erforderlichen Kraftstoffleitungen mit fertig montierten Anschlüssen mitgenommen werden.

Für Teile mit hohem Verschleiß

Empfehlenswerte Ersatzteile, die nach unseren Erfahrungen besonders hohem Verschleiß unterliegen:

- Auspuffanlage-Dehnungsrohr, Wassersammler.
- Magnetschalter für Anlasser.
- Zündschloß.
- Vorgeladene Starterbatterie mit Säurepack.
- Zwischenstücke für alle Schlauchstärken.

In Folie einschweißen

Die teuren Ersatzteile wie Lichtmaschine, Anlasser, Relais und die anderen elektrischen Ersatzteile schweißt man in starke Plastikfolien ein, einzeln, Stück für Stück. Aufbewahrungsort: Wasserdichte Zarges-Aluminiumbox mit vielen Trocknungsbeuteln aus dem Fotogeschäft. Hier bleiben die Ersatzteile auch bei jahrelangem Salzwassereinfluß funktionsfähig.
Schrauben, Muttern und die anderen Kleinteile bewahrt man in luftdichten Tupperware-Plastikbehältern auf. Überall müssen Trocknungsbeutel beigepackt sein.

Praktische Werkzeugkästen und Behälter

Im Handel werden gut abgedichtete Werkzeugkästen angeboten. Auch Plastik-Anglerkästen haben sich bewährt. Das rostanfällige Werkzeug aus Chrom-Vanadium-Stahl wird regelmäßig mit Kontaktspray WD 40 besprüht. Besonders wichtig bei Gripp-Zangen und anderem Werkzeug mit beweglichen Teilen.
Geeignete Aufbewahrungsbehälter sind z. B. Kartoffelsalat-Plastikbehälter. Ketchup-

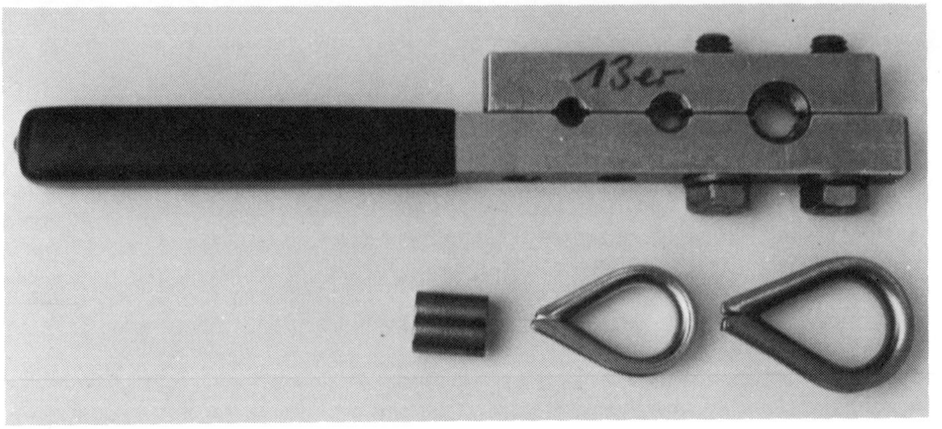

Preßkauschen-Werkzeug. Einfachste, aber wirklich praxisgerechte Konstruktion. Damit können alle handelsüblichen Drähte und Wanten mit Edelstahlkauschen bestückt werden.

Tubano-Kühlwasserschläuche sind universell in der Anwendung. Damit kann mancher undichte Kühlwasserkreislauf wieder repariert werden.

▼ Ohne Spezialfette geht es nicht. WD-40-Spray für Elektrokontakte und zur Schmierung von Lukenaufstellern und anderen Zwecken. Multiuso ist ein Universal-Fettspray. Vaseline eignet sich hervorragend für Übertragungsgelenke am Motor, Steuerung usw. Barlow-Teflon-Fett gilt als bestes Winschenfett. Yamaha Grease ist ein seewasserfestes Universalfett für Außenbordmotoren und Diesel-Innenbordern.
Nur wenige Dichtungsmaterialien sind für den Bordgebrauch geeignet. »Form a Gasket sealant« ist eine amerikanische Zylinderkopf-Dichtungsmasse als Ersatz für Papierdichtungen. Ähnliches deutsches Produkt von Curiol. Silikon-Dichtstoffe sind für die Installation im Haus geeignet, an der Mittelmeersonne sind sie nur wenige Monate »wasserdicht«. Erwähnt sei auch Sikaflex-221-PU-Dichtmaterial und Aquarium-Dicht, eine spezielle Dichtmasse, die sich für den Yachtbetrieb eignet. PU-Dichtmassen sind universell einsetzbar.

und Senfpumpen eignen sich als Schmiermittel-Behälter oder für die flüssige Handpaste aus der Nachfüllpackung oder als praktischer Spender für GFK-Harze und Farben. Die Dosierung mit den Härterbeimischungen wird dadurch erleichtert.
Eine gute Adresse für hochwertige Plastikbehälter sind auch der Medizinbedarfshandel und Chemielabor-Ausrüster. Was dort angeboten wird, ist luft- und wasserdicht und zudem chemikalienbeständig. Bei den Haushaltsdosen werden diese Anforderungen selten erfüllt.
Im Hinblick auf eine lange Segelkarriere lohnt die sichere Verwahrung der teuren Ersatzteile immer. Schon einige Langfahrtensegler finanzierten mit diesen Ersatzteilen ihren Lebensunterhalt als »Mr. 100 Dollar-Man«.

Handbücher und Teilekataloge

Mehr Wert als manche hochgelobte Aktie bedeuten Werkstatt-Handbücher und Ersatzteilkataloge für den Langzeitsegler. Mit Hilfe des Werkstatthandbuches und Ersatzteilkataloges (in englischer Sprache) wird ein westindischer Mechaniker durchaus ein deutsches Hurth-Getriebe reparieren können. Ohne Einstelldaten kostet die Reparatur viel Zeit und noch mehr Geld.

Randerscheinung. Marokkanischer Fischerhafen von Larache. Wer in solch exotischen Ländern segelt, wird vergebens nach Yachtmechanikern suchen. Aber auch ein guter Automechaniker repariert den Motorschaden mit einem Werkstatthandbuch in Englisch, das jeder Blauwassersegler von seiner Maschine mitführen sollte.

Die Motorenhersteller hüten ihre Werkstatthandbücher wie die Henne ihre Eier. Nur über Beziehungen gelangen manche Segler zu der wertvollen Literatur. Perkins und Volvo, diese Firma mit sehr anschaulicher Literatur, sind nach unseren Erfahrungen kooperativ eingestellt, wenn das Reiseziel genannt wird. Auf dem Weg in den Pazifik sind autorisierte Werkstätten kaum vertreten, deshalb wird mit dem Verkauf der Werkstatthandbücher und der Ersatzteil-Kataloge für die Vertragswerkstätten keine Konkurrenz aufgebaut. 150 bis 400 Mark kosten die Handbücher, dafür wird fachlich meist guter Informationswert geliefert. Das ist viel Geld für zwei Bücher, die unter Umständen jahrelang nicht benötigt werden. Langzeitsegler sollten zur englischen Ausgabe greifen, sofern der Original Motor in England, Schweden, Dänemark oder Norwegen gebaut wird.
Für die elektrische Anlage und Einspritzpumpen liefern die Hersteller wie Bosch und Lucas Werkstatthandbücher, sofern eine Weltumseglung ansteht.
Ein Gespräch auf den Bootsmessen mit dem Geschäftsführer der Motorenfirmen hilft oft weiter. Einen Anspruch auf ein Werkstatthandbuch und Ersatzteilkatalog hat der Kunde allerdings nicht.

Amtliche Handbücher

Die technisch besten Werkstatthandbücher werden von den Verteidigungsbehörden herausgegeben. Es sind die »Technischen Dienst-Vorschriften«, die für Laien geschrieben sind, die damit im Ernstfall den kriegsmüden Unimog wiederbeleben müssen. Der Austausch der Lichtmaschine wird zum Beispiel auf vier Seiten mit 12 Bildern beschrieben.
Frei verkäuflich sind diese »Technischen Dienst-Vorschriften« leider nicht. Aber schon manche Auto-Werkstatt wurde daraufhin gegründet. Auch Kopierapparate gibt es in jeder Dienststube. Die TDV-Bücher sind für jeden Motor und jedes Fahrzeug der Bundeswehr und Bundesmarine vorgesehen. Der Lesestoff geht damit für die nächsten Jahre sicher nicht aus, denn die Bücher werden ständig auf den neuesten Stand gebracht.

Fingerzeig: *Informationen, Hilfe oder Weitervermittlung erhält man in abgelegenen Häfen oft durch Auto-Werkstätten oder die Büros der Lufthansa.*

Richtiges Besteck

Wissen Sie, was eine Bananen-Yacht ist? Vielleicht ist es Ihre eigene – eine Yacht, die erst beim Kunden reift! Bei den meisten neuen Schiffen muß tatsächlich erst das Werkzeug in die Hand genommen werden. Wahrscheinlich ist das von manchem Hersteller sogar einkalkuliert, man rechnet kühl mit der Freude des künftigen Eigners am Wassersport. Wie dem auch sei – man kommt an Bord nicht ohne Werkzeug aus.

Freude am Werkzeug

So manche Blauwasser-Yacht ist tatsächlich mit Werkzeug besser bestückt, als eine Profiwerkstätte in der Karibik. Für die Autoren sind elektrische 220 Volt Bohrmaschinen, Stichsägen, Band und Schwingschleifer und eine 400 Watt starke Flex äußerst nützliche Geräte, auf die eigentlich ein Langfahrtensegler nicht verzichten sollte. Den Strom liefert ein Yamaha E 600- oder auch ein Honda 500-Stromgenerator. Zusammen mit der 50 m langen Kabeltrommel nimmt dieses Werkzeug schon den Kojen-Stauraum einer üblichen 9 m-Yacht ein. Die nachfolgende Liste ist deshalb als Anregung für die eigene Werkzeug-Ausrüstung gedacht. Je nach Herstellungsland des Motors sind Zoll- oder metrische Schraubenschlüssel zur Wartung nötig. Auf lange Sicht ist gute Werkzeugqualität preiswerter als Billigware. Schraubenzieher/-Dreher ohne gehärtete Klingen

Die Traumstunden seien jedem gegönnt. Man kann sie auch mal dem Diesel widmen. Warum sich nicht mit dem Entlüften des Kraftstoffsystems vertraut machen? Besser jetzt als im Gefahrenfall. Warum nicht Schraubverbindungen auf festen Sitz prüfen? Der vibrierende Diesel lockert sie gern. Und warum nicht eine Inventur des Werkzeugs?

sind, wie jeder weiß, ein Ärgernis erster Klasse. Deshalb lieber etwas weniger Geld in komplette Steckschlüsselkästen investieren und dafür Mechaniker-Qualität bei den Schraubenschlüsseln kaufen. Die Arbeitszeit dürfte an Bord wohl keine Rolle spielen. Also die Liste:

Eine Werkzeug-Liste

1 Satz Ringschlüssel bis 24 mm
1 Ringschlüssel (etwa 36 mm) für Kurbelwellenzapfen
1 Satz Steckschlüssel bis 24 mm
3 einstellbare Schlüssel, klein – mittel – groß (Rollschlüssel)
1 Drehmomentschlüssel mit entsprechender Nuß für Ventilspiel einstellen, meist 17 mm
1 Satz Schraubendreher. Vom kleinen Fotogeräte-Dreher bis zum 1 cm starken »Monstrum«
1 Satz Kreuzschlitz-Dreher. Von klein bis mittelgroß
1 biegsame Halterung für Schraubendreher-Bits
1 Satz Stahlfeilen (mindestens 4 Stück)
1 Satz Holzfeilen
2 Hämmer (groß und klein)
1 mittelgroße Axt (auch als Hammer benutzbar)
1 Satz Schraubzwingen (4 Stück)
1 Satz Gripzangen, einstellbar 3 Größen
1 Beißzange
1 Flachzange
1 Seitenschneider
1 Quetschzange für Elektroverbinder
2 Pinzetten
1 Spitzzange
1 große Rohrzange, einstellbar
1 große Feststellzange bis 42 mm
1 Stemmeisen
1 Durchschläger
1 Nietzange für Blindnieten
1 Stahlsäge mit verschiedenen Einsätzen
1 Holzsäge/Fuchsschwanz
1 Laubsäge mit Holz und Metallblättchen für Alu
1 Greifzange, die scherenförmig aufklappt
1 Satz Scheren für Papier, Kunststoff, Bleche
1 Tapetenmesser mit Ersatzklingen
1 Universalmesser für Takelarbeiten etc.
1 Felco-Zange oder Preßhülsenquetsche für Drahtseilarbeiten.

Nachfolgendes Werkzeug hat sich auf exotischen Ankerplätzen bewährt:
1 hydraulischer Wagenheber zum Motorausbau
1 großer Schraubstock
1 massives Brett für Schraubstockhalterung
1 Stromgenerator 500 bis 600 Watt Leistung
1 Zweigang-Bohrmaschine (elektronisch geregelte Maschinen eignen sich weniger für Stromgeneratoren)
1 Stichsäge/Zweigang für Holz-, Kunststoff- und Blecharbeiten
1 Bandschleifmaschine
1 Schwingschleifer
1 Flex 400 Watt

Elektro-Werkzeug

Der Vorteil von elektrischen Maschinen liegt weniger in der Arbeitserleichterung, als an der individuellen Ausarbeitung von Reparaturteilen aus Metall, Aluminium, Lexan und Holz. Edelstahlteile lassen sich nur mit Elektrowerkzeug herstellen und bearbeiten. Z. B. Püttingeisen, Motorhalterung, Tankbau, Mastversteifungen, Spinnakerbaum-Reparaturen etc.
Als Ersatz für den Stromgenerator hat sich der »Fein«-Bordgenerator gut bewährt (Leistung 650 Watt). Aus der 12 Volt-Bordbatterie wird Strom entnommen und im Fein-Bordgenerator in 220 Volt umgewandelt. Für Dauerbetrieb eignet sich der Fein-

Einsamkeit ist schön – nur nicht mit Motorschaden. Da freut man sich, wenn das passende Werkzeug an Bord ist. Ob auf Süß- oder Salzwasser – da kommt kein Pannendienst mit der großen Werkzeugkiste. Selbshilfe ist immer die erste Hilfe.

Eiserner Proviant. Werkzeug aus der Bootsmechaniker-Kiste. Gebogene Schraubenschlüssel ideal für Anlasserreparaturen. Mit der biegsamen Welle sind schwer erreichbare Schrauben und Muttern lösbar. Solche Spezialschlüssel sind wichtiger als ein voluminöser Steckschlüsselsatz.

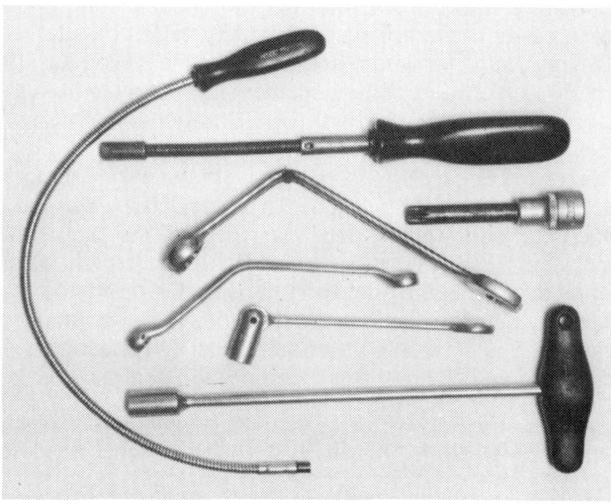

Spiegel-Masche. Ein Metallspiegel (oben) mit biegsamem Stiel und magnetischer Halterung. Damit läßt sich der Motor an sonst unzugänglichen Stellen betrachten. Darunter eine 12-Volt-Bohrmaschine.

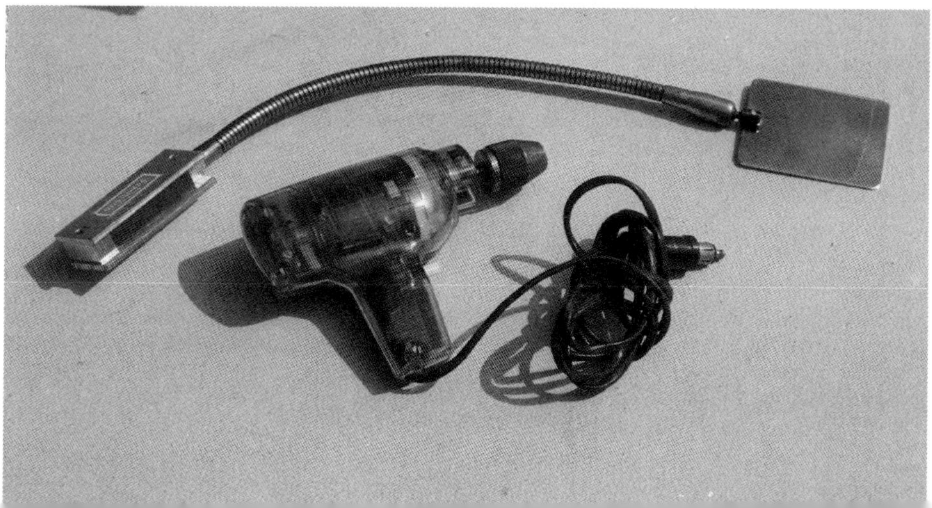

Inbusschlüssel mit Verlängerung. Damit werden Zinkanoden ausgewechselt. Lieber weniger Schlüssel, dafür aber mindestens zwei Stück je benötigte Größe.

Generator weniger gut, weil die Batteriebelastung hoch ist. Bei mitlaufendem Motor kann dieser Umwandler auch für längere Zeit benutzt werden.
12 Volt-Umformer liefern auf elektronischem Weg aus 12 Volt 220 Volt. Gibt es von 40 bis 2000 Watt. Ein bohrmaschinentaugliches Gerät kostet 1500 Mark, rund 600 Mark teurer als der unkomplizierte Fein-Bordgenerator.

Große Generatoren

Bosch und Lucas liefern 220 Volt-Lichtmaschinen für Industriemotoren. Diese Lichtmaschinen sind 2000 Mark teuer, aber bewähren sich mit angeschlossenem Handregler auch für den Bordbetrieb. Der Bootsdiesel muß natürlich bei jeder Elektroarbeit mitlaufen, dafür wird das 12 Volt-Batterienetz nicht belastet.
Über den richtigen Aufbewahrungsort für das teure Werkzeug gehen die Ansichten auseinander. Ideal ist ein absolut trockener Stauraum, der leicht zugänglich ist. Nicht wenige Segler wurden deshalb zum Einhandsegler, weil ihnen die Bordwerkstatt wichtiger erschien als eine leidgeprüfte Bordfrau.

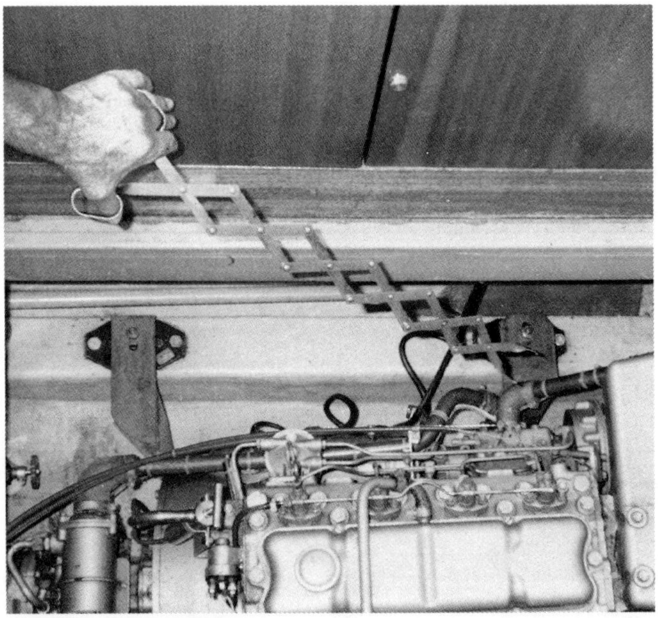

In die Zange genommen. Mit dieser streck- und zusammenziehbaren Greifzange lassen sich auch tief gefallene Gegenstände fassen, z. B. aus der Motorbilge. Auch läßt sich damit dem Skipper der Rum aus der Kajüte hinaufreichen.

Rettungsanker

Die nachfolgende Liste erhebt keinen Anspruch auf Vollständigkeit. Die genannten Firmen haben uns mit technischen Informationen unterstützt. Richten Sie Ihre Fragen an den Technischen Kundendienst der entsprechenden Firmen und berufen Sie sich dabei auf dieses Buch. Man wird Ihnen sicher weiterhelfen, zufriedene Kunden sind die beste Werbung. In diesem Zusammenhang eine Bitte: Falls Ihnen eine Adressenänderung oder eine neue wichtige Adresse bekannt ist, würden wir uns im Interesse anderer Leser über eine Mitteilung freuen.

Motoren

Die Adressen von **Motorenherstellern und Marinisierungsbetrieben:**

BMW AG Marine
über:
Fischer Marine AG
Buchenweg 1
8399 Neuburg/Inn

Bukh Diesel GmbH
Kornstr. 243
2800 Bremen 1

Nanni Diesel
Postfach 1142
2390 Flensburg

Perkins Deutschland
Postfach 1180
8752 Kleinostheim

Renault-Motoren
IMS
Schäferweg 12
2390 Flensburg

Richter Marine
Umrüstbetrieb
3472 Beverungen 1

Schwarting Marinemotoren
Amerländer Heerstr. 246
2900 Oldenburg

Solé-Diesel Generalimporteur
Köllner Motoren Import GmbH
Siemensstr. 2
3008 Garbsen 4

Steyr-Puch
Yachtbau Pinica
A-2435 Wienerherberg

Vetus W. H. den Ouden GmbH
Auf dem Sand 22
4010 Hilden

Volvo Penta Deutschland
Redderkoppel 5
2300 Kiel 17

Wizemann-Diesel GmbH & Co.
Neckaraue 18
7148 Remseck 3

Yanmar Generalimporteur
Friedrick Marx GmbH & Co.
Wendenstr. 8–12
2000 Hamburg 1

Fachmechaniker

Hier die Adressen zweier spezialisierter Bootsmechaniker-Betriebe, die auch am Mittelmeer Motoren warten:

Armin Bayer
Aschaffenburger Str. 147
8752 Waldaschaff
Tel. 06095 – 614

Gerhard Zeitvogel
Zeppelinstr. 36
7760 Radolfszell
Tel. 07732 – 4164

Batterien

Hersteller von Bootsbatterien und Heavy Duty-Batterien:

Berga GmbH
7550 Rastatt

Robert Bosch GmbH
Postfach 50
7000 Stuttgart 1

DETA GmbH
Postfach 180
3422 Lauterberg i. Harz

Hoppecke Batterien
Postfach 1140
5790 Brilon 2

Moll Batterien
Postfach 1120
8623 Staffelstein

Sonnenschein GmbH
6470 Büdingen 1

Varta
Am Leineufer 51
3000 Hannover 21

Vetus W. H. den Ouden
Auf dem Sand 22
4010 Hilden

Ladegeräte

Batterie-Ladegeräte mit besonderer Eignung für den Dauerbetrieb im Yachtbereich:

Robert Bosch GmbH
Postfach 50
7000 Stuttgart 1

Calira Apparatebau
Manfred Trautmann
Lerchenfeldstr. 9
8950 Kaufbeuren-Neugablonz

HR-Elektrik KG
Sielhorst 48
4993 Rahden

Idea-Meßgeräte GmbH & Co. KG
Schopshofer Weg 27
5628 Heiligenhaus

Philippi GmbH
Buchenweg 8
7148 Remseck 3

Waeco
Sinninger Straße 36
4407 Emsdetten

ZN-Technik
Clemensstr. 78
8000 München 40

Zubehör

Umfangreiche Sortimente von Kleinteilen, Zubehör, Instrumente, Meßeinrichtungen für Yachten:

Aqua Signal
Von-Thünen-Str. 12
2800 Bremen 45

ETA
Industriestr. 2–8
8503 Altdorf

Hella KG
Postfach 2840
4780 Lippstadt

Philippi GmbH
Buchenweg 8
7148 Remseck 3

Quicknaut GmbH
Quittenweg 40 A
2000 Hamburg 71

Manfred Trautmann-CALIRA
Lerchenfeldstr. 9
8950 Kaufbeuren-Neugablonz

Mintec GmbH
Werkstr. 4
2000 Norderstedt

Mörer GmbH
Schaarsteinweg 4
2000 Hamburg 11

VDO
Geschäftsbereich Marine
Marine-Division
Am Kronberger Hang 3
6231 Schwalbach

ZN-Technik
Clemensstr. 78
8000 München 40

Solarmodule

Standard-Module und Einzelanfertigungen auch nach Angabe:

Conrad Electronic
Klaus-Conrad-Str. 1
8452 Hirschau

Golden Glow Solarproducts
P.O. Box 471
Redwood City, Ca
94064 USA
(flexible Solarmodulmatten, die in jeder Leistungsstärke hergestellt werden)

Kyertronik GmbH
Im Klosterfeld 74
8044 Unterschleißheim

Solaris Sonnenenergie
Gärtnerstr. 88
2000 Hamburg 20

AEG- und Siemens-Solarmodule über den Yachthandel

Windgeneratoren

Conrad Electronic
Klaus-Conrad-Str. 1
8452 Hirschau

Kybertronik GmbH
Im Klosterfeld 74
8044 Unterschleißheim

Yachttechnik W. Bielka
Schlesische Straße 56
4000 Düsseldorf 1

Wellen- oder Schleppgeneratoren

Ferropilot GmbH
Siemensstr. 35
2084 Rellingen

Mörer Schiffs-Elektronik GmbH
Schaarsteinweg 4
2000 Hamburg 11

Yachttechnik W. Bielka
Schlesische Straße 56
4000 Düsseldorf 1

Filtertechnik

Kraftstoff- und Wasser-Abscheideanlagen:

Schulze Marinetechnik
Boelckestr. 100
2300 Kiel 17

Willibrord Lösing Filtertechnik
Essener Straße 108
4320 Hattingen 16

Robert Bosch GmbH
Postfach 50
7000 Stuttgart 1

Zweikreiskühlsysteme

Diese Firmen bieten für nahezu jeden einkreisgekühlten Motor Umrüstsysteme für die Zweikreiskühlung an:

Bran & Luebbe GmbH
Werkstr. 4
2000 Norderstedt

Martec Zweikreiskühlsysteme
über:
Firma Schulze
Boelckestr. 100
2300 Kiel 17

Rheinstrom Pumpenfabrik GmbH
Wallersheimer Weg 13
5300 Koblenz-Lützel

Auspuff-Anlagen

Individuell abgestimmte Auspuff-Anlagen nach Maß oder in Standard-Ausführung:

Nanni Auspuffsysteme
Postfach 1142
2390 Flensburg

Schulze Marinetechnik
Boelckestr. 100
2300 Kiel 17

Vetus W. H. den Ouden
Auf dem Sand 22
4010 Hilden

Sonder-Anlasser

Hoeckle
Industriestr. 72
7000 Stuttgart 80

Diese Firma ist deutscher Vertreter für Simms, England, die Federspeicher-Anlasser baut. Diese Anlasser starten den Motor mittels einer vorgespannten Feder ohne Batteriestrom.

Schalldämmung

Diese Firmen liefern das entsprechende Material für den Motorraum:

H. + Ch. Giersberg GmbH
Badener Straße 28
7552 Durmersheim

Rüegg GmbH + Co.
Isestr. 34
2000 Hamburg 13

Witzel KG
Schederhofstr. 2
4300 Essen 1

Auch Dichtungsmaterial für alle GFK-Reparaturen sowie Notreparaturen am Motor und an der Auspuff-Anlage:

Bacuplast U. Baier
Wibbeltstr. 1
4401 Saerbeck

West-Systems:
Ferropilot
Siemensstr. 35
2084 Rellingen

Adolf Rüegg
Isestr. 34
2000 Hamburg 13

Voss Chemie GmbH
Sandstr. 61 a
4030 Ratingen 1

Sikalex-Dichtmassen und WTK-Dichtmassen über den Yachthandel

Auskunftsbüro

Adressen 175
Amperemeter 141
Alu-Yachten, Elektrolyse 148
Anlasser 120
Anlasser, Ausbau 122
Anlasser, Defekte 121
Anlasser klemmt 123
Ansaugfilter 26
Auspuffanlage 79
Auspuffanlage entwässern 100
Auspuffanlage, Notreparatur 80
Auspuffanlage, Wasserschäden 82
Austauschmotoren 32

Batterie 110
Batterie, Flüssigkeit 118
Batteriekauf 116
Batterie-Kennzeichnung 115
Batterie-Ladegeräte 116
Batterie-Ladekontrolle 117
Batterie-Trennrelais 118
Batterie-Trennschalter 118
Batterie-Typen 112
Batterie-Wahl 111
Batterie, wartungsfrei 113
Belüftung, zusätzlich 151
Benzin-Generator 164
Betriebsstundenzähler 142
Brandgefahr, Kabel 108

Charter-Yachten 16
Check-Listen 34

Dichtung, flüssige 88
Dieselmotor, Vorteile 14
Dieselmotor, Nachteile 16
Dieselkraftstoff 48
Dieselkraftstoffbrand 93
Dieselprinzip 24
Diodenverteiler 119
Direkteinspritzung 25
Drehzahlmesser 137
Düsenstock 65
Duoprop-Propeller 43
Durchlüftung 146

Einbereichsöle 84
Einkreiskühlsystem 68
Einspritzdüse 65
Einspritzpumpe 63
Einspritzpumpe entlüften 60
Elektrische Förderpumpe 57
Elektrisches Bordnetz 104
Elektrolyse 143, 148
Elektrostatische Aufladung 84
Elektrowerkzeug 172
Ersatzteile 19, 165

Federspeicher-Anlasser 124
Feuer an Bord 107
Feuerlöscher 96
Funksprechgerät 120, 166

Gasgeruch 96
Gas-Unfall 95
Getriebe 35
Getriebekühlung 37
Getriebeschaden 36

Handbücher 169
Handstart 126
Heavy Duty-Batterien 113
Hydraulisches Getriebe 35

Impeller 71, 72
Impeller-Ausbau 101
Impeller-Ausfall 70, 76
Indirekte Einspritzung 25
Instrumente 137

Kaltstart-Batterien 113
Kippsichere Batterien 115
Konstantstrom-Kennlinie 117
Kühlwasser-Temperatur 138
Korrosion 143

Ladegerät-Kennlinie 117
Langzeit-Batterie 114
Lichtmaschine, große 174
Lichtmaschine, Explosionsschutz 135
Lichtmaschine, zweite 133
Luftfeuchtigkeit 147

Kabelbrand 107
Kabel, Brandgefahr 108

Kabelstärken 108
Kabel-Verlegung 109
Kaltstart-Einrichtung 67
Keilriemenbruch 106
Keilriemen-Ersatz 107
Keilriemen spannen 105
Konservierungsöl 87
Kontaktöl 88
Kraftstoff-Anlage 48
Kraftstoff-Filter 53
Kraftstoffpumpe 56
Kraftstoffpumpe, defekte 57
Kraftstoffpumpe, elektrisch 57
Kraftstoffpumpe, Entlüftung 58
Kraftstoffverbrauch 52
Kraftstoffzusätze 53
Kühlanlage 68
Kühlsysteme 68
Kühlwasser im Auspuff 81
Kühlwasser-Schläuche 75, 76
Kühlwasser-Wärmetauscher 75

Lenzpumpe 93, 95
Luft im Kraftstoff 90

Marine-Anlasser 136
Marine-Lichtmaschine 139
Marinisierung 18
Mehrbereichsöle 84
Mitdrehende Schraubenwelle 37
Motorbelüftung 30, 148
Motor-Bilge 101
Motor-Handstart 126
Motor-Konservierung 97
Motor-Öle 83
Motor-Reinigung 28
Motor-Spülung 101
Motorstörungen 89
Motorvibrationen 90
Motorwechsel 33

Nickel-Cadmium-Batterie 114
Notstart 129
Notstart ohne Batterie 129

Ölabsaugpumpe 86
Ölbindemittel 49
Öldruckmesser 140
Ölfilter 86
Öltemperatur 140
Ölstand 141
Ölviskosität 85
Ölwechsel 85

Propeller-Bewuchs 44
Propeller-Folgeschäden 45
Propeller-Wahl 43, 45
Propeller-Wartung 46

Schalldämmung 29
Schlammablagerung 49
Schleppen mit Beiboot 131
Schmierung 83
Schraubenwelle 37
Seewasserpumpe 71
Seewasserpumpe, Ausfall 70, 76
Seewasserpumpe, Filter 76
Sicherungen 104
Solar-Energie 152
Solarzellen 154
Solarzellen-Laderegler 150, 158
Solarzellen-Montage 155
Solarzellen, Leistung 155
Simmerring-Dichtung 41
Starten ohne Batterie 124
Starthilfe 128
Starthilfe-Kabel 130
Stopfbuchse 39
Stopfbuchsen-Fett 87
Stopfbuchsen-Schmierung 42
Storage-Öl 87
Störungen 89
Störungsbeistand 91
Strom, Alternativen 105
Stromarten 105
Strom-Generator 164
Synthetische Öle 85

Tagestank 51
Tank 47
Tank-Entlüftung 51
Tank-Ersatz 50
Tank-Material 48
Trimmen 42
Teilekataloge 169
Teile-Versorgung 20
Thermostat 71
Turbo-Lader 93

Überhitzung 69
Überwintern 97
UKW-Gerät 120
Universalfett 87

Ventilspiel 27
Verteiler-Einspritzpumpe 63
Vibrationen am Motor 90
Voltmeter 141

Wartungsfreie Batterien 113
Wassergenerator 162, 163
Wasser im Kraftstoff 90
Wellenbremse 37
Wellengenerator 163
Wellenkupplung 38
Werkzeug 171
Windgeneratoren 159
Winterlager 102

Zinkanoden 143
Zündschloß-Defekt 132
Zweikreis-Kühlsystem 70

Die erfolgreiche Ratgeber-Reihe, die nichts verschweigt

Für über 450 Autovarianten

Dieter Korp

JETZT HELFE ICH MIR SELBST

- **hilft Zeit, Geld und Ärger sparen**
- **erhält den Wagenwert**
- **hilft Pannen beheben**
- **verhindert Werkstattärger**
- **informiert umfassend**

Alle Autofahrer können an ihrem Auto mehr selbst machen, als sie glauben. Über das ***Wie*** und ***Wo*** informieren die Bände dieser Bestseller-Serie. Mit verständlichen Texten, klaren Fotos, Schaltplänen und Entstörungstabellen.
Für jeden gängigen Wagentyp gibt es den entsprechenden Band.
Ob Karosserie, Motor, Auto-Elektrik oder Fahrwerk – mit diesen Handbüchern spart man Zeit und Geld, erhält den Wagenwert und hilft sich selbst bei Pannen.

Die unverwechselbare Handbuch-Reihe:

- Mit Schnellorientierung und Störungsfahrplan
- übersichtliche Gliederung
- praxisgerecht
- Schaltpläne und Verdrahtungsschemata – und wie man damit umgeht
- paßt in jedes Handschuhfach

Jeder Band ca. 250 Seiten, über 250 Abbildungen, strapazierfähiger Einband.
Bis Band 99 **DM 25,–**
Ab Band 100 **DM 32,–**

Sonderverzeichnis aller lieferbaren Bände liegt bereit. Bitte anfordern!

Der Verlag für Autobücher
Postfach 10 37 43 · 7000 Stuttgart 10

Motor buch Verlag

TESTEN SIE JETZT

mot

DIE ANDERE AUTOZEITSCHRIFT

Es gibt eine Autozeitschrift, die ist anders: Fakten statt Phrasen. Technik statt Blech. Klartext statt Klatsch.

Autos und Zubehör, Forschung und Entwicklung, Technik und Umwelt, Wirtschaft und Verkehr – mot sagt, was Sache ist. In harten, aber praxisnahen Tests. In Berichten, die nicht der Sensation, sondern der Information des Lesers den Vorrang geben. Und in Aktionen, in denen auch der Leser zu Wort kommt.

Am besten, Sie testen mot Die Autozeitschrift selbst.

TESTHEFT ANFORDERN

bei mot Leser-Service, Abt. MBV, Postfach 10 42, 7000 Stuttgart 1.